中国隧道及地下工程修建关键技术研究书系

滨海复杂地质条件下地铁设计创新与实践

青岛地铁1号线工程

徐 振 陈 剑 等 编著

人民交通出版社股份有限公司

北 京

内容提要

本书基于青岛地铁 1 号线工程建设实践及相关科研与技术攻关成果，全面总结了滨海复杂地质条件下的地铁建设关键技术。主要内容包括：线路限界轨道设计创新、车站建筑设计创新、基坑支护形式及设计创新、暗挖支护设计创新、盾构及 TBM 工法创新设计、车辆基地技术创新、过海区间工程技术创新以及既有车站改造设计创新。

本书可供从事城市轨道交通及相关行业的工程建设管理、设计、施工人员参考，也可供高等院校相关专业师生学习使用。

图书在版编目（CIP）数据

滨海复杂地质条件下地铁设计创新与实践：青岛地铁 1 号线工程/徐振等编著.—北京：人民交通出版社股份有限公司，2023.1
 ISBN 978-7-114-18280-8

Ⅰ.①滨… Ⅱ.①徐… Ⅲ.①地下铁道—铁路工程：设计—青岛—文集 Ⅳ.①U231-53

中国版本图书馆 CIP 数据核字（2022）第 195196 号

Binhai Fuza Dizhi Tiaojian xia Ditie Sheji Chuangxin yu Shijian
——Qingdao Ditie 1 Hao Xian Gongcheng

书　　名：	滨海复杂地质条件下地铁设计创新与实践——青岛地铁 1 号线工程
著 作 者：	徐　振　陈　剑　等
责任编辑：	谢海龙
责任校对：	赵媛媛　魏佳宁
责任印制：	张　凯
出版发行：	人民交通出版社股份有限公司
地　　址：	（100011）北京市朝阳区安定门外外馆斜街 3 号
网　　址：	http://www.ccpcl.com.cn
销售电话：	（010）59757973
总 经 销：	人民交通出版社股份有限公司发行部
经　　销：	各地新华书店
印　　刷：	北京印匠彩色印刷有限公司
开　　本：	787×1092　1/16
印　　张：	19
字　　数：	376 千
版　　次：	2023 年 1 月　第 1 版
印　　次：	2023 年 1 月　第 1 次印刷
书　　号：	ISBN 978-7-114-18280-8
定　　价：	128.00 元

（有印刷、装订质量问题的图书，由本社负责调换）

编审委员会

主　　任	迟建平	王守慧				
副 主 任	刘方克	芦睿泉	王者永	于志永	殷险峰	吴学峰
	纪英奎	杨　林	李克先			
主　　编	徐　振	陈　剑				
副 主 编	周桂银	王　彬	陈　萍			
编　　委	张建伟	刘诗群	张　亮	于春红	邢建军	董　波
	张　岩	孙勤龙	聂祝宝	杜　青	李　健	丁士盛
	鞠　颂	王　川	李　阳	宋永娜	朱光涛	张　允
	程晓朋	石婉婷	韩　冰	王　琼	郗久霞	李宁宁
	姜　畔	刘　鹏	杜国栋	李军省	王永辉	刘世波
	祖希龙	陈　峥	解　超	董亚男	韩晶晶	于祥伟
	时晓贝	程　龙	冯路航	闫　涛	张宗圆	房文远
	王京伟	赵　伟	董立威	郭爱平	王海洋	胡春新
	李培卿	田　宁	杜文龙			
主　　审	张　亮	杨会军				

主编单位　青岛地铁集团有限公司
　　　　　　青岛市地铁一号线有限公司
　　　　　　北京城建设计发展集团有限公司
　　　　　　中铁第一勘察设计院集团有限公司
　　　　　　中铁第六勘察设计院集团有限公司
　　　　　　中铁二院工程集团有限责任公司
　　　　　　中国铁路设计集团有限公司

序

近年来，随着我国城镇化进程的加快，城市转型升级进入新阶段和关键期，调整城市结构，提升城市能级质量和承载力，有效推动城市更新成为当前城市发展的主导方向。城市轨道交通作为国家新一轮基础设施建设的"主战场"，对提升城市运输供给质量和效率、优化城市空间结构布局、改善城市综合环境具有至关重要的作用，是推动城市更新的关键环节。

一直以来，青岛市委、市政府高度重视城市轨道交通建设，致力构建契合青岛城市转型、匹配城市发展战略的城市轨道交通网络。青岛地铁远景规划18条线路，总里程达到814.5km。截至目前，青岛地铁已开通运营6条线路，运营里程达到284km，单日最高客流量达到121.92万人次，有效赋能城市发展，"轨道上的青岛"初具雏形。

历经10年建设，青岛地铁不断探索城市轨道交通建设新模式，地铁1号线就是其中的代表。青岛地铁1号线起于黄岛区王家港站，途径市南区、市北区、李沧区、城阳区，终于东郭庄站，贯穿青岛市主要核心区域，全长约59.97km，是青岛地铁目前规划、在建及运营线路地下段最长的线路。作为青岛市首个跨海建设的地铁线路，地铁1号线在很多方面为后续的线路建设提供了参考经验，比如首次应用暗挖拱形无柱车站，首条采用矿山法施工的轨道交通跨海隧道。同时，青岛地铁1号线海底隧道工程地质复杂，共穿越18条断裂破碎带，海水突涌、围岩垮塌风险极高，设计施工难度属全国之最。

本书从工程实践出发，全面总结了青岛地铁1号线建设过程中采用的诸多创新技术，并将理论知识与工程实践紧密结合。相信本书能给青岛地铁其他线路以及山东省其他地市地铁线路建设提供参考和借鉴。

青岛地铁1号线高水平、高标准、高质量的建设开通，离不开勘察、设计、施工、监理、监测、咨询等广大地铁建设者的辛勤付出，离不开社会各界的支持和帮助。借本书出版之机对各位建设者和社会各界同仁表示衷心感谢！

青岛市地铁工程建设指挥部副总指挥
青岛地铁集团有限公司党委书记、董事长

2023年1月

前 言

青岛地铁1号线是青岛市重点民生工程，线路正线全长59.97km，是青岛地铁目前规划、在建及运营线路中地下段最长的线路，线路设计最高时速为100km。作为城市快线和骨干线，1号线连接黄岛区、市南区、市北区、李沧区、城阳区，为青岛市区的融合发展注入澎湃的动力。"一线串起五区，连接青黄两岛"，将对串联新老城区、完善青岛市城市格局起到重要作用。

青岛地铁1号线线路里程长，工程地质、水文地质条件复杂多变，施工技术难度大，围岩开挖和防排水等风险极高。青岛地区以硬岩地质为主，1号线克服了在硬岩地层中修建地铁时爆破施工、上软下硬地层开挖、不良地质处理等诸多难题，建成了国内首条城市轨道交通跨海隧道。

青岛地铁1号线串联主城区设站，均为地下线。地下区间主要采用盾构法、全断面硬岩掘进机（TBM）法和矿山法施工，地下车站采用明挖法或暗挖法施工，基本涵盖了轨道交通工程常见的结构类型和施工方法。

自2015年10月开工建设以来，青岛市委、市政府，黄岛区、市南区、市北区、李沧区、城阳区相关部门，青岛市地铁集团有限公司等对青岛地铁1号线工程建设给予了大力指导和帮助，建设、勘察、设计、施工、监理、第三方监测等各参建单位以"安全地铁、绿色地铁、人文地铁、活力地铁"为目标，精心组织和施工。2021年12月26日，青岛地铁1号线正式开通运营。近六年来，在建设单位的统筹下，各参建单位精诚团结、密切合作，从开工伊始就秉持"目标导向、问题导向"的工作原则，编制项目总体策划和技术策划，过程中抓关键线路、关键节点和各项资源的合理配置，重视设计优化和技术创新，保证了项目进度、安全、质量、投资可控。

青岛地铁1号线工程采用了许多前沿技术和创新技术。例如：国内首创利用复曲线解决既有站衔接问题；在青岛地铁首次引入混合搅拌壁式地下连续墙施工法（TRD）止水帷幕及 TRD 插型钢技术；首次在西镇站成功应用暗挖单层衬砌；首次在出入口过街通道中应用管幕法超前支护；青岛地铁首次采用冻结法加固联络通道；TBM 管片采用钢纤维复合管片；创新性提出拱盖法暗挖风道，并在瑞金路站成功应用；全面运用建筑信息模型（BIM）技术，实现了全生命周期管理和数字化移交。

青岛地铁 1 号线站内装修设计风格在国内独树一帜，结合城区的历史文化、自然环境和人文风貌，体现沿线文化特色，依据青岛地铁全网艺术规划导则，以"城市之光，斑斓青岛"作为车站设计主题。设计团队从青岛市的人文历史以及自然景观中汲取创作灵感，对轨道交通公共空间进行了艺术化创作，构建了"一线一主题，一站一风景"，具备极强的标识性和艺术性。

本书是对上述诸多成果的系统梳理与凝练，旨在以此构建滨海复杂地质条件下地铁修建关键技术体系，为相似环境条件下的地铁工程建设提供有益的借鉴与参考。

本书由徐振、陈剑担任主编，组建了来自建设、设计和施工单位的工程技术和管理人员近 50 人的编写团队，同时，主编单位组织收集了大量宝贵资料。在此向所有编审人员的辛勤付出和支持单位表示衷心感谢，并致以崇高敬意！

限于作者水平，书中难免存在差错和不妥之处，恳请各位专家和读者批评指正。

编　者

2022 年 4 月

目　录

第1章　绪　论
1.1　工程概况 ... 003
1.2　工程设计创新 ... 011

第2章　线路、限界、轨道设计创新
2.1　设计技术标准 ... 021
2.2　线路设计创新 ... 031
2.3　限界设计创新 ... 043
2.4　轨道设计创新 ... 044

第3章　车站建筑设计创新
3.1　车站建筑设计原则及标准 ... 051
3.2　车站建筑设计 ... 059
3.3　建筑设计标准化 ... 080

第4章　基坑支护形式及设计创新
4.1　基坑支护设计原则及标准 ... 091
4.2　典型基坑支护形式及适用条件 ... 092
4.3　青岛地铁首次应用TRD插型钢支护结构 ... 099
4.4　青岛地铁首次应用搅喷桩插型钢支护结构 ... 106
4.5　基坑施工过程中突发情况处理 ... 113

第5章　暗挖支护设计创新
5.1　单层衬砌的成功应用 ... 122
5.2　单层初期支护工法的成功应用 ... 143

  5.3 双层初期支护工法的成功应用 146
  5.4 拱盖法暗挖风道设计 152
  5.5 管幕的成功应用 155

第6章 盾构及TBM工法创新设计

  6.1 TBM及盾构选型 171
  6.2 TBM始发过站接收关键技术 180
  6.3 盾构始发接收端头加固技术 188
  6.4 盾构穿越上软下硬地层施工关键技术 190
  6.5 复杂城市环境TBM洞内翻渣及拆卸系统 201
  6.6 区间联络通道设计方案优化 210

第7章 车辆基地技术创新

  7.1 车辆基地设计标准及原则 221
  7.2 车辆基地结构超限设计 225
  7.3 上盖工程消防设计 230
  7.4 其他设计重难点方案 236
  7.5 施工图设计及施工配合经验总结 243

第8章 过海区间工程技术创新

  8.1 过海区间工程概况 247
  8.2 过海区间隧道大断面优化设计 250
  8.3 过海通道TBM隧道关键技术 258
  8.4 海底隧道穿越不良地质段注浆设计及施工标准 262

第9章 既有车站改造设计创新

  9.1 既有明挖车站改造 271
  9.2 既有暗挖车站改造 283
  9.3 既有区间结合上盖开发改造 287

参考文献

第 1 章

绪 论

滨海复杂地质条件下地铁设计创新与实践
——青岛地铁1号线工程

INNOVATION AND PRACTICE OF
SUBWAY DESIGN UNDER COMPLEX GEOLOGICAL CONDITIONS IN SEASIDE REGION
——QINGDAO METRO LINE 1 PROJECT

1.1 工程概况

1.1.1 工程地质概况

1）地形地貌

青岛市地形特征呈东高西低，中间凹陷。东南部崂山主峰海拔 1132.7m，为山东省第三高峰，其余脉向北绵延至即墨东北部，向西南延伸到青岛市区。中西部为胶莱盆地，地势低平，海拔一般不超过 50m。青岛地铁 1 号线沿线地貌是在新生代以来，经构造—侵蚀—剥蚀—堆积，在内外地质营力共同作用下形成的。其成因类型多，形态类型也比较复杂，其分布与沿线地质构造关系密切。青岛市黄岛区位于胶州湾西海岸，与青岛市区隔海相望，地形整体呈东西高、中间低，地貌类型主要有河流堆积地貌、滨海堆积地貌及构造剥蚀地貌。在其中部及浅海位置的滨海堆积地貌类型主要为潮滩及水下浅滩。

沿线通过地貌为剥蚀、剥蚀堆积和海蚀堆积地貌。其中剥蚀地貌可分为剥蚀残丘及剥蚀斜坡，剥蚀残丘主要分布于黄岛区青岛北海船厂有限公司附近、瓦屋庄到后岔湾、市南区的团岛、市北区的北岭山附近，剥蚀斜坡主要分布于黄岛汽车站、青岛理工大学（黄岛校区）、泽润金融广场、东西快速路及和兴路、兴华路；剥蚀堆积地貌可分为剥蚀堆积缓坡、剥蚀堆积平台及剥蚀堆积坳谷及侵蚀堆积一级阶地，其中侵蚀堆积一级阶地主要分布于海泊河、李村河及白沙河两岸；海蚀堆积地貌为滨海沼泽地貌，主要分布于黄岛佳家源超市附近、青岛北站附近，现地表均回填建筑及生活垃圾。

2）地质构造

青岛地铁 1 号线经过区的断裂均为北东向断裂，其中与线路交叉且对线路影响比较大的断裂为夏庄—沧口断裂、李村断裂、青岛山断裂以及它们派生的次级断裂（即墨断裂），上述主要断裂构造简述如下：

（1）夏庄—沧口断裂（F_3）

该断裂为区域上朱吴—店集断裂南延部分，走向 40°，倾向 310°，倾角 50°～86°，主断面最宽处达 100m。该断裂控制莱阳群、青山群沉积岩及岩浆岩的分布，断裂西北部是以莱阳群、青山群及第四系为主的平原区，东南部是以崂山花岗岩为主的低～中山区。断裂带内发育碎裂岩、碎粉岩及糜棱岩，第四系覆盖严重。在沧口公园一带，沧口断裂出露宽度达 100m，主断面向西北倾，倾角 75°～85°，断裂带内岩石呈强烈挤压破碎状态，并发育糜棱岩，可分为三个带：碎裂岩化带、碎裂岩带及糜棱岩带。沧口断裂为左行压扭断裂，具长期、多期活动历史。

（2）李村断裂（F_2）

李村断裂为正断层，走向45°，倾向315°，倾角60°～70°，北起李村，向南延伸至黄海，断裂带宽0.5～5m，断裂带内以碎裂岩为主，高岭土化、绿泥石化明显，可见数条煌斑岩脉充填。

（3）青岛山断裂（F_2）

该断裂为左行压扭性断层，为沧口断裂的次级断裂。该断裂发育在青岛山、双山一带，向南延伸入黄海，走向NE40°，倾向北西，倾角46°～80°，断裂宽25～30m，带内发育碎裂岩，沿断裂方向有脉岩侵入。

（4）即墨断裂

即区域上郭城—即墨断裂南延部分。该断裂自海阳郭城至即墨市南部，全长约130km，断裂带走向40°～45°，倾向南东，倾角70°～80°。断裂带下盘为青山群火山岩系，上盘为王氏群及青山群地层。断裂破碎带宽几十至几百米，糜棱岩、断层泥、构造透镜体、擦痕多处可见。该断裂带大部分为第四系覆盖。

3）水文地质条件

青岛地铁1号线区域河流属沿海近缘水系，注入胶州湾。所有河流流量明显受降水控制，季节性变化明显。主要河流有海泊河、张村河、李村河、大村河、白沙河、墨水河，其中张村河、大村河分别在曲哥庄及胜利桥汇入李村河后流入胶州湾。

（1）海泊河发源于浮山，流经市北区，穿越海泊河公园、沿八号码头北侧汇入胶州湾，河道总流域面积27km²，全长6.8km。到目前为止，市北段河床均已经硬化，除雨后有短暂流水外，其余时间仅主河槽有少量污水及干道、暗渠排水，市北区于2008年对海泊河南京路至八号码头段进行综合治理改造，现河道内均为海水。

（2）李村河发源于崂山，自东向西蜿蜒流入胶州湾，其主要支流为张村河，在车家下庄一带河谷宽约150m，其两侧的一级阶地宽约1000m，总宽度达1150m。河流比降7.13‰，流域面积127.8km²。据调查了解，1985年9号台风时，车家下庄一带连降数日暴雨，河水面升高，水深达3.0m，洪峰高程约18.0m。除汛期外，该河基本处于半干枯状态。

（3）白沙河发源于崂山巨峰北麓天乙泉，由东向西流经北宅、夏庄、黄埠、洼里、流亭，于西后楼流入胶州湾，全长35km，流域面积202.9km²，河流比降12.6‰。据乌衣巷水文站1977年资料，该河最大流量6.98m³/s（7月27日），最小流量干枯，年平均流量0.14m³/s，年径流量4.42×10⁷m³，侵蚀模数0.670t/km²。近几年由于受崂山水库截流及天气干旱影响，白沙河大部分时间断流。

（4）墨水河发源于崂山三标山，流经即墨，于城阳流入胶州湾，全长42.3km，流域面积317.2km²，河流比降3.87‰。据即墨水文站1977年资料，该河最高水位4.68m，最大流量0.65m³/s，最小流量干枯，年平均流量0.01m³/s，年径流量3.2×10⁶m³。

沿线地下水绝大部分为陆相溶滤潜水。矿化度一般为1~4g/L，SO_4^{2-}含量小于700mg/L，Cl^-含量小于200mg/L，pH = 6.0~8.0，局部受环境污染。丘陵区从分水岭到海岸边，河流从上游到入海口，地下水化学成分具水平分带特征，由淡水~微咸水~咸水，呈明显的水平分带性。工程勘察采取地下水样29组进行了室内水质简分析。根据水质分析结果，按《岩土工程勘察规范》（GB 50021—2009），地下水对混凝土结构具微腐蚀性~弱腐蚀性、对钢筋混凝土结构中的钢筋具微腐蚀性~中腐蚀性。

4）地震

青岛市所处大地构造单元相对稳定，区域地质构造受华夏式东北（NE）向构造体系的控制，较大的断裂构造有"沧口断裂""王哥庄—山东头断裂""劈石口—浮山所断裂"。上述断裂相对于区域构造体系，具有规模小、影响地壳深度浅、构造线简单的特点，不具备"地应力场"集中的条件。

历史地震观测资料表明：青岛市未发生过破坏性地震，以弱震、微震为主，且震中离散，无明显线性分布。区域内不具备发生破坏性地震的构造条件，影响烈度主要来自远场的"中~强"地震。场区区域上属相对稳定地块。

（1）抗震设计参数

根据中华人民共和国地震局发布的《中国地震烈度区划图（1990）》及《中国地震动参数区划图》（GB 18306—2015）和《建筑抗震设计规范》（GB 50011—2010），拟建线路范围的基本地震烈度为6度，设计基本地震加速度值为0.05g。设计地震分组为第三组。

（2）地震液化

地铁沿线按7度区考虑，沿线有可能液化的土层为第四系全新统的砂土，其中砂土标准贯入击数为7~12击，粉土的黏粒含量均大于10%。搜集到的各建筑场地勘察报告均未发现可液化砂土，按照《铁路工程抗震设计规范》（GB 50111—2006）的有关规定，可初步判定沿线无可液化地层。

第四系全新统海相沉积层第④层淤泥质砂土为饱和、松散状态，根据以往工程经验该层为地震可液化土层（按7度区考虑），液化等级属于中等~严重。

5）不良地质

青岛地区对地铁工程建设影响较大的典型不良地质条件主要包括如下9种：

（1）富水砂层

富水砂层是指富含地下水的砂层、含黏性土砂层，在开挖过程中极易诱发涌水涌砂、流砂等现象。主要分布在缓坡，当代河流的河床、河漫滩、河流两岸，现代河流一级阶地、河漫滩的下部和胶州湾堆积区底部，沧口洪冲积平原及城阳洪冲积平原的中上部。

（2）软硬复合地层

复合地层是指在开挖影响范围内，由两种或两种以上岩土力学、工程地质和水文地质特征相差悬殊的地层组合。软硬复合地层最典型的表现是上软下硬地层，即上部是相对软弱的地层，下部是坚硬的岩石地层。青岛是濒海的低山丘陵区域，地铁工程埋深较浅，软硬复合地层分布广泛。

（3）构造破碎带

构造破碎带是指由断裂或节理密集带所造成的岩石强烈破碎的地段，是岩体中相对软弱地带，常存在软弱大倾角结构面或交错切割性结构面等对暗挖工程有较大影响的不利结构面。青岛区域性断裂包括百尺河—二十五里夼断裂、郝官庄断裂、郭城—即墨断裂、劈石口—浮山所断裂、王哥庄—山东头断裂、胶县断裂和朱吴—店集断裂等。

（4）不均匀风化岩

在外营力风化作用下，因岩石结构、构造、成分和工程性质的不同，导致不同风化程度岩层不均匀分布，形成基岩凸起、风化深槽、硬岩脉、"球状"风化等不均匀风化现象。同时青岛市区以花岗岩为主，穿插分布有煌斑岩、闪长岩、花岗斑岩等脉岩，不同岩性的抗风化能力不同，也导致风化程度的不均匀分布。

（5）填土、填海地质

填土通常指人类活动过程中随机堆填而成的无序堆积体，因其特殊的成因，其物质成分较杂乱，均匀性差，根据组成物质或堆积方式可分为素填土、杂填土、冲填土等。填海地质是由人类活动向海域发展，填海造陆而形成的一种特有填土区域。填海地质在滨海地区普遍存在，主要分布在胶州湾、鳌山湾、灵山湾等沿岸地区。

（6）软土地质

软土是指在静水或缓流还原条件下，伴有生物化学风化作用沉积而成的细粒土，包括淤泥、淤泥质黏性土、含有机质粉质黏土等。滨海相成因软土主要分布于胶州湾及其沿岸的滨海潮滩、水下浅滩、河流入海口三角洲地带。市南区、崂山区、西海岸新区的滨海平原，以淤泥质黏性土为主，胶州湾内部以淤泥为主。

（7）涉海（水）区域

涉海（水）区域是指穿越海洋、地表河流、湖泊、水库等，或者邻近海岸线易受地表水体影响，存在一定水力联系，对工程施工有直接影响的区域。青岛是海滨城市，地铁工程建设施工邻近或穿越海域较为常见。

（8）隐伏冲沟

冲沟是由间断流水在地表冲刷或人工挖掘形成的沟槽。隐伏冲沟是由第四系土层或人工覆盖隐伏于地下的对地铁工程建设有影响的冲沟、井、塘等。随着城市大规模建设和工业生产生活的变迁，导致了城市原有地貌的改变，挖掘与掩埋的沟槽较多，工程建设施工风险较大。

（9）地下空洞（水囊）

城市地下空洞的形成原因较为复杂，青岛地区主要是由于地层起伏较大及后期人类工程行为的多次改造而产生。地下工程施工引起的地层失水，在地层硬壳层与下部地层间也易形成地下空洞。此外，陈旧或废弃的地下管井、人防工程、储油罐体、加油站油库等早期废弃构筑物也是形成地下空洞的原因之一。地下空洞充填物为水时，即为水囊。

1.1.2 线路规划概况

青岛地铁1号线是沿着青岛市传统的客流走廊，连接黄岛中心区、青岛中心区和城阳现状城区的南北向骨干线路，其定位为大运量等级的骨干线路，沿线串联了青岛站、青岛北站、流亭国际机场、黄岛汽车站、汽车北站等重要的交通枢纽；并与轨道交通线网中11条交通线路换乘，形成线网的互连互通和资源共享，也是近期线网中唯一跨海连接黄岛区与东部城区的轨道交通线路，具体如下：

（1）将长江路沿线商圈、青岛老火车站及中山路商务圈、市北区台东商务圈、四方西部居住区、李沧交通商务圈及李沧西部板桥居住区、流亭机场及城阳主城区连在一起，为沿线各重点功能区、综合交通枢纽及居住区之间提供方便快捷的交通衔接。

（2）青岛地铁1号线与11条轨道交通线形成换乘关系，对于有效利用网络资源、实现网络共享、发挥轨道交通网的城市客流快速运送和引导城市发展等，将起到重要作用。通过与其他交通方式的衔接，为青岛市黄岛、城阳及李沧区边缘地带提供快速的出入中心城通道。

（3）青岛地铁1号线主要沿长江路、滨海大道、费县路、胶州路、人民路、四流南路、兴华路、重庆路、凤岗路、中城路和S209敷设，全长59.96km。共设车站41座，其中换乘站12座，分别与2、3、4、5、6、7、8、9、10、12、13号线换乘，最大站间距6716m（东环路站—贵州路站），最小站间距698m（贵州路站—西镇站），平均站间距1.486km。全线设置车辆段 1 座（安顺车辆段），停车场 2 座（瓦屋庄停车场和东郭庄停车场）；控制中心 1 座（峨眉山路控制中心）。青岛地铁 1 号线线路如图 1-1 所示。车站分布、结构施工工法情况见表 1-1。

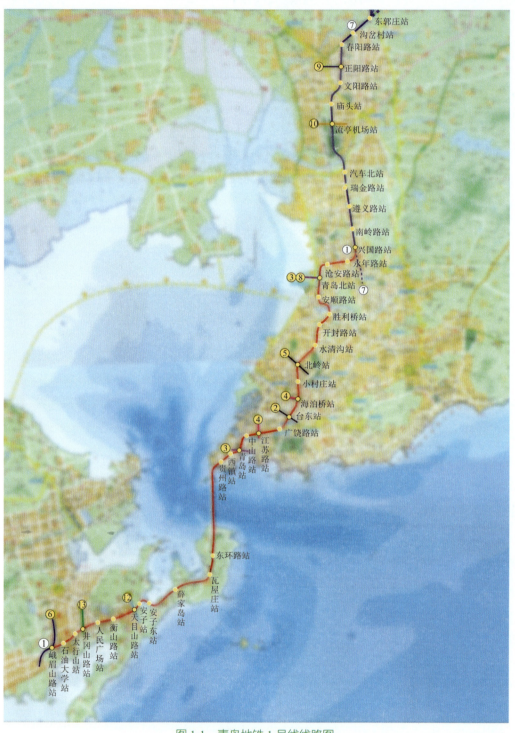

图 1-1 青岛地铁 1 号线线路图

车站分布、结构施工工法情况　　　　　　　　表 1-1

车站序号	站　名	站中心里程	右线站间距（m）	左线站间距（m）
	右线设计起点	K10＋011	389.000	389.000
1	峨眉山路站	K10＋400		
			982.943	976.646
2	石油大学站	K11＋383		
			875.000	870.094
3	太行山路站	K12＋258		
			813.478	818.132
4	井冈山路站	K13＋071.478		
			1333.522	1338.437
5	人民广场站	K14＋405		
			1667.800	1666.721
6	衡山路站	K16＋072.8		
			901.594	898.113
7	天目山路站	K16＋975		
			942.816	935.217
8	安子站	K17＋917.9		
			1091.1	1109.94
9	安子东站	K19＋009		
			1986.4	1973.418
10	薛家岛站	K20＋995.4		
			2454.025	2446.595
11	瓦屋庄站	K23＋456		
			1622.000	1608.957
12	东环路站	K25＋078		
			6716.000	6729.437
13	贵州路站	K31＋794		
			698	699.598
14	西镇站	K32＋492		
			864.857	859.195
15	青岛站	K33＋356.857		
			1208.301	1223.473
16	中山路站	K34＋564		
			729	728.143
17	江苏路站	K35＋293		
			1215.683	1213.972
18	广饶路站	K36＋509		
			1321.009	1311.061
19	台东站	K37＋830.009		
			1574.491	1564.877
20	海泊桥站	K39＋404.5		
			1225.2	1224.844

续上表

车站序号	站　名	站中心里程	右线站间距（m）	左线站间距（m）
21	小村庄站	K40+629.7	1225.2	1224.844
22	北岭站	K41+889.5	1269.8	1279.179
23	水清沟站	K43+433.5	1536.987	1537.594
24	开封路站	K44+999.6	1566.1	1563.065
25	胜利桥站	K45+990	990.4	989.105
26	安顺路站	K47+522.5	1539.12	1520.729
27	青岛北站	K48+658.424	1135.939	1128.872
28	沧安路站	K50+102.5	1444.076	1463.453
29	永年路站	K51+345.5	1242.159	1245.502
30	兴国路站	K52+760.5	1415	1392.646
31	南岭路站	K53+921.800	1161.3	1160.321
32	遵义路站	K55+387.250	1465.757	1465.775
33	瑞金路站	K56+848.000	1460.75	1460.757
34	汽车北站	K58+231.060	1383.06	1383.531
35	流亭机场站	K61+473.130	3246.04	3242.696
36	庙头站	K63+435.600	1962.47	1967.868
37	文阳路站	K64+714.130	1278.915	1281.427
38	正阳路站	K65+782.130	1068	1065.324
39	春阳路站	K66+865.330	1083.2	1083.146
40	沟岔村站	K68+478.130	1612.8	1626.341
41	东郭庄站	K69+841.100	1362.97	1362.974
	右线设计终点	K69+965.500	124.400	124.400

1.2 工程设计创新

1.2.1 工程重难点

1）工程特点

（1）南北大动脉串联市内五区

青岛地铁 1 号线途经黄岛区、市南区、市北区、李沧区、城阳区市内五区；串联西海岸行政中心、凤凰岛旅游度假区、台东商圈、市北中心区、北站交通商务区、空港经济区、城阳行政及商务区。

（2）沿线地质复杂多变

青岛地铁 1 号线黄岛段地质软硬不均，老城区段地形高差起伏大、断层破碎带多、下穿老旧房屋及历史风貌建筑多（线路要绕避），城阳段第四系土层及富水砂层深厚，同时，施工中对环保要求高。

（3）换乘站多

青岛地铁 1 号线与轨道交通线网中 11 条线路形成 12 座换乘站，换乘站比例达 30%。串联青岛站、青岛北站、黄岛汽车站、汽车北站等交通枢纽。

（4）改造工程量大

青岛站、开封路站及车站前后约 1.2km 的区间、青岛北站已经建成，既有工程改造量较大。为整体提升完善瓦屋庄停车场周边地块旅游、开发等方面的地铁服务功能，1 号线在建设过程中通过扩挖既有单线区间为连拱侧式站台，新建明挖站厅，形成独具特色的厅台分离车站。

（5）预留拆分

青岛地铁 1 号线在兴国路站预留地铁 1、7 号线拆分条件，初期 1 号线贯通运营，近、远期 1、7 号线拆分独立运营。

（6）过海隧道

青岛地铁 1 号线穿胶州湾隧道是国内首条地铁过海隧道，区间长 8.1km，海域段长 3.5km，隧道埋深、开挖断面均为国内过海地铁之最，系统方案复杂。主要特点如下：

①青岛地铁 1 号线过海段区间两端分别接入青岛端西镇站和薛家岛端瓦屋庄站，工程规模大，投资高，建设工期长，是青岛地铁 1 号线工程的重要节点性工程。

②我国海底隧道的建设刚刚起步，缺乏成熟的标准、规范。我国已建成通车的过海隧

道工程有青岛胶州湾隧道工程、厦门翔安隧道工程等，为我国在海底隧道的建设积累了一些工程经验，但相应的标准及规范的形成仍需要一定过程。

③工程水文地质是隧道建设的基础，海底隧道位于海床下，工程地质勘察需要在海上完成，海底地形、构造等无法直接踏勘，且由于海水深、流速大、存在风浪干扰等，海上勘察难度大，必须研究可靠的物探、钻探方法查明地质。

④隧道海域段最大水深42m，海底基岩裸露，隧道共穿越6组18条断裂带，其中海域段穿越4组14条断裂带；此外，隧道穿越地层岩性复杂多变，施工中坍塌、突涌水风险高，且后果是灾难性的，设计及施工难度大，需采用可靠有效的工程措施，确保工程安全。

⑤海底隧道处于海水腐蚀环境，海水和地下水对混凝土有中等结晶分解复合类腐蚀和弱结晶类腐蚀，对钢筋混凝土中的钢筋有弱腐蚀性。因此，对结构的耐久性要求高。

⑥隧道采用"V"形坡，施工和运营期需采用机械排水，防排水设计原则、排放标准的确定困难，隧道堵水施工和施工防突水难度大。

⑦长大海底隧道运营通风、排水、防灾、救援系统复杂。

2）工程风险点

青岛地铁1号线经过黄岛、市北、李沧、城阳4个区，区间风险源主要为胶济铁路、地面建筑物、国道及高速公路、高架桥、河道及桥梁、高压电塔、地下管线等。区间风险源汇总见表1-2。

区间风险源汇总　　　　　　　　　　　　　　　　　　　表1-2

序号	风险点	建筑规模	基础形式	基础与隧道关系	风险等级	建议措施
1	跨海大桥高架路	跨度35m	1.5m端承桩	水平净距5.6m	二级	需做保护措施（注浆），加强监测
2	滨海大道路基段	5m高路基	1:4放坡	下穿，区间由地下转为地上	二级	施作隔离桩，加强监测
3	东西快速路（聊城路—上海路）	10m路堑	浅基础	下穿，垂直净距5m	二级	需做保护措施（注浆），加强监测
4	东西快速路（延安一路）	35m跨连续箱梁	1.2m端承桩	侧穿，水平净距0.96m	二级	需做保护措施（注浆），加强监测
5	鞍山高架路	44m跨连续箱梁	1.2m端承桩	侧穿，水平净距1.38m	二级	需做保护措施（注浆），加强监测
6	人民路立交	20m简支梁	1.2m端承桩	侧穿，水平净距1.68m	二级	需做保护措施（注浆），加强监测
7	城阳高架路	24m连续梁	1.2m端承桩	侧穿，水平净距2.54m	二级	需做保护措施（注浆），加强监测
8	滨海大道路基段	—	浅基础	斜穿，垂直净距3.5m	二级	需做保护措施（注浆），加强监测
9	银座公寓	18层	筏板基础地下2层	侧穿，水平净距7.1m	二级	需做保护措施（注浆），加强监测
10	鹰谷酒店	13层	筏板基础地下2层	下穿	—	预留区间已修建完毕

续上表

序号	风险点	建筑规模	基础形式	基础与隧道关系	风险等级	建议措施
11	贝蒙特大厦	9层	筏板基础地下2层	下穿	—	预留区间已修建完毕
12	警察署旧址（国家重点文物保护单位）	4层	砖混	侧穿，水平净距3.29m	一级	需做保护措施（注浆），加强监测
13	鲁邦·新天地	31层	筏板基础地下2层	侧穿，水平净距16.5m	二级	需做保护措施（注浆），加强监测
14	中信实业银行	14层	地下2层，筏板基础	侧穿，水平净距3.5m	二级	需做保护措施（注浆），加强监测
15	青岛人和路旧城改造项目	34层	地下4层，筏板基础	下穿	—	与地块开发同步实施
16	当代购物广场	15层	筏板基础	侧穿，水平净距9m	二级	需做保护措施（注浆），加强监测
17	半岛商城	10层	地下2层，筏板基础	下穿，垂直净距3.5m	二级	需做保护措施（注浆），加强监测
18	人民292号昌化路与人民路交叉口西南侧建筑	12层	地下2层，筏板基础	下穿，水平净距5.9m	二级	需做保护措施（注浆），加强监测
19	胶济铁路	3股轨道	碎石道床	下穿，垂直净距18m	一级	跟踪注浆、工字钢加固枕木
20	李村河	39m	天然河床	下穿，垂直净距12.1m	二级	注浆加固河道，洞内水平旋喷止水，加强监测
21	白沙河（水源保护地）	214m	天然河床	下穿，垂直净距12.7m	二级	注浆加固河道，洞内水平旋喷止水，加强监测
22	海泊河	36m	河道混凝土硬化	下穿，垂直净距11m	二级	注浆加固河道，洞内水平旋喷止水，加强监测

1.2.2 设计创新成果

青岛地铁1号线自2013年启动建设以来，一直坚持创新驱动、标准引领，突出问题导向，以服务工程建设及运营管理为目标。在线路限界设计、车站建筑设计、基坑支护形式及设计、暗挖支护设计、盾构/TBM工法、车辆基地设计、过海隧道工程、既有车站改造设计等方面结合工程特点进行了研究，主要成果如下：

（1）采用复曲线衔接既有青岛站。其经验可供后续工程参考：①在地形、建（构）筑物等条件复杂的情况下，采用复曲线可减少土地占用和建设投资；②《地铁设计规范》（GB 50157—2013）中要求新建线路不应采用复曲线，困难地段应进行技术经济比选后采用，因此后续新建线路中其他线路预留工程应尽可能包容性设计，为后续衔接预留条件。

（2）线路调线调坡。线路中段西镇至永年路站共有14个区间，其中8个区间通过调线调坡消除误差，满足铺轨要求，极大地减少废弃工程，节约投资；北水区间左线由于沉降较大，调线调坡不能完全消除误差，但通过调线调坡使原本要拆除40环管片减少为19环，仅一项就节约投资约400万元。通过对调线调坡区间误差产生的原因进行总结，为后续工程提供借鉴：①调线调坡区间基本为盾构或TBM施工，始发姿态未及时调整及区间地质掌握不全面是产生调线调坡的主要原因；②测量或施工单位在发现推偏超出容许值时未及时预警、停工，出现较大偏差后隐瞒不报，而是通过其他手段强行纠偏，是给调线调坡带来极大困难的原因之一；③后续施工线路可通过增大盾构内径，加大施工误差范围，减少调线调坡的发生；④建议项目参建各方给予充分的重视，通过采取各种措施从根源上减少施工误差的产生，减少调线调坡工作。

（3）线路站位优化比选方案。通过线路方案优化比选，从源头上降低工程实施难度和对周边环境的影响，提升站点服务功能，最大程度减少施工和运营期对居民区影响。

（4）限界贯通测量方法创新应用。通过创新限界贯通测量数据及限界检测方法，减小限界专业复核工作量，提高调线调坡工作效率。

（5）多等级减振装配式轨道应用。创新性地实现了道床基底板的预制化，并实现了多种减振等级的灵活调整。该轨道结构具有预制化水平高、几何尺寸精度高、养护维修工作量小、可维修性高等特点，具有很强的创新性和环保意义。在后续的工程实践中，应注重对其配套施工器具的优化升级，提升铺轨效率，缩短铺轨工期。同时，应对轨道结构进行进一步的优化设计，增强其在不同基础条件下的适用性。

（6）地下三层明挖标准车站布局优化，对三层站站厅、设备、站台层布置方式进行优化，将通常公共区采用的双柱三跨优化为单柱双跨结构形式。

（7）双岛四线车站公共区优化布置。地铁车站为地下空间，站台面积有限，而双岛四线车站一般作为两条线路的关键转换站点，除了行车组织较一般车站更加复杂，其换客流组织也较一般换乘站更加错综复杂。车站站厅共享，面积较大，作为客流集散的第一站，站厅层的空间布置直接影响乘客的服务感受。站厅、站台区域内柱子较多，会影响乘客进出站及换乘流线的效率，同时也影响装修空间效果。在满足结构受力的前提下，适当减少车站公共区柱子，可加大站台可利用空间，便于乘客快速进出站及换乘，提高地铁服务的舒适度。

（8）暗挖站设备管理区空间优化。暗挖站或拱顶车站设备区设置管线夹层，极大地优化了设备区管线敷设条件，提升了运营检修的便利性，减少了设备区砌筑墙体量及支吊架用量。

（9）外电源引入通道创新设计。结合瑞金路站既有条件，将外电源引入电缆井设置于1号风道活塞风亭旁，通过电缆井引至站厅层，利用站厅层暗挖风道拱部多余空间设置电缆通道，再通过站厅层端部竖井直接引至站台板下。

（10）困难条件下顶出风井创新设计。为解决复杂环境条件下风井占地困难问题，通风竖井采用车站顶出方式，地面风道设置在车站小里程端暗挖主体正上方，设计对顶出竖井与暗挖车站接口处拱部进行加强处理，提高接口处结构强度和刚度，减小施工风险。

（11）搅喷桩插型钢支护结构的创新应用。在青岛地铁建设过程中提出将传统的高压旋喷桩和普通搅拌桩合二为一的一种新工法。该工法巧妙地将搅拌桩和旋喷桩的优点嫁接到具有强大动力和较好稳定性的长螺旋钻机，既解决了搅拌桩进尺困难问题又克服了旋喷桩钻杆刚度不足、垂直度不易控制的缺点。由于喷嘴安装在搅拌头的最外侧，形成内搅外喷的水泥土桩。施工设备主要为长螺旋钻机及高压注浆泵，对场地范围要求较低。该工法克服了高压旋喷桩成桩过程中高压水及高压空气剪切力不足导致的未达到设计桩径而无法咬合的现象，亦避免了普通搅拌桩因喷浆压力不足而造成桩心外围无浆、成桩质量差等缺陷。

（12）TRD墙止水帷幕及插型钢支护结构的创新应用。TRD工法是将满足设计深度的附有切割链条以及刀头的切割箱插入地下，在进行竖向切割横向推进成槽的同时，向地基内部注入水泥浆以达到与原状地基充分混合搅拌的效果，在地下形成等厚度连续墙的一种施工工艺。该工法起源于日本，主要应用在各类建筑工程、地下工程、护岸工程、大坝、堤防的基础加固、防渗处理等方面。

（13）暗挖车站成功应用单层衬砌。西镇站喷锚单层衬砌设计方案，结合相关科研研究成果采用双喷层法，喷射混凝土中添加聚烯烃或者聚丙烯纤维，即第一层主要作用是稳定围岩，而第二层作为保护层，两层喷射混凝土衬砌之间增加喷涂防水层，满足防水及耐久性的需求，同时兼顾部分承载力的需要，与第一层形成叠合结构共同受力。并对拱部断面几何形状及站台层结构体系进行优化，站台层采用框架结构（侧墙采用框架柱）。

（14）青岛地铁首次应用管幕法。下穿重庆路段过街通道，地质条件差，围岩等级为Ⅵ级，采用ϕ299mm管幕超前支护。管幕在出入口通道开挖轮廓线拱顶及侧墙外侧250mm布设，分别从车站端、过街端明挖基坑两头对向打设，钢管通过角钢锁扣相互扣接形成管幕，管内及锁扣部位使用水泥浆液填充固结。结合现场情况及设计条件，下半断面根据施工情况，如果开挖过程中遇砂层，采用帷幕注浆法加固地层。施工期间加强监控量测，确保施工安全。

（15）创新性提出拱盖法暗挖风道。暗挖风道采用二次衬砌拱盖法施工，一方面继承了车站拱盖法的优点，扣拱后下台阶开挖在拱盖掩护下进行，风道开挖的风险显著降低；另一方面，扣拱后，风道下断面开挖无需架设中隔壁等临时性支撑构件，风道下断面完全打开，施工效率得以明显提升，且风道作为车站的施工通道，施工车辆来往频繁，扣拱后无中隔壁影响车辆运输，在确保安全的同时提高了施工效率。

（16）复杂城市环境 TBM 洞内翻渣系统。区间正线上方不具备设置工作井条件，渣车需平移后再由竖井垂直提升，出渣耗时更长，单节渣车出渣时长约为 20min。通过应用洞内翻渣系统，单次可完成 2 节渣车的倾倒翻渣，掘进 1 循环 4 节渣车翻渣总时长为 35min，出渣效率较垂直提升方案提高 1 倍。

（17）区间联络通道设计方案优化。联络通道设计前应对地质条件、周边环境条件进行调查，并根据工程筹划、周边环境风险，以及造价综合考虑，选取合理的开挖方案。区间联络通道加固方法主要分为：洞内注浆加固、地表加固法和冻结法。对于地质较好的地层（Ⅴ级围岩以下），应首先考虑传统洞内注浆加固，对于地质较差的地层（Ⅳ级围岩及土层和砂层），应结合周边环境情况考虑地表加固或冻结法施工。

（18）车辆基地结构超限设计。瓦屋庄停车场车辆基地作为超限项目，存在三项不规则项，且为全框支无落地剪力墙结构，经过两种不同结构软件的小中大震分析计算，数次调整计算模型，最终得到合理的结构布置，且各个参数指标满足现行规范的要求，顺利完成了超限设计。

（19）车辆基地上盖消防设计。瓦屋庄停车场盖下单体按地上建筑进行设计，《地铁设计防火标准》（GB 51298—2018）对地下停车库、列检库、停车列检库、运用库等疏散距离进行规定，但未对地上停车库及上盖开发项目进行规定，《建筑设计防火规范》（GB 50016—2014）规定一、二级耐火等级的单多层丁戊类厂房疏散距离不限。运用库内实际疏散路径会被 120m 长的车辆阻隔，人员绕行的疏散路径过长，库内任意一点至库外的疏散距离约为 145m。同时，由于工艺布置，运用库的疏散楼梯未直接设置在运用库内部，在运用库外侧沿消防车道旁疏散到室外安全区域，其疏散设计是否可行需要进行分析论证。

（20）海水源热泵冷热源方案。海底隧道存在地下海水渗水，每天需用泵将此部分地下海水提升至外界排出。如能将这部分水变废为宝，充分利用这部分地下海水的能量，可有效地降低空调制冷系统的能耗，起到节能减排的作用。

（21）高大空间采暖方案。相比以对流换热为主的散热器供暖系统，采用高大空间采暖设备，使空气强制对流，既可以减少温度梯度，减少能耗，同时能够提供比较理想的热舒适环境。

（22）过海区间隧道大断面优化设计。区间隧道断面设计应综合考虑区间隧道的建筑限界、结构受力变形以及施工经济性等因素。结合隧道衬砌弯矩最大一般出现在拱顶和拱底位置，并参照国内海底隧道开挖断面形式，对青岛地铁 1 号线过海区间隧道马蹄形断面提出 3 种优化方案：①断面一为顶部扁平马蹄形断面，该断面面积较大，考虑到隧道顶部扁平，拱顶位置受力更为均匀；②断面二为由三心圆组成的马蹄形断面，在国内主要城市广泛应用，在实际工程中采用该断面；③断面三采用四段圆弧组成，断面开挖面积最小。

（23）过海通道 TBM 隧道关键技术。青岛地铁 1 号线工程瓦屋庄站—贵州路站区间为国内首条过海地铁区间隧道，采用"钻爆法 + TBM"组合工法施工，其中 TBM 隧道全长约 1.4km。TBM 隧道段周边环境条件复杂，下穿青岛老城区等敏感区，穿越近海断层破碎带等高风险点；受环境条件限制，TBM 隧道正线上方不具备设置工作井的条件，制约 TBM 始发及出渣。结合地质条件采取了"地面注浆 + 超前地质探测"相结合的技术措施，顺利完成了近海断层破碎带的施工；根据工程实际条件，创新性地提出了平移始发技术方案，解决了复杂条件下 TBM 始发问题；研发并应用了洞内翻渣系统，利用钻爆法隧道施工斜井出渣，实现了 TBM 快速出渣、快速掘进。

（24）海底隧道穿越不良地质段注浆设计及施工标准。TBM 对于硬岩地层具有较好的适用性，由于设备自身特点，在软弱地层施工需进行地层加固。一般情况下，隧道开挖线外 3m 范围内存在不可自稳地层，或围岩渗透性较大，建议进行洞内注浆加固或地面注浆加固，保障 TBM 掘进施工安全，减少卡机风险。同时，注浆加固兼顾防渗堵水作用，增强管片防水性能。

（25）既有青岛站结合益群地下商城改造。青岛站及益群地下商城于 1995 年建成，2017 年结合地铁 3 号线开通及火车站东广场复建。为应对突发大客流，对青岛站及益群地下商城进行整体升级改造，实现国铁、地铁、机场巴士、地面公交、出租车及社会车辆等之间的便捷换乘，特别是与国铁实现零距离平行换乘，在国内尚属首例，为火车站周边交通压力的疏解发挥重要作用。

（26）东环路站既有区间结合上盖开发改造。为整体提升完善瓦屋庄停车场周边地块旅游、开发等方面的地铁服务功能，通过扩挖既有单线区间为连拱侧式站台、新建明挖站厅，形成独具特色的厅台分离的车站，实现了既有区间改造车站的建设目标，在青岛地铁尚属首例。通过增加东环路站，为后续瓦屋庄停车场上盖物业开发带来巨大土地价值提升。

第 2 章

线路、限界、轨道设计创新

滨海复杂地质条件下地铁设计创新与实践
——青岛地铁1号线工程

INNOVATION AND PRACTICE OF
SUBWAY DESIGN UNDER COMPLEX GEOLOGICAL CONDITIONS IN SEASIDE REGION
——QINGDAO METRO LINE 1 PROJECT

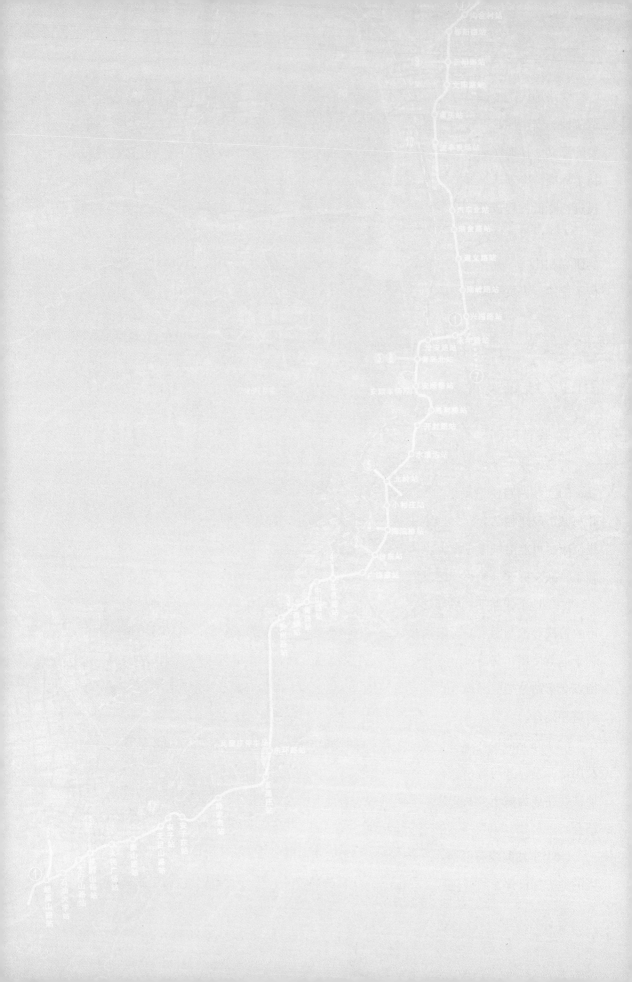

线路选线是地铁设计的重要环节，选线的质量直接关系到地铁的造价以及今后客流的适应性、安全性、可靠性。因此，根据区域特点选择合适的线路对于地铁建设来说具有重要的意义。在地铁选线中，应在符合上位规划的基础上，根据线路的功能定位选取合理的技术标准，合理选择线路平面及纵坡，争取较好的线路技术条件，有利于运营使用，节省投资，降低工程造价。

本章以青岛地铁1号线工程实践为基础，详细阐述了在线路设计阶段，重点路段方案的研究和比选。并在创新方面对复曲线原理在地铁选线中的应用以及调线调坡的新方法进行了论述，可供类似工程借鉴和参考。

2.1 设计技术标准

2.1.1 线路设计

1）设计原则

青岛地铁1号线为青岛市城市轨道交通线网中的骨干线路，设计原则如下：

（1）线路路径、线位、站位应符合城市发展总体规划要求，与城市规划发展方向一致，并与城市改建相结合；应符合城市轨道交通线网规划要求，线路走向与主客流方向相符；线位应尽可能沿城市主干道并在道路规划红线范围内布置，车站宜与规划红线平行，方便施工，减少拆迁。

（2）地下线路平、纵断面要素设计应充分考虑沿线相关的地面与地下建（构）筑物、市政管线等控制因素的影响，合理选择线路平面及纵坡，争取较好的线路技术条件，既有利于运营使用，又尽量节省投资，降低工程造价，通过方案的技术经济比较，寻求最佳平衡点。车站站端应因地制宜设置动力坡，以便达到节能的目的。排水站尽量与车站或联络通道相结合。

（3）车站应设在客流量大的集散点和各类交通枢纽点上，同时考虑城市的进一步发展及用地开发，并与城市综合交通规划相协调，有利于最大限度地吸引客流、方便乘客，使地铁线路成为城市公共交通骨干，车站成为城市交通换乘中心，并尽量与地面综合开发相结合。

（4）车站配线应根据行车交路要求设置专用折返线或折返渡线，并应进一步考虑在适当的地方加设停车线或渡线，以满足运营车辆发生故障时临时调度和待避，同时满足夜间工程维修车的灵活调度需要；在与其他轨道交通线的交会处，应根据需要和条件设置联络线。设置这些辅助线时，应充分注意减小车站规模、节省工程造价的原则。

（5）注意保护沿线重要文物古迹，注重与周边建筑景观相协调。

（6）地下区间线路纵断面设计要充分考虑到桩基础、市政管线、河道等控制性因素的影响，同时还要考虑地铁本身各系统（如防护、防灾、排水、施工竖井等）的综合要求。地下区间线路必须穿过地面建（构）筑物与住宅区时，须注意保证埋深合理，以确保隧道施工安全和控制地面沉降，减小对地面建（构）筑物的影响。充分考虑沿线的地质条件，在满足乘客方便的前提下，线路尽可能设置在地质较好的地层，从而减小工程的难度。

（7）依照沿线地质、水文状况，结合沿线现状及规划，合理确定地铁结构的埋深及工法。

（8）盾构法施工区间应选择适宜盾构掘进的地层，在保证隧道覆土厚度的情况下，应尽量避免含有较大漂石的卵砾石地层。

（9）根据城市快速轨道交通建设规划，整体研究、分期实施，做好分期工程延伸的线路预留条件。

（10）应充分利用先期实施的预留工程，尽量减小对前期预留工程的改造。

（11）应符合《城市轨道交通工程项目建设标准》（建标 104—2008）、《地铁设计规范》（GB 50157—2013）和《城市轨道交通技术规范》（GB 50490—2009）的相关规定。

2）设计难点

（1）线路长，控制点多、沿线规划条件、工程条件复杂，比选方案多。

（2）途经众多客流集散点和交通枢纽，线路站位如何与交通枢纽和集散点合理衔接是本线研究的重点。

（3）穿越青岛老城区，下穿较多建（构）筑物，结合工程条件，从线路源头减少风险源，提高工程的可实施性，是线路选线重点考虑的因素。

（4）首条地铁过海线路，区间 8.1km，海域段 3.5km，线路平面位置选择、埋深等除考虑地质条件外，系统防灾方案也是重点考虑内容。

（5）青岛站、青纺医院站、青岛北站已建成，作为试验段区间已建成 1.2km。充分利用既有工程，合理衔接，避免废弃，也是线路方案重点研究内容。

（6）工程实施范围包含 1 号线和 7 号线一期工程。需对初期贯通运营和近、远期 1、7 号线拆分单独运营进行线路条件的预留。

2.1.2 限界设计

1）设计标准

（1）采用标准地铁 B1 型车，区间列车运行最高速度 100km/h（限界设计允许瞬间超速 10km/h），车站最高速度 60km/h（限界设计允许瞬间超速 5km/h）。

（2）区间全部为地下线，结构断面形式分别为矩形、圆形、马蹄形断面，包括预留车站和区间隧道断面。

（3）车站：岛式站台和侧式站台两类。

（4）地下正线设置区间疏散平台。

（5）区间联络通道底板和轨面高度平齐，便于主疏散通道上人员的快速、安全疏散。

（6）站端设有道岔的车站与盾构区间相接时，道岔岔心与盾构管片起点距离，应符合下列规定：9 号道岔不宜小于 18m，困难条件下采用 13m（人防地段一般情况下不宜小于 18m）。

2）建筑限界

限界是限定车辆运行及轨道周围构筑物超越的轮廓线。限界分为车辆限界、设备限界、建筑限界三种，是工程建设、管线和设备安装位置等必须遵守的依据。合理的限界是保障行车安全、控制土建投资的重要一环。

（1）正线区间有条件地段均按照设置区间疏散平台进行限界设计，保证疏散平台困难情况最小宽度不小于 550mm，满足《地铁设计规范》（GB 50157—2013）中相关要求；区间管线布置满足区间疏散平台上方 2000mm 无障碍疏散的原则。

（2）双线并行线路，两线间无设备及墙、柱、广告等时，两设备限界之间距离应不小于 100mm；建筑限界与设备限界之间无管线时的距离，一般情况下宜不小于 200mm。

（3）直线地段、曲线地段的设备限界与建筑限界之间的空间应能满足各种设备、管线安装的要求，设备（接触轨除外）与设备限界之间需留有不小于 50mm 的安全间隙，以确保行车的安全。

2.1.3 轨道设计

1）技术标准

正线及辅助线轨道结构设计一般规定见表 2-1。

正线及辅助线轨道结构设计 表 2-1

项　　目	参　　数
列车最高行车速度	100km/h
轴重	14t（暂定）
轨距	1435mm
钢轨	60kg/m
每 km 钢轨支点对数	应根据《地铁设计规范》(GB 50157—2013)第 7.3.7 条和工程实际情况确定
轨底坡度	1/40

曲线超高设置规定见表 2-2。

曲 线 超 高 设 置 表 2-2

项　　目	条　件	参　　数
超高	最大	暂定为 120mm
过超高	最大	40mm
欠超高	最大	一般情况 61mm，困难情况 75mm
超高顺坡率	最大	≤2‰，困难时为 2.5‰

注：应根据曲线路段列车行车速度经计算确定采用超高值，并兼顾相邻曲线超高情况，确保行车的平稳性；初步设计阶段应根据行车、车辆参数计算确定最大超高值。

2）轨道结构基本要求

（1）钢轨

正线及辅助线均采用 60kg/m 钢轨。钢轨标准长度为 25m，正线铺设温度应力式无缝线路，辅助线铺设长钢轨。钢轨接头螺栓和螺母的强度等级及垫圈类型应符合有关规定。

（2）扣件

扣件结构应力求简单，并应具有足够的强度和扣压力，适量的弹性、水平、高低调整量和良好的绝缘、防腐性能。宜采用弹性分开式扣件，施工和维修工作量小。正线地下线及出入线 U 形结构地段一组扣件的纵向阻力不小于 8kN。

（3）道岔

根据正线和辅助线的最高行车速度，确定道岔类型，一般采用 9 号道岔，特殊地段根据需要采用合适的道岔号数。

（4）轨底坡设置

正线、辅助线按 1/40 设置轨底坡，但在道岔和道岔间不足 50m 地段不设轨底坡。

（5）曲线超高设置

采用外超高（外轨抬高超高值的一半、内轨降低超高值一半）的办法设置。

曲线的最大超高暂定为120mm，当设置的超高不能满足行车速度要求时，允许有不超过75mm的欠超高。曲线超高值应在缓和曲线内递减，无缓和曲线时，应在直线内递减。

具体超高值的计算按《地铁设计规范》(GB 50157—2013)中的有关计算公式进行。

（6）曲线轨距加宽

应根据车辆构造要求设置或不设置曲线加宽[可参考《地铁设计规范》(GB 50157—2013)中的相关规定]。曲线加宽值应在缓和曲线内递减，无缓和曲线时，应在直线内递减。递减率不宜大于2‰，困难地段不应大于3‰。

（7）道床

采用混凝土长枕埋入式整体道床。

（8）轨道结构高度

矩形隧道为560mm；马蹄形隧道为650mm；圆形隧道为790mm；高等及特殊减振地段（钢弹簧浮置板道床）为840mm。

（9）道床减振降噪

线路通过环境敏感点时，根据振动或噪声超标情况，采用相应的减振降噪工程措施：

①一般地段采用弹性分开式扣件，全线曲线半径$R \leqslant 500m$曲线安装钢轨涂油器。

②中等减振地段，采用压缩型减振扣件进行减振。

③高等减振地段，采用固体阻尼钢弹簧浮置板进行减振。

④特殊减振地段，采用液体阻尼钢弹簧浮置板进行减振。

（10）车挡、线路及信号标志

①车挡

正线、辅助线采用液压缓冲滑动式车挡，占用线路长度15m。

②线路及信号标志

a.线路标志：百米标、坡度标、曲线要素标、曲线始终点标、水准基点标等。

b.有关信号标志：限速标、停车位置标、警冲标等。

百米标、坡度标、限速标、停车位置标、警冲标等标志，宜采用反光材料制作。警冲标设在两设备限界相交处，其余标志设置在行车方向右侧易见的位置上。

3）沿线减振敏感点及措施

振动及噪声是地铁建设对环境影响的重要内容，直接影响沿线现状地物的使用和开发，所以减振降噪必须由相关专业综合考虑。根据"青岛地铁1号线工程环境影响报告书"要求,结合本线线路走向、沿线规划及敏感建筑分布的踏勘调查最终确定减振地段。同时,从改善车站工作人员工作环境的角度考虑,结合减振降噪措施在工程实施过程的可操作性,分别对本工程沿线的居民住宅、办公区和车站等环境敏感点采取相应的减振降噪措施,汇总见表2-3。

沿线减振敏感点及措施汇总 表2-3

起点里程	终点里程	长度(m)	采取措施	备注
ZCK10+335	ZCK10+900	565	中等减振	峨眉山路站、王家港村
YCK10+335	YCK10+900	565	中等减振	峨眉山路站、王家港村
ZCK11+273	ZCK11+493	220	中等减振	石油大学站
YCK11+273	YCK11+493	220	中等减振	
ZCK11+900	ZCK12+368	468	中等减振	名嘉城、太行山路站
YCK12+148	YCK12+368	220	中等减振	太行山路站
ZCK13+000	ZCK13+220	220	中等减振	井冈山路站
YCK13+000	YCK13+220	220	中等减振	
ZCK14+295	ZCK14+515	220	中等减振	人民广场站
YCK14+295	YCK14+515	220	中等减振	
ZCK14+670	ZCK15+095	425	中等减振	金沙江小区、丁家河兰东社区、青岛理工大学
YCK14+515	YCK15+250	735	中等减振	
ZCK15+820	ZCK16+040	220	中等减振	衡山路站
YCK15+820	YCK16+040	220	中等减振	
ZCK16+865	ZCK17+145	280	中等减振	凤凰园、天目山路站
YCK16+750	YCK17+145	395	中等减振	
ZCK17+678	ZCK17+898	220	中等减振	安子站
YCK17+678	YCK17+898	220	中等减振	
ZCK18+912	ZCK19+132	220	中等减振	安子东站
YCK18+912	YCK19+132	220	中等减振	
ZCK20+897	ZCK21+117	220	中等减振	薛家岛站
YCK20+897	YCK21+117	220	中等减振	
ZCK23+350	ZCK23+570	220	中等减振	瓦屋庄站
YCK23+350	YCK23+570	220	中等减振	

续上表

起点里程	终点里程	长度（m）	采取措施	备 注
ZCK30＋400	ZCK30＋800	400	高等减振	军事地块
YCK30＋400	YCK30＋800	400	高等减振	
ZCK31＋030	ZCK31＋738	708	特殊减振	八大峡新村、观音峡四小区等
YCK31＋030	YCK31＋738	708	特殊减振	
ZCK31＋738	ZCK31＋880	142	中等减振	贵州路站
YCK31＋738	YCK31＋880	142	中等减振	
ZCK31＋880	ZCK32＋435	555	特殊减振	贵州路小学、台西四路4号等
YCK31＋880	YCK32＋695	815	特殊减振	
ZCK32＋435	ZCK32＋815	380	高等减振	费县路58～104号、老年公寓、西镇站
YCK32＋695	YCK32＋815	120	高等减振	
ZCK33＋250	ZCK33＋420	170	中等减振	青岛站
YCK33＋250	YCK33＋420	170	中等减振	
ZCK33＋420	ZCK34＋794	1374	特殊减振	泗水路2号、肥城路25号、河南路、河北路、天津路、胶州路、中山路站
YCK33＋420	YCK34＋794	1374	特殊减振	
ZCK34＋794	ZCK35＋445	651	高等减振	市立医院、江苏路站
YCK34＋794	YCK35＋445	651	特殊减振	观象山庄、基督教堂、胶州路
ZCK35＋445	ZCK35＋673	228	特殊减振	莱芜二路38～51号、丹东路小学、登州路39号等
ZCK35＋673	ZCK35＋815	142	高等减振	
ZCK35＋815	ZCK36＋285	470	特殊减振	
YCK35＋445	YCK36＋285	840	特殊减振	
ZCK36＋404	ZCK36＋624	220	中等减振	延安路12～16号、广饶路站
YCK36＋404	YCK36＋624	220	中等减振	
ZCK36＋624	ZCK37＋600	976	特殊减振	市十五中学、翠竹园小区等
YCK36＋624	YCK36＋950	326	高等减振	
YCK36＋950	YCK37＋600	650	特殊减振	
ZCK37＋600	ZCK37＋938	338	特殊减振	台东地块、交通职业学校、台东站
YCK37＋600	YCK37＋938	338	特殊减振	
ZCK37＋938	ZCK38＋688	750	特殊减振	和兴路16～30号、42～80号、92～116号、通化路2号
YCK37＋938	YCK38＋112	174	高等减振	

续上表

起点里程	终点里程	长度（m）	采取措施	备 注
YCK38+112	YCK38+376	264	特殊减振	
YCK38+376	YCK38+688	312	高等减振	
ZCK38+688	ZCK39+334	646	特殊减振	城市花园、海地俪园等
YCK38+688	YCK39+334	646	特殊减振	
ZCK39+334	ZCK39+489	155	中等减振	海泊桥站
YCK39+334	YCK39+489	155	中等减振	
ZCK39+489	ZCK40+255	766	特殊减振	
ZCK40+255	ZCK41+360	1105	高等减振	
ZCK41+360	ZCK41+680	320	特殊减振	
ZCK41+680	ZCK41+810	130	高等减振	人民路20～32号、51～79号、107～309号、赛瑞小区等
ZCK41+810	ZCK42+260	450	特殊减振	
YCK39+489	YCK41+455	1966	高等减振	
YCK41+455	YCK41+730	275	特殊减振	
YCK41+730	YCK42+260	530	高等减振	
ZCK42+580	ZCK42+745	165	高等减振	青岛海生肿瘤医院
YCK42+475	YCK42+745	270	高等减振	
ZCK43+055	ZCK43+520	465	高等减振	葡萄酒博物馆、水清沟站
YCK42+745	YCK43+055	310	高等减振	百通雍翠华苑
YCK43+055	YCK43+220	165	特殊减振	葡萄酒博物馆
YCK43+345	YCK43+565	220	中等减振	水清沟站
YCK43+565	YCK43+815	250	高等减振	纺机烧伤医院
ZCK43+848	ZCK44+328	480	特殊减振	水清沟小区、四流南路105号等
YCK43+815	YCK44+328	513	特殊减振	
ZCK44+328	ZCK44+560	232	高等减振	市二十一中学、中心医院等
YCK44+328	YCK44+560	232	高等减振	
ZCK44+560	ZCK44+931	371	特殊减振	市中心医院、四流南路123～135号等
YCK44+560	YCK44+931	371	特殊减振	
ZCK44+931	ZCK45+051	120	中等减振	开封路站
YCK44+931	YCK45+051	120	中等减振	

续上表

起点里程	终点里程	长度（m）	采取措施	备 注
ZCK45+051	ZCK45+550	499	特殊减振	开封路19号、四流南路157号杰康医院
YCK45+051	YCK45+550	499	特殊减振	
YCK45+550	YCK45+800	250	高等减振	盐滩二期南区
ZCK45+916	ZCK46+136	220	中等减振	胜利桥站
YCK45+916	YCK46+136	220	中等减振	
ZCK46+250	ZCK46+400	150	特殊减振	青岛机械研究所
YCK46+250	YCK46+400	150	特殊减振	
ZCK47+424	ZCK47+644	220	中等减振	安顺路站
YCK47+424	YCK47+644	220	中等减振	
ZCK48+599	ZCK48+774	175	中等减振	青岛北站
YCK48+599	YCK48+774	175	中等减振	
ZCK49+700	ZCK49+900	200	高等减振	和谐家园、沧台家园、沧安路站
ZCK49+900	ZCK50+240	340	中等减振	
YCK49+700	YCK49+900	200	特殊减振	
YCK49+900	YCK50+240	340	中等减振	
ZCK50+310	ZCK50+595	285	特殊减振	翠海依居
ZCK50+595	ZCK51+180	585	特殊减振	永定路37号、兴山路7~71号、永平路46号、国通嘉苑
YCK50+595	YCK51+180	585	特殊减振	
ZCK51+180	ZCK51+495	315	中等减振	永年路站
YCK51+180	YCK51+495	315	中等减振	
ZCK52+460	ZCK52+835	575	中等减振	芳馨园、阳光香蜜湖、兴国路站（四线）
YCK52+460	YCK52+835	575	中等减振	
ZCK54+165	ZCK54+385	220	中等减振	南岭路站
YCK53+165	YCK54+385	220	中等减振	
ZCK55+285	ZCK55+485	200	中等减振	遵义路站
YCK55+285	YCK55+485	200	中等减振	
ZCK55+485	ZCK55+760	275	特殊减振	胸科医院、青钢医院
YCK55+485	YCK55+760	275	特殊减振	

续上表

起点里程	终点里程	长度（m）	采取措施	备 注
ZCK56+746	ZCK56+931	185	中等减振	瑞金路站
YCK56+746	YCK56+931	185	中等减振	
ZCK58+129	ZCK58+349	220	中等减振	汽车北站
YCK58+129	YCK58+349	220	中等减振	
ZCK61+371	ZCK61+641	270	中等减振	流亭机场站
YCK61+371	YCK61+641	270	中等减振	
ZCK63+000	ZCK63+700	700	中等减振	南城阳社区、庙头站、空港新苑
YCK63+000	YCK63+835	835	中等减振	
ZCK64+610	ZCK64+830	220	中等减振	文阳路站、华城路一小区
YCK64+610	YCK65+300	690	中等减振	文阳路站、芙蓉苑、玫瑰苑
ZCK65+220	ZCK65+680	460	中等减振	华城路二、三小区
ZCK65+680	ZCK65+900	220	中等减振	正阳路站
YCK65+680	YCK65+900	220	中等减振	
ZCK65+900	ZCK66+020	120	中等减振	华城路四小区
YCK65+900	YCK66+020	120	中等减振	
ZCK66+020	ZCK66+765	745	中等减振	新城花园、安泰居、阳光丽苑
YCK66+365	YCK66+765	400	中等减振	安泰居、阳光丽苑、仁和居
ZCK66+765	ZCK66+985	220	中等减振	春阳路站
YCK66+765	YCK66+985	220	中等减振	
ZCK68+380	ZCK68+600	220	中等减振	沟岔村站
YCK68+380	YCK68+600	220	中等减振	
ZCK68+600	ZCK69+100	500	高等减振	沟岔村
YCK68+600	YCK69+100	500	高等减振	
ZCK69+790	ZCK69+920	130	中等减振	东郭庄站
YCK69+790	YCK69+920	130	中等减振	
ZRK0+300	ZRK0+600	300	高等减振	环城路小学
YRK0+300	YRK0+600	300	高等减振	

注：备注中提到的地名仅以简称示意。

全线中等减振地段 20912m（单线），高等减振地段 10610m（单线），特殊减振地段 19545m（单线），减振地段占全线比例为 42.58%。

2.2 线路设计创新

2.2.1 困难条件下利用复曲线解决既有站衔接问题

1）复曲线概述

在公路和铁路线形设计中，为保证车辆从直线到圆曲线平稳过渡，需插入一段缓和曲线，其曲率随缓和曲线长度线性递增。我国常采用的缓和曲线为回旋线，连接直线和圆曲线的回旋线为完整缓和曲线（或称简单缓和曲线）。

复曲线是把两个同向圆曲线用一段回旋线连接起来的组合曲线，如图 2-1 所示。相对完整缓和曲线来说，该段回旋线（FM）为完整缓和曲线（OM）的一部分，故称不完整缓和曲线。

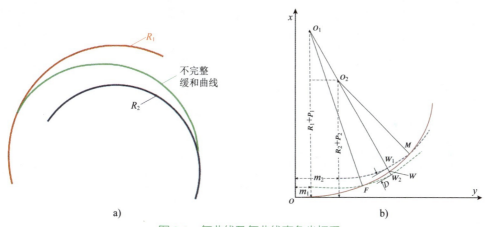

图 2-1 复曲线及复曲线直角坐标系

复曲线设置的基本条件是大圆把小圆完全包含在内的非同心圆。复曲线有以下特性：

（1）不完整缓和曲线起终点与连接的两圆相切，即缓和曲线F点和M点曲率半径分别为R_1和R_2。

（2）小圆相对大圆内移一定距离：

圆弧距 $$D = (R_1 - R_2) - O_1O_2 \quad (2\text{-}1)$$

圆心距 $$O_1O_2 = \sqrt{[(R_1 + P_1) - (R_2 + P_2)]^2 + (m_2 - m_1)^2} \quad (2\text{-}2)$$

式中：P_1、P_2——两圆的内移距；

m_1、m_2——两圆的切垂距。

在两圆半径相差不大，且不完整缓和曲线长度较短的情况下，复曲线还具备以下特性：

（1）连线中分不完整缓和曲线FM，使得$FW=WM$；

（2）整缓和曲线中分两圆弧距W_1W_2，使得$W_1W=WW_2$。

这两个特性在复曲线试算和设计中有着重要的作用。

2）复曲线的应用

青岛站受车站南侧8层楼（B点）和车站行李房（A点）等限制，为避免因大量拆迁引起工程费增加和将车站设置在站前广场的要求，线路采用复曲线进行设计，如图2-2所示。

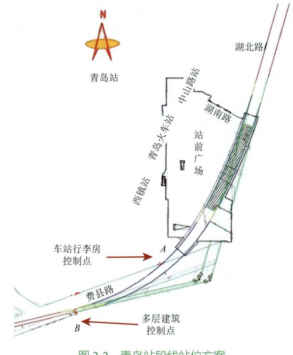

图2-2 青岛站段线站位方案

（1）限制条件

线路沿费县路敷设，线路方位角设置为76°30′00″；线路中心线距离A、B点至少5m；青岛站广场东西向宽约120m，地铁站需设在此范围内；地铁站北端不侵入湖南路北侧。

（2）设计思路

在起始边方位角确定的情况下，尽可能地保证与A、B点的距离满足5m的要求，并考虑左右线的线间距。

试用半径300m的圆，如图2-3、图2-4所示，在保证与A点距离的情况下，曲线已经接近站前广场东侧边线，无空间设置站台。减小曲线半径至250m，南北向有空间设置站台，故采用此方案。

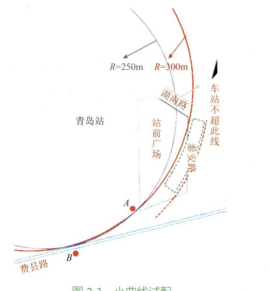
图 2-3 小曲线试配

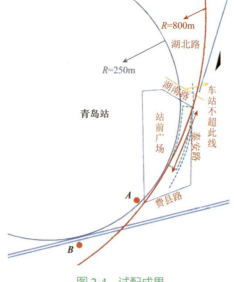
图 2-4 试配成果

根据《地铁设计规范》(GB 50157—2013)要求,站台最小曲率半径为 800m,故采用 R800m 圆曲线进行试配。在保证两圆相切的条件下,尽量使切点向南(小里程端),以保证有足够的弧长设置站台。

在满足超高时变率、超高顺坡及最小长度的要求下,插入不完整缓和曲线。

依据复曲线的特性进行试算,圆切点两侧各一半缓和曲线长为缓和曲线范围,大圆外移距离 D 按式(2-1)计算(圆弧距)。经计算圆弧长度可满足站台设置。

(3)设计成果

经计算,在 250m 和 800m 半径两圆曲线间插入 22m 缓和曲线组成的复曲线距离 A、B 点均为 5.4m,站台设置能满足限制条件,且满足《地铁设计规范》(GB 50157—2013)要求,设计可行。右线以左线为基础,在 800m 半径圆曲线范围内左右线设计成同心圆。

复曲线具有曲率变化连续均匀的特点,符合现代交通车辆运行规律。在地形、建(构)筑物等条件复杂的情况下,采用复曲线可减少土地占用和建设投资。

2.2.2 采用放大纵断面法进行调线调坡

出现调线调坡的原因有很多种,主要原因为隧道、桥梁等土建主体结构工程施工完成后,受施工误差、测量误差及结构变形等影响,导致按原设计线路铺轨施工不满足限界要求。

根据青岛地铁 1 号线各区间贯通后断面测量数据,部分区间测量数据误差较大,甚至远超出设计施工容许值。通过对测量数据、施工单位推偏情况汇报,以及调整后的线形变化等因素综合分析,认为较多区间出现调线调坡的原因主要包括以下几个方面:

（1）始发时盾构姿态未及时调整，导致端头处隧道出现下沉或上浮。

（2）施工单位对地质情况掌握不够，在掘进过程中隧道出现局部沉降或上浮。

（3）测量单位或施工单位在发现推偏超出容许值时未及时预警、停工，出现较大偏差后隐瞒不报，而是通过其他手段强行纠偏，导致小范围内出现平面或竖向上波浪形、S形的偏差，使调线调坡极为困难。

（4）个别区间出现技术人员将放线坐标抄错，现场未及时复核，导致隧道局部偏差较大。

1）调线调坡设计原则

（1）调线调坡设计应以实测线路平面、高程及限界资料为基础，同时参照误差标准，对线路平面及高程进行调整。

（2）调整后的线路，必须满足设备限界、建筑限界的要求，同时应满足《地铁设计规范》(GB 50157—2013)等相关规范、规程的要求。

（3）调线调坡的设计标准原则上应与原设计标准一致，如按原设计标准会导致较大的土建工程返工从而造成工程造价的大幅增加时，应召集各个相关专业，在不影响后期运营的前提下，对原设计标准能否做适当修改进行专门研究。

2）调线调坡设计流程

地铁调线调坡设计首先要对实测数据与设计数据进行比较，分别得出水平偏移量和竖向侵限值，然后根据偏移量的大小判断是否超出限界容许值，如超出，则根据超出值的大小进行竖向和平面设计调整工作，调整后再次校对侵限值，直至结果满足铺轨要求为止。其主要工作流程（图2-5）如下：

（1）施工单位完成区间和车站施工后，由第三方检测单位对车站和区间贯通测量（一般为两站一区间），并向设计单位反馈测量数据成果。

（2）设计单位对第三方检测单位提供的测量数据进行复核，若测量数据满足限界及铺轨要求，则不需要调线调坡。

（3）对不符合设计要求的区段，进行现场踏勘检查，并进行调线调坡。

（4）调线调坡具体工作内容为：①找出控制点，提出横断面及高程测量要求；②根据测量结果，绘制实际的结构平面、横断面和纵断面；③将理论与实际测量数值进行比较，得出侵限值；④进行线路平面、纵断面调整，调整时兼顾前后曲线、直线、车站控制要素。

（5）对调整后的线路水平与竖直方向侵限情况进行检查，若满足要求，则调线调坡完成。

（6）对局部不能满足要求的侵限地段，应反复调整，若最终无法通过调线调坡满足限界和铺轨要求，则需要改造区间隧道。

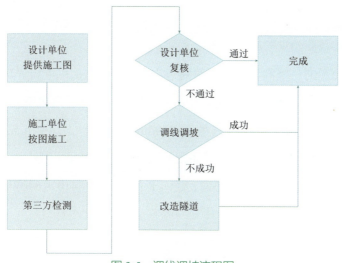

图 2-5 调线调坡流程图

3）调线调坡设计方法

（1）在地铁调线调坡设计中，线路平面调整主要包括交点位置、曲线半径、缓和曲线长度的调整。平面调整方法主要有：

①对于两头切线方向偏差不大而曲线地段偏差超出范围的地段，可采取偏角不变、调整曲线半径或缓和曲线长度的方法进行调整。

②对直线（含部分曲线）存在同向偏差且数值相当的地段，可采用切线平移的方法进行调整。

③其他情况，可综合采取以上方法进行处理。

（2）纵断面调整方法主要有调整坡度或坡长，变坡点位置可设在整数米的位置，坡度值可用非整数，允许地下线的最小坡度可用到 2‰，但应注意保持排水沟不积水。

在困难条件下，限界中可适当扣除施工误差预留量，道床或接触网可作特殊设计，在采取上述措施，仍不能满足净空要求的，由施工单位采取补救措施，扩大隧道净空，并根据施工补救方案进行纵断面修改设计。最后根据调整后的资料重新放中线，作横断面，进行检查。

4）"放大纵-双向约束" 调坡方法

地铁调线调坡工作是个反复调试的过程，每次进行平面调线或纵断面坡度调整后都要重新测量限界，计算理论限界值并计算限界侵限值，这种操作方式使实际工作量成倍增加，严重影响了工作效率，因此在青岛地铁 1 号线纵断面调坡的过程中，在计算机辅助设计（CAD）软件的基础上，结合地铁限界理论计算方法，提出 "放大纵-双向约束" 调坡方法。

该方法能够直观地反映出在调坡过程中竖向侵限情况,减少调坡工作反复性,提高设计速度和设计质量。

(1)"放大纵-双向约束"调坡原理

在地铁贯通测量时,竖向上最重要的两个数值分别是轨面以上限界净空和轨面以下轨道高度。以青岛地铁1号线特殊减振道床圆形隧道为例(图2-6),道床厚度设计值为940mm,在实际铺轨时,特殊情况下最小可减小至 840mm;轨面以上净空正常情况下设计值为4460mm,特殊情况时,在满足建筑和设备限界的前提下,最小可减小至4410mm。圆形隧道内径为5400mm,在进行纵断面调整时,竖向上有$5400 - (4410 + 840) = 150(mm)$的调整空间,从而利用这个空间进行再设计。

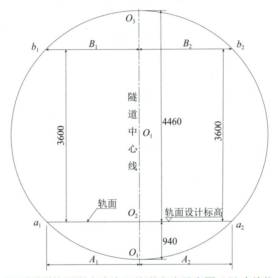

图 2-6　圆形隧道轨面以上净空和轨道高度示意图(尺寸单位:mm)

地铁区间设计坡度一般在30‰以下,坡度较小,调坡时坡度一般为细微调整。如按照原设计比例去调整,坡度变化不明显,肉眼分辨困难。"放大纵"就是人为地将纵向设计比例放大,保持横向比例不变。这样调整后,当坡度发生变化时,能够直观地看到。

"双向约束"(图2-7)是指在纵断面调整时,首先在放大纵向比例后的断面图中绘制实测的轨顶和轨底标高线,然后分别向上向下偏移满足轨道设计和限界净空的最小区间范围,偏移后即形成纵断面调整范围线,也就是前文分析的调整空间。纵断面调整时,应保持坡度始终在这个调整空间内,设计人员可以通过观察坡度调整的位置直接判断调整结果是否满足限界和轨道高度的要求,不需要调整一次计算一次限界理论值,及反复地调整,极大地提高了调坡的设计水平和工作效率。

图 2-7 "放大纵-双向约束"调坡示意图

（2）"放大纵-双向约束"调坡在青岛地铁 1 号线的应用

以青岛地铁 1 号线沧（沧安路站）永（永年路站）区间调坡为例，在里程ZK50＋833～ZK50＋959处隧道整体上浮或下沉。在与施工单位对接时了解到，出现该问题的主要原因是在掘进过程中，对前方地质情况掌握不够，由于地下水位突变，隧道出现沉降或上浮。该段为特殊减振地段，隧道顶距轨面高度设计值为 4460mm，隧道底距轨面高度设计值为 940mm。根据实测数据，隧道顶距轨面高度实测最小值为 4400mm，隧道底距轨面高度实测最小值为 741mm。经限界和轨道专业核实后，该数值不能满足铺轨和限界净空要求，需要进行调坡，实测数据见表 2-4。

沧永区间左线实测数据　　　　　　　　　表 2-4

里程	隧道顶距轨面高度H_1（m）			隧道顶实测标高（m）	隧道底距轨面高度H_2（m）			隧道顶实测标高（m）	备注
	设计值	实测值	差值		设计值	实测值	差值		
K50＋833.60	4.460	4.570	0.110	−2.092	0.940	0.793	−0.147	−7.455	圆形隧道
K50＋839.59	4.460	4.581	0.121	−1.912	0.940	0.794	−0.146	−7.286	圆形隧道
K50＋845.59	4.460	4.578	0.118	−1.745	0.940	0.785	−0.155	−7.108	圆形隧道
K50＋851.60	4.460	4.574	0.114	−1.579	0.940	0.795	−0.145	−6.948	圆形隧道
K50＋857.59	4.460	4.601	0.141	−1.383	0.940	0.771	−0.169	−6.755	圆形隧道
K50＋863.59	4.460	4.629	0.169	−1.185	0.940	0.741	−0.199	−6.555	圆形隧道
K50＋869.59	4.460	4.621	0.161	−1.023	0.940	0.752	−0.188	−6.396	圆形隧道
K50＋875.57	4.460	4.622	0.162	−0.853	0.940	0.767	−0.173	−6.242	圆形隧道

续上表

里　　程	隧道顶距轨面高度H_1（m）			隧道顶实测标高（m）	隧道底距轨面高度H_2（m）			隧道顶实测标高（m）	备注
	设计值	实测值	差值		设计值	实测值	差值		
K50＋881.57	4.460	4.594	0.134	−0.712	0.940	0.791	−0.149	−6.096	圆形隧道
K50＋887.56	4.460	4.584	0.124	−0.552	0.940	0.791	−0.149	−5.927	圆形隧道
K50＋893.54	4.460	4.581	0.121	−0.385	0.940	0.801	−0.139	−5.767	圆形隧道
K50＋899.57	4.460	4.556	0.096	−0.24	0.940	0.822	−0.118	−5.618	圆形隧道
K50＋905.57	4.460	4.547	0.087	−0.08	0.940	0.829	−0.111	−5.455	圆形隧道
K50＋911.55	4.460	4.531	0.071	0.074	0.940	0.848	−0.092	−5.306	圆形隧道
K50＋917.53	4.460	4.465	0.005	0.177	0.940	0.926	−0.014	−5.215	圆形隧道
K50＋923.53	4.460	4.408	−0.053	0.289	0.940	0.987	0.047	−5.106	圆形隧道
K50＋929.53	4.460	4.400	−0.060	0.451	0.940	0.992	0.052	−4.941	圆形隧道
K50＋935.55	4.460	4.404	−0.056	0.626	0.940	0.987	0.047	−4.765	圆形隧道
K50＋941.54	4.460	4.418	−0.042	0.809	0.940	0.962	0.022	−4.571	圆形隧道
K50＋947.53	4.460	4.410	−0.050	0.971	0.940	0.963	0.023	−4.403	圆形隧道
K50＋953.53	4.460	4.402	−0.058	1.132	0.940	0.961	0.021	−4.231	圆形隧道
K50＋959.50	4.460	4.414	−0.046	1.313	0.940	0.956	0.016	−4.057	圆形隧道

在坡度调整时，利用"放大纵-双向约束"法，首先把纵向比例放大两倍，把实测轨顶和轨底标高线在放大后断面绘制出来，实测轨顶标高线向下偏移4410mm，轨底标高线向上偏移840mm，形成坡度调整范围线。在调整时，由于该段区间沉浮变化范围较小，坡段长度在满足规范要求的情况下，最小值取120m。调整后除个别点数据不满足轨道高度外，其余均满足要求，如图2-8所示，调整后数据见表2-5。

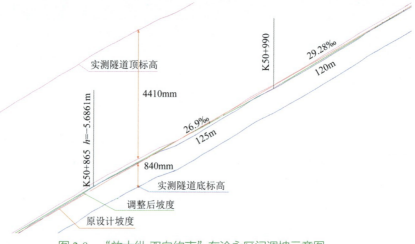

图2-8　"放大纵-双向约束"在沧永区间调坡示意图

沧永区间坡度调整后数据 表 2-5

里 程	轨面设计标高（m）	隧道顶实测标高（m）	隧道底实测标高（m）	轨面净空（mm）	轨面高度（mm）
K50+833.60	−6.613	−2.0916	−7.4552	4521	842
K50+839.59	−6.442	−1.9119	−7.2863	4530	844
K50+845.59	−6.27	−1.7448	−7.1083	5258	838
K50+851.60	−6.097	−1.5793	−6.9482	4518	851
K50+857.59	−5.926	−1.3825	−6.7547	4544	829
K50+863.59	−5.754	−1.1846	−6.5548	4569	801
K50+869.59	−5.582	−1.0229	−6.3961	4559	814
K50+875.57	−5.418	−0.8531	−6.2417	4656	824
K50+881.57	−5.255	−0.7115	−6.0959	4544	841
K50+887.56	−5.092	−0.552	−5.9272	4540	835
K50+893.54	−4.929	−0.3853	−5.7673	4544	838
K50+899.57	−4.765	−0.2402	−5.6179	4525	853
K50+905.57	−4.601	−0.0801	−5.4552	4521	854
K50+911.55	−4.439	−0.0735	−5.3057	4513	867
K50+917.53	−4.276	−0.1765	−5.2147	4453	939
K50+923.53	−4.112	0.2990	−5.1058	4411	994
K50+929.53	−3.949	−0.4612	−4.9409	4410	992
K50+935.55	−3.785	−0.6356	−4.7653	4421	980
K50+941.54	−3.622	−0.8186	−4.5706	4441	949
K50+947.53	−3.459	−0.9808	−4.4027	4440	944
K50+953.53	−3.296	−1.1423	−4.2311	4438	935
K50+959.50	−3.133	−1.3126	−4.0571	4446	924

调线调坡工作是一项涉及多专业的综合性工作，从测量数据分析到线路调整直至开放资料均需要各专业密切配合。结合青岛地铁 1 号线调线调坡的情况，总结调线调坡中的注意事项如下：

①隧道断面测量数据是调线调坡的最基础也是最重要的资料，施工和第三方测量单位须确保量测数据的真实准确性，如实测数据有问题，轻则造成调线调坡返工，重则造成施工事故。

②区间盾构或 TBM 圆形隧道产生偏移超限时，一般采用调线调坡处理；马蹄形或矩形隧道偏移超限时，如范围较小，可通过局部处理结构满足要求；车站范围内超限一般不进行调线调坡，通过处理结构满足要求。

③在施工图设计时，平面和纵断面设计值尽量不要接近规范要求的最小值，比如圆曲线长度、夹直线长度、纵断面坡度，为后期可能出现的调线调坡预留条件。

④调线调坡是一个联动过程，应注意平面和竖向偏移量的叠加对限界净空的影响。

⑤部分区间在调线调坡前对人防等结构提前施工。受调坡后轨面高度变化的影响，造成工程返工。建议人防结构等受调线调坡影响较大的建（构）筑物在区间贯通测量、调线调坡后施工。

⑥调线调坡工作是减小和消除隧道偏差的一项有效手段，但并非是万能的。国内外均出现过调线调坡都无法解决的侵限实例，造成了巨大经济损失和工期影响。因此，建议项目参建各方均应给予充分的重视，通过采取各种措施从根源上减少误差的产生，减少调线调坡工作。

2.2.3 重难点地段方案比选研究

1）安子片区方案研究

安子片区为黄岛区内正在建设的超大型密集居住片区，总用地面积为 322.5hm²，其中居住用地面积为 168.2hm²，规划建筑为 404.78 万 m²，规划人口 6 万多。青岛地铁 1 号线天目山路站—薛家岛站路段，线路布置方案与安子片区关系密切，如图 2-9 所示。

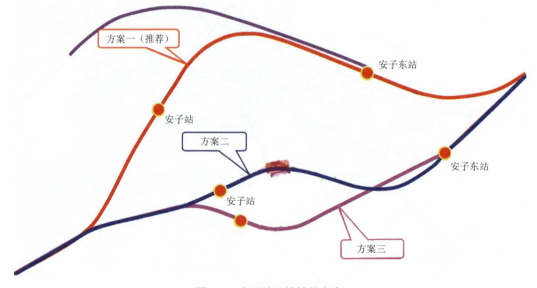

图 2-9　安子片区线站位方案

穿越方案（图 2-9 中红线）沿安子片区通道进入安子片区，经过规划小学和海信地块后，在规划中心广场西南侧设置安子站。线路出安子站后，从金泽地块和金色海湾地块间穿过，后穿过连盛实业地块的规划高层建筑转至滨海大道向东，在海尔地块二、五期南侧设置金沙滩站，后线路接入薛家岛站。绕行方案（图 2-9 中紫线）沿长江路、新港山路敷设，没有下穿地块和建筑，对区域影响小。

穿越方案存在以下问题：

（1）地铁与已建高层建筑物最近距离约 13m。从区域情况判断，该段地质情况较差，工程实施有一定的难度。

（2）从环境影响角度判断，该段区间需采用高等减振措施，工程费用增加较多。

（3）地铁施工期围挡对小区交通、居民出行及周边环境等影响较大。

（4）地铁用地对规划建（构）筑物影响较大。

综合考虑到工程实施难度和对周边环境的影响，推荐绕行安子片区方案。

2）过海段线方案研究

线路过瓦屋庄车站后，并行既有胶州湾公路隧道东侧过海至青岛市南区，如图 2-10 所示。

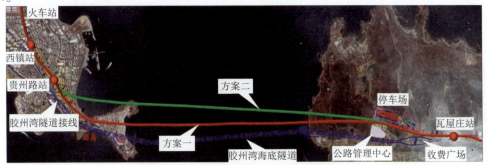

图 2-10　过海隧道段线路平面示意图

并行方案（方案一）：线路过瓦屋庄站后向北，在薛家岛北端瓦屋庄西侧入海，线位距离胶州湾隧道薛家岛端风机房 100m，距胶州湾隧道左线净距 150m，过海段在胶州湾公路隧道东侧 100m 范围外并行，在团岛嘴与团岛鼻间登陆。

推迟出海方案（方案二）：线路过瓦屋庄站后向北，在薛家岛北端瓦屋庄西侧入海，距离胶州湾隧道风机房 240m，距胶州湾公路隧道 300m 以上，过海后，在团岛观音峡路与西陵峡路路口登陆。

线路登陆后所经区域主要为青岛老城区，建筑物较为密集，道路红线宽度较窄，两方案均不可避免地在老城区居民楼下方穿过。方案二线路在团岛湾推迟出海，线路平顺度较好，但入海处海水深度约 51m，即使采用 30‰ 的坡度，也只能达到 20m 的覆盖层厚度，且依据行车资料，需在贵州路站站前设置单渡线。方案二无法设置单渡线，因此推荐方案一。

3）与已建开封路站及区间衔接方案

受水清沟改造项目规划高层限制，研究绕避规划高层方案和穿越规划高层方案（图2-11）。

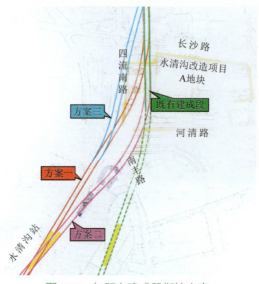

图2-11 与既有建成段衔接方案

方案一：线路出水清沟站后，沿四流南路路中敷设，接入既有建成段。该方案对既有建（构）筑物影响较小，线路顺直，废弃约250m建成区间。

方案二：线路出水清沟站后，穿过既有多层建筑，绕避规划高层接入既有建成段。该方案下穿4栋6层居民楼、青岛纺机医院和交通银行，且线路条件较差，废弃段约105m建成区间。

方案三：线路出水清沟站后，继续沿四流南路敷设，过规划高层建筑后，采用反向曲线接入既有建成段。该方案下穿3层商业楼房和北侧3栋居民楼（分别为4、5、8层），线路条件差，废弃约406m建成区间。

综合分析，方案一线形顺直，不下穿既有建（构）筑物，对周边影响较小，为推荐方案。

4）兴国路站1、7号线拆分条件预留

兴国路站为1号线终点站，同时也是7号线一期工程起点。近期1号线与7号线一期贯通运营，待7号线南、北延伸线建成后，1、7号线将于该车站拆分（图2-12）。

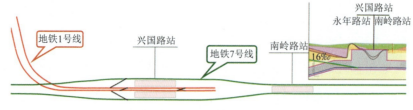

图2-12 兴国路站配线示意图

兴国路站为双岛四线车站，1号线在内，7号线在外。线路建成后，1号线部分车辆通过渡线进入7号线，实现贯通运营，待7号线南北两端延伸线建成后，1、7号线将拆分，1号线车辆于兴国路折返，7号线独立运营。

2.3 限界设计创新

对于隧道竣工后提供的断面测量数据，传统方法是按每5m或者6m一个断面进行控制点测量，并绘制成相应的断面图。每个区间都有成百上千的断面数据，限界专业设计人员核实时需要耗费大量的时间。

本工程由于工期紧张，一般要求接收测量数据2d内给出核实意见，按传统的方法很难满足。结合其他工程的经验，对区间断面测量要求进行了更新调整，采用测量隧道中心线坐标的方法。此方法有20mm左右的测量精度偏差，实际采用时，根据测量数据，对核实测量数据与设计值偏差较大的地段进行加密测量，在一定程度上弥补了该方法的不足，基本能够满足地铁设计的要求。此方法的应用，给设计人员带来了极大的便利，节约了时间，使断面侵限情况更加直观，对线路专业调线调坡工作更具指导作用。

（1）传统限界检查方法

贯通测量时，测量单位按照限界要求，测量隧道断面的几个控制点的横距，如图2-13所示。

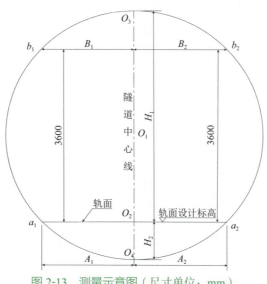

图2-13 测量示意图（尺寸单位：mm）

图中：O_1为圆形隧道断面的实测圆心，O_2为隧道中心线与轨面的交点（即圆心O_1在设计轨面上的投影点），O_3、O_4为隧道中心线与隧道断面的交点，a_1、a_2为轨面与隧道断面的交点，b_1和b_2为隧道断面上距离轨面3600mm的两点。依据传统的测量数据，将车辆套入理论的断面上，判定控制点的实际间隙与理论间隙的差异，从而判定是否超限。

此方法在直线段每6m布置一个测量断面，曲线段每5m布置一个测量断面，并且每个断面上的测点至少为8个，测量单位需要花费较大人力财力去开展测量工作。测量数据到达设计单位后，限界专业也需要花费较大人力去逐个对隧道断面测量数据进行判定，耗时长，工作量大，且由于判定出侵入限界时没有和线路发生直接关系，也无法告知线路专业准确的调线量。线路专业调线后，往往还得多次进行数据复测，才能确定调线后净空是否满足限界要求。

（2）创新的限界贯通测量数据及限界检测方法

以圆形隧道为例，平面方向依据圆形隧道圆心的坐标来定位，从而可直观地反映与线路平面的关系，从与线路的偏差即可确定隧道水平方向是否超限以及偏差量。高度方向通过隧道顶板、底板的标高和设计轨面标高比较，即可得到实际轨面至隧道顶板、底板的净空，从而和理论限界净空值比较，得出隧道是下沉或是上浮。

现场需要测量的内容如下：

①O_2点的坐标。

②隧道顶O_3点距轨面的高度H_1。

③隧道底O_4点距轨面的高度H_2。

限界专业依据隧道中心的坐标（O_2点的坐标），绘制成相应的CAD平面图，即实测隧道中心线图，和理论线路中心进行对比。对于曲线段，考虑隧道中心相对线路中心的偏移量，就可以很容易判断出隧道中心是否侵入限界以及侵入限界的量值，并反推出隧道偏差较大地段的线路相对实测隧道中心线的调线范围。

该方法不仅给设计人员带来便利，更快速准确地对测量数据进行判断，由于测量点较少，也给测量单位节约了较多时间，大大提升了工作效率。

2.4 轨道设计创新

（1）多等级减振装配式轨道

装配式无砟轨道是将工厂预制好的轨道板直接"放置"在混凝土底座或回填层上，通过轨道板与底座间充填调整层材料调整轨道板，确保铺设精度。装配式无砟轨道以"预制轨道板—调整层—底座（回填层）"的层状结构（图2-14）体系作为其设计理念，以预制轨道板为核心，轨道板结构形式、限位方式、调整层材料是关键技术。相对于传统现浇道床，装配式道床不但具有施工精度高、施工质量好、运营后可更换性强、整洁美观等优点,还大量减少了施工现场的混凝土浇筑作业,减少施工现场扬尘污染,具有绿色环保的优点。目前,装配式无砟轨道技术已经在上海、广州、深圳、宁波等城市推广应用。

图 2-14　多等级减振装配式轨道结构三维模型示意图

装配式轨道结构形式预制化率高,现浇砂浆层量小。相比于国内常见的装配式道床,该道床结构包含预制道床板和预制基底板,国内首次实现了道床基底板的预制化,大幅提高了预制化水平,通过轨道板和基底板之间的减振垫层可以实现多等级减振调节,具有很强的创新性和环保意义。

(2)实施方案

多等级减振装配式轨道由三层轨道结构体系组成(图 2-15)。轨道板保持轨道几何形位、安装扣件及钢轨。基底板与轨道板均在工厂预制,现场一体化铺设。轨道板与基底板之间根据需要设置隔离层或减振垫层,实现各等级减振结构的统一。基底板下灌注约 100mm 厚的砂浆层。轨道板开设限位孔,基底板预制凸台,二者之间形成限位;基底板开设两个限位孔,并在板底开设若干凹槽,与砂浆层之间形成限位。

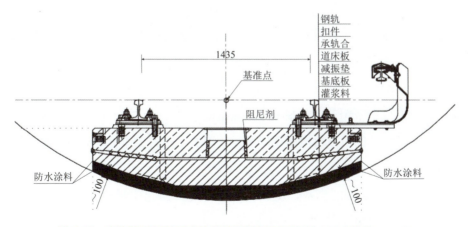

图 2-15　多等级减振装配式轨道结构横剖面示意图(尺寸单位:mm)

根据线路条件和工期安排,选取胜利桥站—安顺路站区间左线 302.4m 的线路作为试验段进行多等级减振装配式轨道的铺设(图 2-16)。为验证不同等级的减振道床设计方案,本工程同时铺设了高等减振道床和中等减振道床。高等减振道床铺设长度153.6m，中等振道床铺设长度148.8m。为验证设计方案在小半径曲线的适用性，试验段包含了一段半径450m的小半径曲线。

图2-16　多等级减振装配式轨道试验段平面示意图（尺寸单位：mm）

经过室内试验和铺轨基底揭板试验验证，多等级减振装配式轨道在直线和小半径曲线地段铺设，施工过程顺利，运营后轨道几何尺寸状态良好，道床面整齐美观，列车运行状态平稳。

（3）取得的效益分析

多等级减振装配式轨道具有以下优点：

①首次实现了基底板的预制化。由于其轨道板和基底板均为预制结构，其轨道预制化水平不但远高于整体现浇道床，相比国内其他装配式轨道结构也有大幅提高，符合绿色环保的工程理念。

②在轨道板与基底板之间设置减振垫层，相比于常规的高等减振道床，可以通过改变减振垫层厚度，实现多种减振等级的灵活调整。同时，运营后也可以进行失效减振垫层的更换，保证了道床的减振能力。

③轨道板和基底板采用工厂预制生产，质量便于管控，结构不易开裂，耐久性好，几何尺寸精度高，减少了铺轨后轨道精调以及运营养护维修的工作量，对乘客乘车舒适性有较大的提升。

④采用装配式轨道结构，当基础发生沉降时可以进行调整，轨道板损坏时也容易更换，轨道结构的可维修性大幅提高。

（4）工程经验总结

通过多等级减振装配式轨道的铺设，青岛地铁1号线创新性地实现了道床基底板的预制化，并实现了多种减振等级的灵活调整。该轨道结构具有预制化水平高、几何尺寸精度高、养护维修工作量小、可维修性高等特点，具有很强的创新性和环保意义。在后续的工程实践中，应注重对其配套施工器具的优化升级，提升铺轨效率，缩短铺轨工期。同时，应对轨道结构进行进一步的优化设计，增强其在不同基础条件下的适用性。

第 3 章

车站建筑设计创新

滨海复杂地质条件下地铁设计创新与实践
——青岛地铁1号线工程

INNOVATION AND PRACTICE OF
SUBWAY DESIGN UNDER COMPLEX GEOLOGICAL CONDITIONS IN SEASIDE REGION
——QINGDAO METRO LINE 1 PROJECT

青岛地铁 1 号线全线共设置了两座双岛四线车站，通过优化内部空间布置，缩减站台宽度，加大柱跨，减少柱子，将普通的六跨五柱的布置形式优化为四跨三柱的布置形式，缩小了车站规模，提高了站内公共区空间通透感，加大候车空间，方便乘客快速进出站。结合青岛地区暗挖车站的高大空间，充分利用拱顶下净高，引入综合管廊的概念，在设备区设置管线夹层，使得管线安装与部分设备房间脱开，管线敷设更为顺直合理，层次有序，后期运营维护、检修更加方便高效，大大提高了施工效率。

建设者们在设计施工的过程中研究了部分车站建筑设计的优化方案，希望能为地铁车站建筑设计提供参考。

3.1 车站建筑设计原则及标准

3.1.1 车站建筑设计原则

（1）车站总平面和空间布局应符合青岛市城市建设总体规划、城市交通规划、轨道交通线网规划的要求，与城市总体规划和车站所在地区的详细控制规划相协调，因地制宜并最大限度地吸引客流。同时，应妥善处理好与地面建筑、地面道路、地下管线、地下构筑物等之间的关系，最终稳定站位、选定站型、合理控制车站规模。

（2）地铁车站是乘客集散和乘降的场所，也是城市空间的重要组成部分。车站设计应贯彻"综合设计、文化设计、生态设计、安全设计、创新设计、人文设计"六大新线设计理念，满足线路设计要求，重视轨道交通网络间的衔接，为乘客提供 1 号线与其他线路及地面交通之间最直接、最安全、最方便的换乘。

（3）车站设计必须满足客流和设备运行的需求，保证乘降安全、疏导迅速、功能分区明确、布置紧凑、便于管理，并具有良好的通风、照明、卫生、防恐、防灾、救灾等设施，为乘客提供舒适、安全的乘车环境。

（4）换乘车站设计，应结合客流特征，统一规划、同步设计，优先采用付费区内换乘的换乘方式。凡两线建设期相近的换乘车站，换乘节点应同步实施；不能同步实施时，应预留换乘节点的土建接口条件。换乘车站出入口应优先考虑共用的原则，统一布局、节约用地。

（5）车站设计规模应根据远期高峰小时预测客流集散量和车站行车管理、设备用房的需要来确定，并与站厅、站台、出入口通道、楼扶梯以及售检票等部位的通过能力相匹配，同时满足事故发生时乘客紧急疏散的需要。应注意车站分向客流、突发客流的影响。超高峰系数根据车站规模及周边用地情况所决定的客流性质不同取 1.1~1.4。

（6）车站的形式应根据线路条件和所处环境特点确定，结合建筑造型、结构类型和施工方法，合理地利用城市建筑空间，做到与周围建筑结合好，拆迁少，对地面交通干扰小，对地下管线影响小、改移方便；换乘车站需对换乘形式、使用功能以及综合经济指标等多方面进行比较，换乘节点应根据远期线网的情况分别采用同步实施或是预留接口的实施条件。

（7）车站站位确定后，应对该区域的地下管线、工程地质、水文地质条件、地面建筑拆迁和改造的可能性、与地下建筑物或构筑物之间的关系等综合考虑，并尽量减少房屋的拆迁、管线拆移和施工期间对于地面建筑物、交通及环境的影响。

（8）地铁车站设计应充分利用地上、地下空间综合开发，尽可能地考虑与地下过街道、地下商场、物业开发建筑等进行结合或连接等方式，整合城市资源，最大限度地释放地铁的辐射力，满足区域客流的使用需要。利用站内剩余空间进行开发时，应满足消防要求，并应预留足够的开发条件。

（9）车站的装修形式和风格，首先应满足功能要求，体现线路特征，又要具有各车站标识特征，尤其是需要体现出青岛国际化大都市的城市特色。装修风格要尽量体现车站结构的自然美感，并广泛采用新工艺、新材料、新技术，满足防火、防潮、防霉、耐擦洗，便于维修的要求。

（10）车站建筑防灾设计严格按照《建筑设计防火规范》（GB 50016—2014）和《地铁设计规范》（GB 50157—2013）及国家现行的其他有关规范、规定的要求执行。除考虑车站自身的消防设计，还应注意出入口、风亭、冷却塔、高架站等地面建（构）筑物和相邻建筑的防火间距，并应满足《地铁设计规范》（GB 50157—2013）噪声的要求。车站及出入口应远离加油站、加气站或其他危险品场地，其距离应符合现行《汽车加油加气加氢站技术标准》（GB 50156）的要求，否则应采取相应的防灾措施。

（11）全线需统一考虑无障碍设计。车站应设无障碍电梯和残疾人专用厕所及盲道等无障碍设施。车站至少应有一处出入口设置无障碍电梯。

3.1.2　主要设计标准及要求

1）主要设计标准

主要设计标准见表 3-1。

主要设计标准　　　　　　　　　　　　　　　　　表 3-1

项　　目	参　　数
建筑工程设计等级	一级
耐火等级	一级
人防设计防护等级	六级
结构设计使用年限	100 年
抗震设防烈度	7 度

2）主要设计要求

主要设计要求见表 3-2～表 3-4。

站厅层主要设计要求　　　　　　　　　　　　　　表 3-2

项　　目	参　　数
装修后地坪面至结构顶板底面净高	≥4800mm
站厅公共区装修后净高	≥3400mm
公共区吊顶内管线和吊顶净高	≥1600mm
站厅建筑楼面至任何悬挂障碍物底面	≥2400mm
拱形断面有效宽度内装修后最小净高	≥2100mm
站厅公共区地面装修厚度	150mm

站台层主要设计要求　　　　　　　　　　　　　　表 3-3

项　　目	参　　数
站台计算长度	120000mm
站台门计算长度	116000mm
站台边缘至线路中心线距离（直线段）	1500mm
线路中心线到侧墙净距	2250mm
站台层层高（站台层—站厅层建筑地面）	≥5100mm
站台层公共区装修后净高	≥3200mm
轨面至结构底板（不含曲线和减振因素）	560mm
站台层公共区地面装修厚度	100mm
站台层站台建筑地面至轨道顶面高度	1050mm
无柱岛式站台宽度	≥8000mm
有柱岛式站台宽度	≥10000mm

续上表

项　　目	参　　数
岛式站台的侧站台	≥2500mm
侧式站台（长向范围内设梯）侧站台宽度	≥2500mm
侧式站台（垂直于侧站台开通道口）的侧站台宽度	≥3500mm

车站设备和管理用房主要设计要求　　　　　　　　　　　　　表 3-4

项　　目	参　　数
沿车站纵向设备用房区走廊净宽（双侧开门）	≥1800mm
沿车站横向设备用房区走廊净宽（双侧开门）	≥1500mm
沿车站纵向设备用房区走廊净宽（单侧开门）	≥1500mm
沿车站横向设备用房区走廊净宽（单侧开门）	≥1200mm
设备用房区公共走廊净高	≥2400mm
一般用房建筑地面至吊顶底面净高	≥2700mm
一般用房架（通信、信号）空防静电地板净高	≥300mm
车站控制室套间架空防静电地板高	≥600mm
一般用房地面建筑装修厚度（站厅层）	≥150mm
一般用房地面建筑装修厚度（站台层）	≥100mm

　　管理及设备用房作为车站工作人员办公、生活的空间，应考虑紧急疏散通道和设备运输等功能，设置参考面积见表 3-5、表 3-6。所有供电、弱电等专业设备用房均应根据相关工艺要求合理布置。必须保持干燥，除采用适当的通风系统外，建筑设计中应采用有效的排水、防水、防潮、防鼠措施。任何给水管、消防水管、排水管不得穿过电气设备室。困难情况必须穿越时，则穿越的管子接口不得设于电气设备上方。

　　随着信息化工程的普及和社会综合服务意识的提高，车站内除设置轨道交通运营必要的设备管理用房外，还引进了一些公共安全、服务设施，如公共电话、公共信息查询系统、公共卫生间等。见表 3-7。

车站管理用房设置参考面积表　　　　　　　　　　　　　　　表 3-5

房间名称	面积（m²）	位　　置	完成地坪标高（m）	门类	门洞尺寸（宽×高，mm×mm）	开启方向
车站控制室	40~45	宜设在站厅层通信信号机房集中的一端，面向公共区，开甲级C类防火观察窗	防静电地板净空 0.45	甲级防火门	1200×2300	向外

续上表

房间名称	面积（m²）	位置	完成地坪标高（m）	门类	门洞尺寸（宽×高，mm×mm）	开启方向
站长室	10~12	工区站设置，与车站控制室相邻	0.00	普通钢板门	1000×2100	向内
会议、交接班室	25	设在站厅层管理用房较多一端，近站长室。换乘站共用时取大值	0.00	普通钢板门	1000×2100	向内
警务室	20/30	靠近站厅层公共区设置	0.00	甲级防火门	1000×2100	向外
更衣室	15×2	设在站厅层管理用房较多的一端	0.00	普通钢板门	1000×2100	向内
内部卫生间	6×2	设于主要管理用房区，男女各一个坑位	−0.02	普通钢板门	1000×2100	向内
客服中心	4~6	含售票、监票、补票功能，设于站厅付费区与非付费区交界处	0.00	—	—	—
值班员休息室	10~12	设于主要管理用房区	0.00	普通钢板门	1000×2100	向内
工务用房	15/20	有道岔站，站台层靠近道岔区	0.00	甲级防火门	1000×2100	向外
备品库	15	宜在站厅层	0.00	甲级防火门	1000×2100	向外
垃圾间	4	设在站台层，紧邻公共卫生间	0.00	普通钢板门	1000×2100	向外

车站设备用房设置参考面积表 表 3-6

房间名称	面积（m²）	位置	完成地坪标高（m）	门类	门洞尺寸（宽×高，mm×mm）	开启方向
信号设备室 集中站/非集中站	90/30	设在站厅层与车站控制室同一端	0.00	甲级防火门	1200×2300	向外
专用通信设备室	60	设在站厅层与车站控制室同一端	0.00	甲级防火门	1200×2300	向外
通号电缆间	2×10	设备用房端行车线外侧	0.00	甲级防火门	1200×2300	向外
综合监控系统设备机房	30/40	设在站厅层与车站控制室同一端	0.15	甲级防火门	1200×2300	向外
弱电电缆井	2×5	每端各一个，靠近弱电用房	0.00	甲级防火门	800×2100	向外
照明配电室	12~15	站厅、站台层每端各设一间	0.00	甲级防火门	1200×2100	向外
环控电控室	70	邻环控机房及冷冻站，每端各设1间，有门直通环控机房。面积根据位置调整	0.00	甲级防火门	1500×2300	向外
强电电缆井	2×4	每端各一个，靠近电力用房	0.00	甲级防火门	800×2100	向外
自动售检票系统（AFC）设备室	20	—	0.00	甲级防火门	1200×2100	向外
AFC票务室	20/25	靠近 AFC 设备室及站长室	0.00	防盗钢板门	1000×2100	向外

续上表

房间名称	面积（m²）	位 置	完成地坪标高（m）	门类	门洞尺寸（宽×高，mm×mm）	开启方向
降压变电所	按设备布置	优先设于站台层	0.00	甲级防火门	由设备工艺提供	向外
混合变电所	按设备布置	优先设于站台层	0.00	甲级防火门	由设备工艺提供	向外
站台门设备室	25	设在站台层信号设备室下方	0.00	甲级防火门	1200×2100	向外
气瓶室	25	邻近被保护房间，可分层设置	0.00	甲级防火门	1000×2100	向外
消防泵房	26/40	邻近工作人员紧急疏散通道及外线接入点处设置。按设备工艺布置	−0.02	甲级防火门	1000×2100	向外
污水泵房	16	厕所下方或相邻	−0.02	钢板隔声门	1000×2100	向内
废水泵房	16×2	设于车站两端，可开敞	−0.02	钢板隔声门	10900×2100	向内
通风空调机房（含通风空调机房、冷冻机房、隧道风机房）	按设备布置	按工艺要求设置。若有制冷水系统，宜集中设在近变电所一端的通风空调机房内，若冷负荷偏重，宜设在负荷较大一端	−0.02	甲级防火防声门	由设备工艺提供	—

车站公共服务及公共安全用房设置参考面积表　　表 3-7

房间名称	面积（m²）	位 置	完成地坪标高（m）	门类	门洞尺寸（宽×高，mm×mm）	开启方向
公安通信设备室	20/30	宜在站厅层	0.00	甲级防火防烟门	1200×2300	向外
安检用房	15	设于主要管理用房区	0.00	普通钢板门	1000×2100	向内
民用通信机设备室	55	设在站厅层弱电引入方便部位	0.00	甲级防火防烟门	1200×2300	向外
银行（ATM机）	15~20	有条件车站设，站厅层非付费区	0.00	—	按规模工艺	—
电缆井	—	按设备布置要求设置	0.00	甲级防火门	800×2100	向外
人工、自动信息查询系统	—	设在公共区不影响客流通行且易识别部位，宜分散布置在站厅两端	—	—	—	—
公共卫生间	15×2	设于站台层付费区，规模根据车站所处位置实际情况确定，但不少于男 3 坑、3 小便斗，女 4 坑，残疾人需设置专用厕所	−0.02	垭口	1200×23100	—

3）车站主要通行服务设施

车站各种通行服务设施的最大通过服务能力见表 3-8。

最 大 通 过 能 力　　　　　　　　　　　　　表 3-8

名　　称		每小时通过人数
1m 宽通道	单向通行	5000
	双向通道	4000
1m 宽楼梯	单向下行	4200
	单向上行	3700
	双向混行	3200
1m 宽自动扶梯	输送速度 0.5m/s	6720
	输送速度 0.65m/s	不大于 8190
0.65m 宽自动扶梯	输送速度 0.5m/s	4320
	输送速度 0.65m/s	5265
人工售票口		1200
自动售票机		300
人工检票口		2600
自动检票机	三杆式	非接触集成电路（IC）卡	1200
	门扉式	非接触 IC 卡	1800
	双向门扉式	非接触 IC 卡	1500

（1）自动扶梯设计标准

①乘客要求的横向净空和净高：

a. 自动扶梯踏步面至上部任何障碍物的最小高度不小于 2300mm。

b. 自动扶梯扶手带中心线至墙面装修面的最小距离 400mm，当自动扶梯穿过一层楼面（或平台）时，自动扶梯扶手带中心线至开孔边沿的净距应不小于 400mm，若不能满足时，应设防撞安全标志。

②土建与自动扶梯配合时应满足下列要求：

a. 今后可能的吊运路线和安装空间应为维修人员创造良好工作条件。

b. 如在自动扶梯下端设集水坑时，在坑内应有良好的排水条件。

③布置要求：

a. 当扶梯分段设置时，两段之间应设不小于 8500mm 长的平台。

b. 两相对运行的自动扶梯上工作点间净距不小于 18000mm（困难条件下不小于 16000mm）。

c. 两相反方向运行的自动扶梯下工作点间净距不小于 16000mm。

d. 步行楼梯第一级踏步与相对自动扶梯工作点间净距不小于 15000mm（困难条件下不小于 12000mm）。

e. 自动扶梯上下工作点至前方任何障碍物净距不小于 8000mm。

④设置标准：

a. 站厅层—站台层自动扶梯：站厅层—站台层间应设上行方向自动扶梯；当提升高度 $H \geq 6m$ 时，设上、下行方向自动扶梯。

b. 站厅层—出入口自动扶梯：当提升高度 $H \geq 6m$ 时，设上行方向自动扶梯；当提升高度 $H \geq 12m$ 时，设上、下行方向自动扶梯。

（2）楼梯设计标准

楼梯踏步要求见表 3-9。

踏 步 要 求　　　　　　　　　　　　　　表 3-9

项 目	功 用	参 数
踏步高	乘客使用	135～160mm
	工作人员使用	150～180mm
踏步宽	乘客使用	280～340mm
	工作人员使用	250～280mm

①乘客使用楼梯其踏步尺寸原则上采用 150mm×300mm。在楼、扶梯并行提升高度较大时，楼、扶梯角度宜一致。

②车站内公共区楼梯每个梯段的踏步级数应不大于 18 步，亦不少于 3 步。

③楼梯休息平台宽 1200～1800mm（布置盲道的休息平台宽度不宜小于 1500mm）。

④楼梯宽度：单向楼梯净宽不小于 1800mm；双向楼梯净宽不小于 2400mm；当楼梯净宽超过 3000mm 时，应设置中间扶手。

⑤楼梯口部栏杆高 1200mm；楼梯梯段栏杆高 900mm。

⑥净空：楼梯台阶面至上部障碍物的最小高度不小于 2300mm。

3.1.3　全线车站概况

全线共设置 41 座车站，均为地下车站，其中明挖车站 23 座，暗挖站 14 座，明暗挖结合车站 4 座。与 11 条线路形成换乘车站 13 座，其中，双岛四线平行换乘车站 2 座，十字形节点换乘车站 2 座，T 形节点换乘车站 2 座，L 形节点换乘车站 2 座，通道换乘车站 5

座。岛式站台车站共 40 座，其中青岛站和开封路站为试验段改造车站，侧式站台车站 1 座，东环路站为既有区间改造侧式车站。

3.2 车站建筑设计

3.2.1 地下三层明挖标准车站布局优化

地下三层车站在城市轨道交通中是一种比较常见的类型，其中最常见的为明挖三层站，其他类型包括因地势变化引起的局部三层站、暗挖三层站、两台一厅的换乘三层站等。局部三层站通常做法为最上一层局部三层增加设备层，暗挖三层站、两台一厅的换乘三层站少见，这里不再讨论。

相对于标准的两层车站，三层站存在一定程度上的功能使用不便，防火标准也相应提升很多，故在非必要环境中不应采用。三层站在以下条件可以考虑采用：

（1）轨面标高受限无法提升，优先考虑三层明挖方案，如不具备明挖条件再考虑车站暗挖方案。通常标准双层明挖车站适宜覆土厚度为 3m 左右，为方便绿化及布置管线，覆土厚度 6m 左右则应考虑特殊处理措施，如采用拱形顶板，覆土厚度 9m 左右则应考虑三层做法或者暗挖。暗挖做法存在一定的风险且工期长、造价高，施工质量难以控制，故非必要条件下不推荐采用。

（2）轨面标高不受限，但用地狭小，长度和宽度均受限，可以考虑采用三层明挖方案；仅长度受限应优先考虑二层设备用房外挂方案。

1）必要性分析

随着我国城市化水平的提高，城市人口及城市规模增大，我国经济较好、人口较多的一、二线城市为了缓解城市交通压力，进入建设、扩建地铁线路的浪潮中。车站作为轨道交通网路中主要的一种建筑物，它是供旅客乘降、候车及换成的场所。其中地下三层明挖标准站是车站形式较常见的一种，针对该车站形式进行研究及优化。

2）整体布局研讨

（1）布局方式一：地下一层为商业开发层，地下二层为站厅层，地下三层为站台层，此种方式为伪三层站，实质上就是标准站上面增加一层商业开发层。通常情况下不建议采用，除非周边有密集的地下商业圈，可考虑采用此种方式与周边地下商业圈联通，若周边无地下商业开发圈，车站上方单独设置商业开发价值太小，地下商业开发成规模才有价值。此种方式会造成车站规模大幅增加，造价大幅提高，车站本身与标准站基本相同，故不做深入探讨。

（2）布局方式二：地下一层为站厅层，地下二层为设备层，地下三层为站台层，这是目前设计中最常采用的方式，传统布局，优点明显：出入口的提升高度小，出入口造价与施工难度小；设备布局成熟，很容易实现。缺点也很明显：站台层楼扶梯距离车站中心远，乘客走行距离过长；车站中间布局局促无法设置中间楼梯，需要在两侧增加楼梯加大站台宽度，使得车站规模扩大；楼、扶梯及电梯需要穿越设备层，导致设备层中不可避免出现大量无用空间。

（3）布局方式三：地下一层为设备层，地下二层为站厅层，地下三层为站台层，这是目前设计中很少采用的方式，缺点明显：出入口的提升高度大，出入口造价与施工难度相对增加；对环控专业的影响较大，必须进行优化设计。优点是：车站公共区布局标准化；两侧无需增加楼梯加大站台宽度，缩小车站规模，大致可减少车站规模 $1000m^2$，大约节省车站主体工程造价 1 千万；楼扶梯及电梯无须穿越设备层，不会造成设备层中出现无用空间。

（4）综合比对布局方式二与布局方式三：

①对造价的影响：如 4 个出入口全部修建，自动扶梯需增加造价约 360 万元（按 10 万元提升 1m 计算）；土建费用增加约 320 万元（按 1 万元/m^2 计算）；其他增加费用（装修、机电设备等）按增加 200 万元计算，综合对比计算为布局方式三更佳。

②对乘客的影响：布局方式二将站内提升改为出入口提升，整体提升高度无变化，提升体验基本无变化；布局方式三采用标准布局，走形体验更佳；布局方式三付费区空间更大，乘客体验更佳。

③对运营管理的影响：区别不大。

④对设备布置的影响：布局方式二更佳。

综合论述，布局方式二为成熟的传统布局，缺陷明显，且无法解决，布局方式三尽管不成熟，但是很有研讨的价值。现阶段，城市轨道设计对于人性化设计愈发注重，开拓新的设计思路不可避免，布局方式三尽管对于设备布置非常不便，但是并非无法解决。

3）车站跨度优化

青岛地铁 1 号线石油大学站、胜利桥站及汽车北站车站均采用布局方式二。双柱三跨明挖做法如图 3-1、图 3-2 所示，是比较传统的做法，从建筑设计角度上讲，合理但缺乏新意；从结构设计角度上讲，大跨度车站双柱三跨设计受力更合理，更有利于抗震，板不需要做得太厚，柱子也不需做得太大；从视觉效果和乘客使用体验来说，相对于单柱双跨车站或无柱车站，该方案视觉效果差且会造成一定程度上的乘客使用不便。

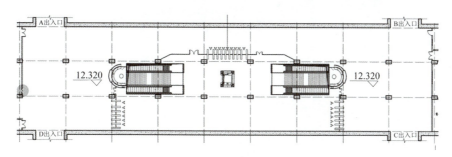

图 3-1　双柱三跨明挖站站厅层公共区平面布置示意图

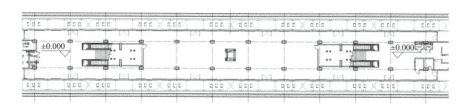

图 3-2　双柱三跨明挖站站台层公共区平面布置示意图

为提升视觉效果，降低乘客使用不便的程度，可从两方面进行优化：一是减少柱子数量，二是缩小柱子截面尺寸。

（1）方案一：采用布局方式二，保持两柱三跨模式不变，增大柱子间距，可以稍许减少柱子数量，但需要增加梁柱截面尺寸，对车站净空及管线布置均会造成不利影响。该方案改观有限、不经济且影响车站功能，故这种方案应该摒弃。

（2）方案二：采用布局方式二，双柱三跨改为单柱两跨，保留原设计断面不变（平顶做法），柱子一侧布置两部自动扶梯，另外一侧布置楼梯，但因为两部自动扶梯一侧需要的空间要大于楼梯一侧需要的空间，为最大限度减少车站规模，需要设置偏心柱子。本方案建筑设计尚可，可减少一半柱子数量，但是板厚与梁柱尺寸需要大幅增加，结构受力与抗震均不佳，故不推荐采用。

（3）方案三：如图 3-3～图 3-5 所示，采用布局方式二，双柱三跨改为单柱两跨，改顶板做法为拱顶，余同方案二。本方案建筑设计推荐，站厅层无柱，站台层与设备层减少一半柱子，结构设计较方案二更加合理，板厚需适当增加，但是柱子不再承覆土荷载，大幅削弱柱子偏心的影响，柱子尺寸亦可大幅优化。故采用布局方式二优先推荐采用方案三。

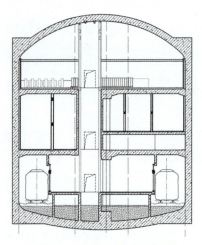

图 3-3　方案三剖面示意图

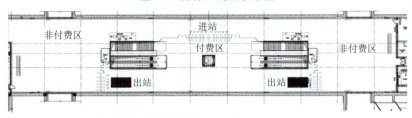

图 3-4　方案三站厅层公共区平面布置示意图

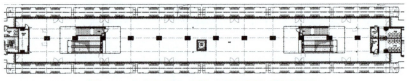

图 3-5　方案三站台层公共区平面布置示意图

（4）方案四：如图 3-6 所示，采用布局方式三，车站断面小且不存在偏压问题，故拱顶或平顶做法均可采用，但是依然推荐采用拱顶做法，不但可以缩小柱子尺寸，同时设备层无柱，布置设备房间与设备更方便灵活。

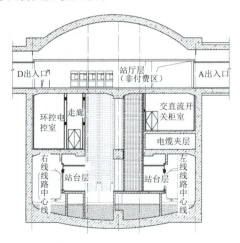

图 3-6　方案四剖面示意图

4）车站消防设计研究

三层站防火设计标准要高于两层站，主要表现在以下方面：

（1）标准两层站不必设置防烟楼梯间。青岛地铁1号线在设计中标准两层站均设置了防烟楼梯间与防烟前室，提高了设计标准，也可不进行设置；三层站则必须要设置防烟楼梯间与防烟前室，不设置是违规的。

（2）在明挖标准两层站中，安全出口的提升高度如果不超过10m，可以不设置防烟楼梯，三层站中则必须设置防烟楼梯及防烟前室，同时安全出口必须连接除了站台层的所有层（站厅层、设备层）。

（3）标准两层站中通常只在设备集中端设置一部楼梯即可，在三层站中，一部楼梯是不够的，至少需要在车站两端各设置一部。

5）其他在设计中需要注意的事项

（1）扣除风道面积，应控制设备层面积不超过3000m²，规范中规定各个设备用房防火分区最大允许面积为1500m²，如果超过需要增设安全出口数量，带来不必要的麻烦，故应严格控制车站规模。

（2）站内设备层楼梯可以与安全出口楼梯合并设置，但在分开设置时，站内设备层楼梯不应作为安全疏散楼梯或安全疏散口使用（规范中，站台层禁止设置有人房间，故站台层设备用房区为无人区，不考虑安全疏散问题，布置于设备用房集中端的楼梯主要用作站厅层与站台层联络及消防人员至站台层的通道，非安全疏散楼梯，三层站中，如站内设备区楼梯与安全出口楼梯功能合并，则视为安全疏散，如未功能合并，安全出入口独立设置，则站内楼梯与标准两层站同）。

（3）设置于车站控制室一端的安全出口必须有独立对外的出入口；另外一端的安全出口可以疏散向站厅层公共区，但是如非有特殊条件限制，不推荐这样做，主要原因是：楼梯开向公共区的防火门不能上锁（安全疏散通道的防火门均严禁上锁），乘客有误入可能；如开向站厅层公共区的防火分区发生火灾，消防人员无法第一时间进入。故最佳的做法是每个设备用房防火分区均设置独立一处对外的安全出入口。

（4）每个防火分区需要有两个疏散方向。《建筑设计防火规范》（GB 50016—2014）规定：单个建筑面积不超过200m²的设备用房区，可以设置一个安全出入口，除疏散向独立对外的安全出入口或疏散向站厅层公共区的安全出口外，可以把另外一个防火分区作为疏散方向（如相邻两个防火分区互为安全疏散方向，则每个方向各应设置一扇开向疏散方向的甲级防火门）；同时应设置净宽不小于 1.2m 的防火门（1.2m 宽防火门净宽不满足安全疏散要求，设置于安全通道的防火门建议采用 1.5m 宽防火门）。

6）小结与评价

青岛地铁 1 号线采用三层站的汽车北站站、石油大学站、胜利桥站均采用传统布局（整体布局方式二，两柱三跨形式），安全出入口与站内设备区楼梯功能合并，形成一个独立对外的安全出入口模式，已经没有实际优化的可能。但是高效空间利用、设计人性化、方便运营管理与维修、保障安全的追求永无止境，希望后续三层站的设计与施工取得更加理想的效果。

3.2.2 双岛四线车站公共区优化布置

青岛地铁 1 号线采用明挖法施工的车站 23 座，暗挖法施工的车站 15 座，明暗结合法施工的车站 3 座。其中换乘站 13 座，双岛四线换乘车站 2 座，分别为峨眉山路站和兴国路站，见表 3-10。

换乘车站统计表　　　　表 3-10

换乘形式	数量	站　名
双岛四线平行换乘	2	峨眉山路站、兴国路站
T 形换乘	2	井冈山路站、正阳路站
L 形换乘	2	青岛站、海泊桥站
十字换乘	2	台东站、青岛北站
通道换乘	5	天目山路站、江苏路站、北岭站、胜利桥站、流亭机场站

双岛四线换乘车站通常设置两个岛式站台平行布置，两条线路分别布置在两侧站台，换乘客流在站台层实现同台换乘，部分客流借助站厅层抵达另一站台完成换乘。一般采用明挖法施工，车站总宽 42～45m，长度一般在 240m 以上。

地铁车站为地下空间，站台面积有限。而双岛四线车站一般作为两条线路的关键转换站点，除了行车组织较一般车站更加复杂，其换乘客流组织也较一般换乘站更加错综复杂。

双线车站站厅共享，面积较大，作为客流集散的第一站，站厅层的空间布置直接影响乘客的服务感受。站厅、站台区域内柱子较多，会影响乘客进出站及换乘流线的效率，同时也影响装修空间效果。在满足结构受力的前提下，适当减少车站公共区柱子，可加大站台可利用空间，便于乘客快速进出站及换乘，提高地铁服务的舒适度。

峨眉山路站为1号线、6号线换乘站，位于长江西路与峨眉山路交叉路口处，车站沿长江路、跨峨眉山路东西向布置，为1号线起点站，后一站为石油大学站。车站西北侧为城发集团地产开发项目（建设中）及海韵苑小区（现状）；东北侧为兴华集团地产项目（已建成）；车站南侧为王家港村（现状）。

兴国路站是1号线、7号线换乘站，位于青岛市李沧区重庆中路与兴国路交叉口西北侧地块内，主体沿重庆中路南北向布置，主体东侧紧邻的重庆中路已实现规划，道路红线宽度50m，是青岛市区南北走向主干道，日常车流量较大；车站主体南侧为东西走向的兴国路，部分实现规划，道路红线宽度24m。兴国路站是两线运营拆分节点，运营初期作为一般中间站，7号线南段开通后作为1号线终点站及7号线中间站。

双岛四线车站具有乘车客流大、换乘客流大的特点。此类车站的站厅服务于两线站台，其公共区楼扶梯布置的合理性直接决定着车站的消防疏散质量及客流组织服务质量。现以峨眉山路站、兴国路站为例对本类车站的公共区布局优化设计进行论述。

1）优化楼、扶梯布置方式

（1）常规思路简述

双岛四线车站楼、扶梯布置的常规思路：

一般双岛四线车站横向柱网采用五轴四跨布置方式，两站台中间并列的行车线中间设置一排柱子，每个站台横向设置两排柱子，公共区采用中间T形楼梯+垂梯、两侧双扶梯一楼梯的垂直交通组织形式，其中两侧的楼、扶梯组为楼梯居中、上下行扶梯分居两侧贴邻纵向结构梁的布置形式。

（2）优化方案思路论述

①技术方案实施难点

技术方案的实施难点主要是柱网优化后的建筑布置与结构梁柱之间的矛盾，传统方案楼、扶梯组因为站台横向中心设置结构梁柱体系，需由原来的"双扶夹一楼"形式拆分为"双扶+一楼"、楼梯与扶梯组分居纵向梁柱两侧的布置形式。

②攻克难点的技术措施

针对以上技术难点，经过建筑、结构等多专业配合，多次研究讨论后，对于站台层梁柱体系设计形成方案如下：

结合双岛四线车站中间进站，两端出站的流线特征，同时考虑扶梯与闸机距离要求，将两侧"双扶+一楼"中的楼梯设置于结构纵梁外、邻近进站闸机一侧，将双扶梯设置于结构纵梁内、邻近出站闸机一侧，保证扶梯前部较大的乘客走行距离，降低扶梯前客流拥堵风险。中部仍然采用T形楼梯+垂梯的组合形式，如图3-7、图3-8所示。

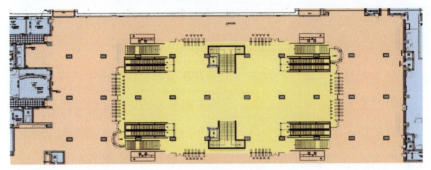

图 3-7　单柱站厅层方案

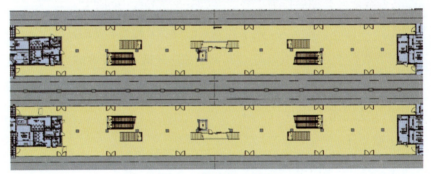

图 3-8　单柱站台层方案

2）优化公共区梁柱布置方式

（1）常规方案

①站台中部为公共区，为乘客上下车及通过楼、扶梯进出站的区域，考虑客流密度和换乘功能，普通站站台宽度为11m，换乘站站台宽度为13m或14m。普通站公共区一般两侧分别设置两部扶梯，中间设置一个T形楼梯和直梯。换乘站两侧分别设置两部扶梯和一部楼梯，中间设置一个T形楼梯和直梯。

②根据结构受力计算，要求站台公共区柱距尽量均匀。一般情况下11m宽站台公共区域，设置为单柱，纵向柱距为8.5m；13m及14m站台公共区域设置为双柱，纵向柱距为9.75mm，横向柱距为6.6m。

以兴国路站（图3-9、图3-10）为例，站厅层公共区长约87m，宽约44m，横向设置5排，纵向设置8排，共40根柱子；站台层公共区长约113m，单站台宽约14m，横向设置2排，纵向设置9排柱子，共18根柱子，双站台共36根柱子。

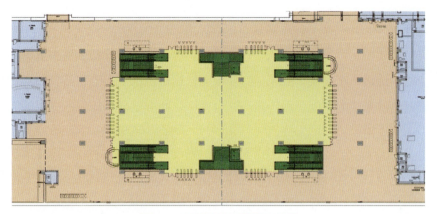

图 3-9 兴国路站站厅层公共区

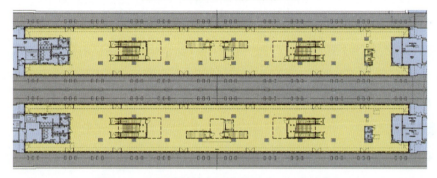

图 3-10 兴国路站站台层公共区（14m 宽站台）

（2）优化方案

①技术方案实施难点

技术方案实施难点主要是柱子优化后的建筑布置与结构受力之间的矛盾，建筑方面希望空间越大越好，柱子数量越少越好，但是结构方面则希望空间越小越好，所以需要找到一个平衡点。

②攻克难点的技术措施

针对以上技术难点，经过建筑、结构等多专业配合，多次研究讨论后，对于站台层梁柱体系设计形成方案如下：

a. 站厅层：调整双柱方案为单柱方案，如图 3-7 所示，纵向柱跨为 8.5m，横向柱跨为 11m，站厅层公共区横向设置 3 排，纵向设置 10 排，共 30 根柱子，较原方案减少 10 根柱子。站厅两侧分别设置两部扶梯和一部楼梯，两部扶梯并排布置，中间设置一个 T 形楼梯和直梯。

b. 站台层：调整双柱方案为单柱方案，如图 3-8 所示，横向设置 1 排，纵向设置 11 排柱子，双站台共 22 根柱子，较原方案减少 14 根柱子。

3）小结

经分析，站厅层、站台层公共区双柱改单柱，可减少车站公共区柱子数量，可提高站内公共区空间通透感，加大候车空间，方便乘客快速进出站。同时，站台层双柱改单柱，可加大柱子两侧候车区的宽度，利于减小站台宽度。此方案具备较好的应用价值，可在以后的工程中推广应用。

3.2.3 暗挖车站设备管理区空间优化

地铁1号线车站中顶板采用拱顶形式的车站有15座，约占全线车站总数的1/3。1号线中段、南段工期方面面临巨大的通车压力，而车站内部的管线安装是车站后期施工阶段最耗费时间、精力的一个环节。综合此背景条件，结合中段车站机电施工进度相对滞后的情况，选取其中2座拱盖车站（小村庄站、水清沟站）作为试验车站，在车站主要设备、管理用房区一端考虑设置管线夹层，优化管线安装空间，为后期车站的建设、维护提供新的思路。

1）拱顶车站特征

采用拱顶形式的地铁车站通常车站埋深较深，车站整体高度约17m，拱顶中心位置处站厅层高约7.5m，两侧拱肩处站厅层高约3m；从车站断面来看（图3-11），车站中部区域层高较高，远超普通明挖车站5.1m的站厅层高，且5.1m以上的空间优势未得以充分发挥。

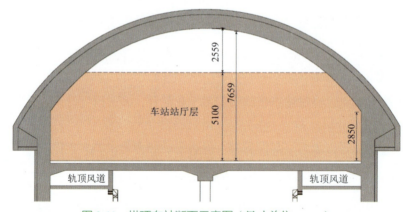

图3-11　拱顶车站断面示意图（尺寸单位：mm）

2）常规车站管线设计思路

（1）地铁车站为地下公共交通建筑，车站内设有大量设备房间，为了方便统一管理，将主要的设备、管理用房集中在一端设置，简称大设备端。大设备端管线布置较为密集，如图3-12所示，施工周期较长，施工返工率较高。

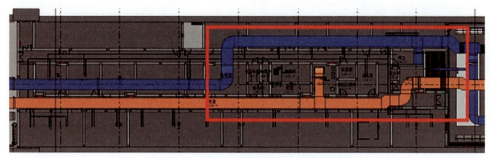

图 3-12　设备大端管线布置平面示意图

（2）车站管线布设通常从结构顶板下方开始布设最大的风管，向下依次布设强电、弱电、水管等管线，尽可能将更多的竖向空间留给设备房间使用，但管线的布设往往受制于房间设备、构造柱、圈梁等因素，管线交叉严重，且检修不便，如图 3-13 所示，给后续车站运营维护造成较大困难。

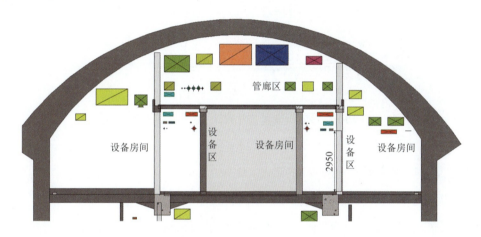

图 3-13　拱顶车站管线布设断面示意图（尺寸单位：mm）

3）优化方案思路

针对常规方案的弊端，结合设备专业的需求，经过多专业研究讨论后，提出在大设备端层高较高的中部区域设置管线夹层的思路。

（1）优化方案简介

车站大设备端房间布局通常采用三排房间＋环形走道的常规形式。管线夹层的设置：横向选取其中层高较高的中排房间加走道的区域，纵向范围自车站设备区与公共区临界位置开始至环控机房侧墙结束。中排设备房间结合房间自身的使用需求，在 4m 净高的位置设置夹层板，部分管线需穿越夹层板与房间保持连通，应在夹层板提前做好预留预埋；走道部分每 2m 间距设置一根 300mm×300mm 结构梁，以满足夹层下方设备终端固定的需求，避免对夹层空间内主干管线的敷设造成干扰，如图 3-14 所示。

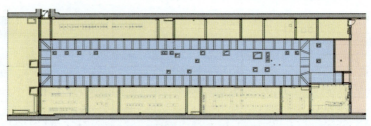

图 3-14 管线夹层平面示意图

中排房间上方管线夹层与走道上空不做侧向分隔，保持连通，减少常规管线夹层安全疏散出口的设置，如图 3-15 所示。

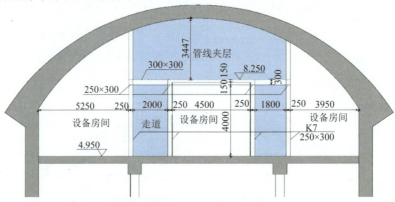

图 3-15 管线夹层剖面示意图（尺寸单位：mm）

（2）优化方案的优势

设置管线夹层的优势主要有以下几点：

①设置夹层板后，不仅方便设备区管线安装，同时管线不必"躲避"设备、构造柱等位置，敷设更为顺直合理，层次有序，后期运营维护、检修更加方便高效。此外夹层板的设置将站厅空间分隔开来，夹层板下设备房间的隔墙砌筑作业与上方管线安装互不干扰，提高施工效率。

②设置夹层板后，房间出风口及照明等设施，不再受管线影响，更为灵活，从而更好地结合房间需求布置，使空间布局更加美观。

③设置夹层板后，将原部分砌筑构造柱、圈梁调整为结构柱、梁，整体刚性加强，受力均匀合理，抗震能力提高。

4）优化方案的限制条件

采用管线夹层的优化方案同时存在一定的局限性，由于设置钢筋混凝土夹层板，管线夹层与房间的连通需通过预留预埋的形式进行解决；为了避免出现返工，我们需要建造 BIM 管线综合模型，对管线路由进行核对，确认无误后，方能准确地进行预留预埋。

5）小结

经分析，大设备端设置夹层板的方案，可优化管线布局，加快施工工期，减少现场整改返工情况，且投资与常规布置方案基本持平。

3.2.4 外电源引入通道创新设计

1）方案背景

（1）外电源电缆引入至地下主体结构范围一般分为两种情况：

①外电源电缆直接（或经由一段电缆通道）引入至车站开闭所。

a. 外电源电缆直接进入车站主体结构：由侧墙或顶板经由预埋管引入，在车站内部设置供电电缆井直接通入站台板下。

b. 外电源电缆进入车站主体结构后，经由一段电缆通道，然后通过供电电缆井，进入到站台板下。

②外电源电缆从临近车站或区间引入，经由区间隧道引至车站开闭所。需在区间隧道中考虑外电源电缆的支架预留位置，并考虑电缆接地箱的安装位置。

（2）对于电缆通道的要求：

①在条件允许的情况下，外电源两回电缆尽量分开在廊道两侧敷设，以保证供电安全可靠性，要求通道最小尺寸为1.8m×1.9m（宽×高）。

②在条件受限的条件下，外电源两回电缆可在隧道一侧不同层支架上敷设，要求通道最小尺寸为1.2m×1.9m（宽×高）；并考虑电缆接地箱的安装位置，对于垂直段电缆通道，要求设置钢爬梯，并每隔5m设检修平台。

2）工程概况

瑞金路（图3-16）站位于重庆中路与瑞金路路口南侧，重庆中路道路下方，为地下两层暗挖车站，是青岛地铁1号线第32座车站，设有开闭降压变电所。根据全线供电提供资料，本站需设置外电源引入。

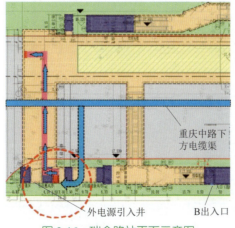

图 3-16 瑞金路站平面示意图

3）常规做法

目前在暗挖站设外电源引入常规有两种做法：方案一（图 3-17）在车站一侧设置电缆井及通道，此种做法有诸多缺陷，例如由于单独开挖竖井，施工困难，工程造价高，电缆路径复杂（穿越站厅层或轨行区区域），实施难度大，电缆通道需单独设置人防段及排水系统；方案二（图 3-18）在车站端部设置电缆井及通道，此种做法有一定局限性，适用于车站端部不位于道路上的情况。

a) 外电源引入通道平面示意图

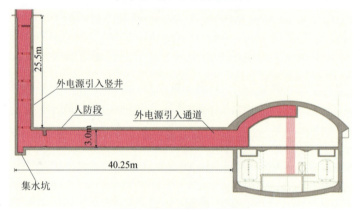

b) 外电源引入通道剖面示意图

图 3-17 常规做法方案一

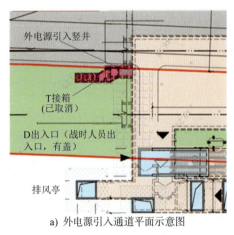

a) 外电源引入通道平面示意图

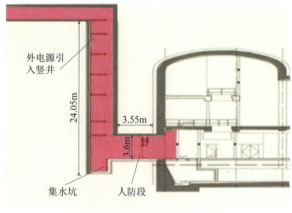

b) 外电源引入通道剖面示意图

图 3-18 常规做法方案二

若采用车站一侧和端部设置电缆井及通道的思路,需在车站规划绿化带内施作一个2m×2m的电缆井,横向施作一个2m×3m的通道至主体结构墙,存在以下技术难点:

(1)由于电缆井平面尺寸较小,无法采用机械出渣,施工效率低下。

(2)电缆路径复杂,实施难度大(穿越站厅层设备房间区域)。

(3)电缆通道需单独设置人防段。

(4)电缆通道需设置集水坑与泵房,避免运营期间电缆通道积水。

4)优化方案

(1)技术方案实施难点

因常规方案实施起来工程量大、费用高、电缆路径复杂,为了实现设计高效节约、简化美观的理念,研究以下方案。

①在1号风道北侧规划绿化带内单独设置电缆井,通过横向电缆通道与车站主体连接。此方案存在工程量大、费用高、电缆路径复杂等问题。

②在西南侧无障碍电梯位置,通过增大电梯井道开挖断面来设置电缆井。此方案也需开挖电缆井道,工程量虽相对较小,但也存在电缆路径复杂等问题。

(2)攻克难点的技术措施

方案设计简介:结合瑞金路站既有条件,将外电源引入电缆井设置于1号风道活塞风亭旁,通过电缆井引至站厅层,利用站厅层暗挖风道拱部多余空间设置电缆通道,再通过站厅层端部竖井直接引至站台板下,如图3-19所示。

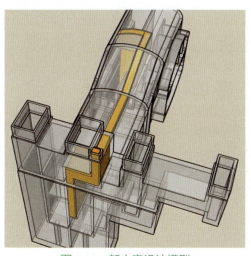

图3-19 新方案设计模型

此方案最大的特点为高效简洁,巧妙地利用风道竖井既有开挖空间设置电缆井,在充分保证设备及管线安装空间要求的前提下利用暗挖风道拱部多余空间,把电缆通道设置于此。但此方案也存在一定局限性，对于暗挖风道站厅层高度小于 6.5m 的不建议采用此方案。

本方案优点如下：

①无需独立设置电缆通道，利用风道拱部冗余空间设置夹层解决，最大限度降低工程造价及独立开挖电缆通道引发的风险，并有效节省施工工期。

②无需设置人防段（利用风道人防段）。

③无需设置泵房（利用风井处集水坑）。

④检修方便（直接在夹层板下预留检修孔即可，可实现站内检修）。

⑤简化进出路径，不会对站内其他空间产生影响等。

5）小结

多年来，地铁设计在外电源引入方面形成了固有的思维模式，单一地按照供电专业要求设置电缆井，未有效考虑工程既有条件，合理有效利用空间，达到设计最优化。

经分析，此方案会引起风道内局部设备及管线布置调整，但带来的经济效益非常显著。

（1）节省电缆井道、电缆通道的土建工程量以及节省人防门、水泵等其他设备数量，综合造价减少约 300 万元。

（2）缩短土建工期约 4.5 个月（电缆井道及电缆通道单独施工工期）。

（3）能够有效降低单独开挖带来的施工风险。

目前国内城市轨道交通已进入大规模建设阶段，每条线路都需设置一定数量的外电源引入，为车辆的运行提供动力保障。单靠传统设计理念（单独设置电缆井的设计思路）已很难满足日新月异的轨道交通建设要求，因此，暗挖车站设置外电源引入设计方案具有较好的应用及推广价值，可为后续线路类似工程提供参考借鉴。

3.2.5 困难条件下顶出风井创新设计

1）工程概况

江苏路站（图 3-20）主体结构位于车站主体布置在东西快速路南侧的规划绿地，沿江苏路以东的 V 形坑内，沿东西快速路东西向布置，为地下两层岛式车站。车站总长 205.6m，净宽 22m，车站轨面标高 3.180m。江苏路站主体结构断面采用单拱直墙双层车站的形式，为标准岛式站台车站，车站附属结构包括 4 个出入口（含一个远期预留出入口、一个换乘通道）、1 个安全出入口，1 号、2 号两组风亭。

1 号竖井及风道（图 3-21）位于江苏路站小里程端上方，位于东西快速路与江苏路交叉口东侧，地块现状为空地及绿化用地。其中 1 号竖井为车站顶出风井，由于竖井北侧涉及供电管线且工期紧张,1号竖井原开挖尺寸为5.6m×10.7m,兼作施工竖井。为满足地面风道通风功能要求,1号竖井扩挖至尺寸11.2m×10.7m,风井采用复合式衬砌形式。外挂明挖风道为矩形框架结构,采用明挖法施工。

场地地貌类型主要为构造剥蚀区及山麓斜坡堆积区,地面起伏较大,地面标高为22.38~40m。第四系土层主要为全新统人工填土;下伏基岩为强~微风化花岗岩,局部发育块状碎裂岩和节理密集带;地下水以第四系孔隙水和基岩裂隙为主,局部受构造作用破碎带富水性好,多属中等~微透水层。

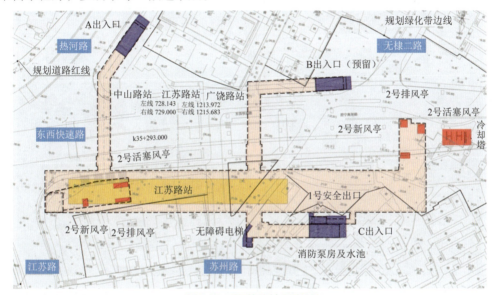

图 3-20 江苏路站示意图

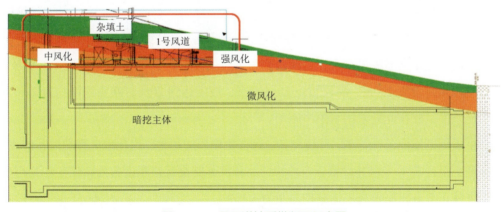

图 3-21 1号风道地质纵断面示意图

2)优化方案的提出

(1)工程周边复杂环境

青岛地铁1号线江苏路站为明暗挖结合车站,车站主体布置在东西快速路南侧的规划绿地，沿江苏路以东的 V 形坑内，以南北向的苏州路为最低点，江苏路与苏州路距离为 100m，高程相差 20m 左右，坡度达到 20%；苏州路东侧较平缓，高程相差 2m 左右。车站周边现状以居民区、医院、绿地为主。车站西南侧约 60m 处为圣保罗基督教堂（文物保护单位），西北侧约 200m 处为市立医院，青岛第九中学，青岛第六中学、观象山公园小区等。东南侧有大量老住宅区，以多层和低层房子为主，车站东约 300m 处为龙山居民区，东北侧为天帝山城居住小区。如图 3-22 所示，车站周边环境复杂，附属结构施工占地协调难度大，施工风险高。

图 3-22 江苏路站周边环境

（2）必要性分析

①1 号线江苏路站位于东西快速路南侧的规划绿地，沿江苏路以东的 V 形坑内，站位所处位置现状道路交通流量较大，道路两侧为老居民楼，高 3～8 层。此处地形起伏较大，江苏路与苏州路距离 100m，高程相差 20m 左右，坡度达到 20%，端头埋深约为 21m，不具备明挖条件，故在此处采用暗挖法施工。

②由于周围地面条件苛刻，环境复杂，综合协调周边用地，优化小里程端风井的设置。江苏路站小里程端 1 号风井设置于东西快速路和江苏路交叉口东南角处，位于车站小里程端暗挖主体正上方，底板与主体结构净距为 8.1m。

（3）常规方案

①思路简述

江苏路站 1 号风道位于车站小里程端，通风竖井位于东西快速路和江苏路交叉口东南角处，采用明挖法施工，风道采用暗挖法施工。通风竖井地层自上而下依次为杂填土、强风化花岗岩、中风化花岗岩、微风化花岗岩。暗挖风道埋深为 10～16m，拱顶位于微风化花岗岩地层。地下水位埋深为 3.20～8.00m。

②具体做法（图 3-23）

常规设计方案为明挖竖井 + 暗挖风道：通风竖井考虑兼作施工竖井，井口开挖尺寸为 15.4m×17.05m，竖井开挖深度约 30.41m，采用倒挂井壁施工。风道设计为双层明挖风道，开挖宽度为 14.2m，高度为 13.85m，采用拱顶直墙断面，复合式衬砌结构。

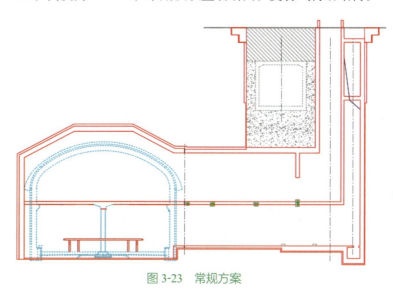

图 3-23　常规方案

车站 1 号风道若采用此方案，存在以下难点：

通风竖井位于房屋拆迁地块，隶属于青岛市风貌建筑保护范围，拆迁、占地协调困难。

暗挖风道下穿国家重点文物保护建筑物，地表沉降和邻近建（构）筑物变形控制要求高，存在一定施工风险。

（4）优化方案

①技术方案实施难点

车站周边文保建筑物较多，附属施工占地协调困难，暗挖车站风井无法侧出设置。如何在控制风险的基础上，利用站址范围内地下立体空间，解决风井无法侧出问题并最大化保护风貌建筑成为本工程的难点。

②攻克难点的技术措施（图 3-24）

针对以上难点，通风竖井采用车站顶出方式，地面风道设置在车站小里程端暗挖主体正上方，可较好地解决附属施工占地困难问题。顶出竖井与暗挖车站主体接口处拱部进行加强处理，增加横向及环向转换拖梁，控制拱部围岩变形，同时制订合理的施工工序，车站主体结构及转换托梁完成后方可施工通风竖井及地面风道，施工风险可控。

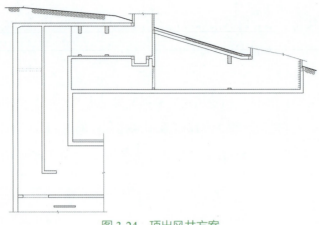

图 3-24 顶出风井方案

（5）主要施工技术措施

顶出竖井与车站主体接口、风道临近车站主体上方设计，江苏路站 1 号顶出竖井与车站主体接口处受力复杂，竖井开挖造成车站主体结构处围岩扰动，应力重新分布，施工风险较大，故需采取以下技术措施。

①竖井与主体接口处进行加强处理，增加纵向托梁（800mm×1000mm）、环向加强梁（1200mm×1600mm），以提高接口处刚度，保证车站主体与竖井结构受力要求。接口处拱部与边墙连接处加强处理，环向加强梁拱脚处结构外扩 900mm，使加强环梁部分受力传递至两侧岩石，解决了边墙刚度小、受力集中的问题。

②竖井扩挖范围内设置 I 25a 临时型钢竖撑，竖井上部扩挖施工前应先进行内支撑转换，转换完成后方可进行原竖井拆撑、开挖。竖井下部倒挂井壁开挖过程中，应先架设临时型钢支撑，待初期支护受力稳定后，方可继续向下开挖竖井直至贯通车站主体。

③竖井扩挖过程中应加强临边防护，竖井已开挖段加设移动钢结构平台，以防止竖井扩挖过程中掉块对中板造成破坏。

④应控制爆破振速，建议控制值不大于 0.5cm/s，减小爆破对主体衬砌结构影响，并加强竖井与车站主体接口处监控量测。

3）施工工序设计

（1）主体衬砌及竖井与主体接口处横向、纵向环梁转换完成并达到设计强度后，方可进行地面风道及通风竖井施工。

（2）竖井上部扩挖施工前应先进行内支撑转换，转换完成后方可进行原竖井拆撑、开挖，竖井下部倒挂井壁开挖过程中，应先架设临时型钢支撑，待初期支护受力稳定后，方可继续向下开挖竖井直至贯通车站主体。初期支护的挖、支、喷三环节必须紧跟，控制爆破参数，并加强监控量测，及时反馈设计，以便调整设计参数。

4）计算结果分析

计算模型中采用三边形单元模拟围岩，梁单元模拟初期支护，超前支护和地层加固区域按照提高地层参数的方法进行考虑，模型同时考虑地表荷载和地下洞室上覆岩石自重及结构荷载，地应力场按自重应力场考虑，根据实际工况进行有限元数值模拟计算，计算软件采用 MIDAS-GTS-NX，地层参数见表 3-11。

地 层 参 数　　　　　　　　　　　　表 3-11

地　层	重度 γ（kN/m³）	黏聚力 c（kPa）	内摩擦角 φ（°）	弹性模量 E（MPa）	泊松比 μ
素填土	17.5	5	20	5	0.48
强风化花岗岩下亚带	23	10	50	15	0.23
中风化花岗岩	26	100	55	5000	0.22
微风化花岗岩	26.1	5000	65	22000	0.20

车站主体结构计算模型，如图 3-25、图 3-26 所示，计算结果如图 3-27～图 3-30 所示。

图 3-25　计算模型

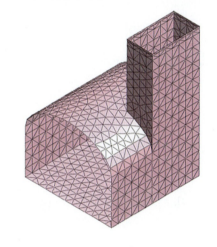

图 3-26　隧道模型

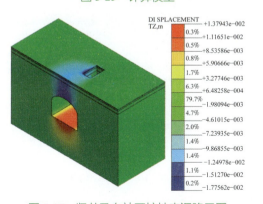

图 3-27　竖井及车站开挖地表沉降云图

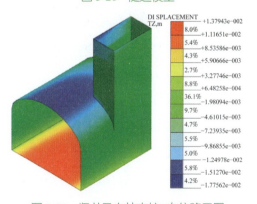

图 3-28　竖井及车站支护Z向位移云图

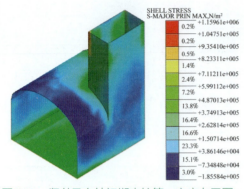
图 3-29 竖井及车站初期支护第一主应力云图

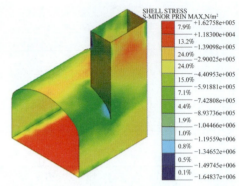
图 3-30 竖井及车站初期支护第三主应力云图

根据计算结果分析，车站主体、顶出竖井所选用施工方案和支护形式满足受力及变形要求，施工期间应严格按"短开挖、强支护、早封闭、勤量测"的12字方针进行施作，以确保施工安全。开挖时控制爆破强度和爆破振速，加强监控量测。

5）小结

本方案依托青岛地铁1号线工程江苏路站1号风道顶出竖井设计，经计算分析及工程实践，通风竖井采用车站顶出方式，地面风道设置在车站暗挖主体正上方，可较好地利用站址范围内地下立体空间，解决附属施工占地困难问题。在保证结构安全的情况下，可有效解决复杂城市环境中因占地受限等影响，暗挖车站风井无法侧出设置等问题，取得了良好的经济及工期效益。

3.3 建筑设计标准化

3.3.1 地下车站出入口通道设计标准化

在地铁车站设计中，地铁出入口设计是其一个重要的分部设计，其设计好坏直接影响着通道的便利性与舒适性。设计人员应该把握和了解出入口通道设计的要点，避免设计中的遗漏和出错，便于与其他专业流畅配合。

1）概念

连接出入口与车站站厅的通行道路称之为车站出入口通道，一般分为水平段和爬坡段两部分。

2）设计原则

（1）地下车站出入口通道应便捷、顺直，通道弯折不宜超过3处，内折角不宜小于60°，对于极端情况下，折角小于60°时，可采用采取抹角等措施扩大局部空间。

（2）出入口通道地面应设置纵坡，宜平缓，坡度应该在0.5%~2%范围内。

（3）出入口通道内不宜设台阶，无法避免时，台阶数不得少于3级。

（4）出入口楼扶梯下应设截水沟，通道地面应向截水沟方向找不小于0.3%纵坡，截水沟两端应设挡水墙，其长度宜超出截水沟0.5m。

3）设计要点分析

（1）通道宽度的确定

出入口通道的宽度主要受爬坡段楼扶梯宽度的影响。

①理论计算方法

理论上的计算方法是通过疏散宽度确定的，已有的算法是出入口宽度按照车站远期预测超高峰小时的设计客流量经计算确定。但考虑到客流不均匀的影响，宽度设置要有一定富余，即：根据出入口位置，主客流方向以及可能产生的突发性客流，分别乘1.10~1.25的客流不均匀系数。车站出入口宽度的总和，应大于该站远期预测超高峰小时设计客流量所需的总宽度。

$$B_n = \frac{M \times a \times b_n}{C_t \times N} \tag{3-1}$$

式中：B_n——为出入口步梯宽度，m，n表示出入口序号；

　　　M——为车站高峰小时设计客流量，人/h；

　　　a——超高峰系数，取1.2~1.4；

　　　b_n——出入口客流不均匀系数，取1.10~1.25，n表示出入口序号；

　　　C_t——步梯通过能力；

　　　N——出入口数量。

②结合实际合理确定

对于标准车站，理论上的计算公式得出的数值在实际运用中是非常微弱的评价标准，数值往往对出入口宽度的一般设计不造成影响。同时公式的计算所得为每小时步梯的通过能力，对于火灾等极端情况仍需进一步研究。

在实际的操作中，出入口通道宽度一般根据经验采用模数化的跨度取值，具体参考各地出入口设计指南。一般出入口的通道宽度不小于2.5m，在扶梯参与疏散的情况下可以适当减小。同时可以根据理论的计算宽度核对设置宽度。

但考虑到火灾等紧急情况下，乘客不可能按平时有序流动的特性进行疏散，而是最大限度地利用出入口的宽度并排逃生，基于此，应该在原有的设计宽度基础上适当增加宽度。

同样对于通道中外加无障碍电梯等其他结建设施而增加通道宽度的情况，可以从节约成本、减少施工难度的角度考虑，在满足疏散及消防需求的情况下适度减小通道尺寸，通过外引等方案来满足设置需求（图3-31）。

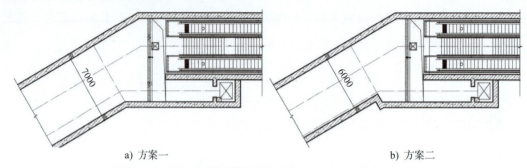

a) 方案一　　　　　　　　　　　　　b) 方案二

图3-31　不同方案引起的通道宽度的变化（尺寸单位：mm）

（2）出入口爬坡段的标高取值

楼扶梯通道平面投影长度一般由扶梯决定，通常是自动扶梯倾斜段的平面投影长度与上下扶梯工作基点外平直段长度的总和，同时应大于步梯水平投影长度。

地面标高的取值直接影响自动扶梯倾斜段的平面投影长度，因此，取值必须引起设计人员的足够重视，避免出现通道出地面过高或者过低的情况。

对于正处于规划阶段的标高取值，应该以规划标高为准，同时注意当地的防洪高度要求；对于已经完成规划或者规划成熟区，需要按现状标高取值。但施工阶段土建单位会对现场造成破坏，标高的确定需要在这之前请土建单位进行实测，然后针对地形图及土建单位实测标高确定附属标高取值。对于地面标高起伏较大的区域，标高的取值应该考虑与周边的衔接方案，这需要与地面景观设计单位进行多方面配合确定。

（3）通道的防烟及疏散

对于通道的排烟，主要是两点：一是通道与公共区衔接处需要设置挡烟垂壁，二是通道长度大于100m需设排烟机房。对于通道长度的计算，按照《地铁设计防火标准》（GB 51298—2018）中要求，出入口通道长度按通道口到出入口暗埋段的长度计算。其长度包括水平段平直长度及爬坡段的斜线长度。如图3-32所示，出入口通道长度应为 $L = L_a + L_b$

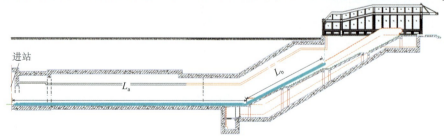

图3-32　出入口通道长度计算

新规范中的通道长度不同于以前规范中规定的从通道口计算到通道与楼扶梯汇合点的长度，这一点需要引起注意，避免因计算方法的失误造成防烟措施的遗漏。

对于通道的疏散,其一为宽度的计算,其二是规范要求:当通道长度大于 100m 时,应该在中部设置疏散出入口,其设置距离应该满足走行距离不大于 50m。

$L_1 + L_2 > 100$ 时,$a \leqslant 50m$,$b + c \leqslant 100m$。需要注意的是,规范中针对的满足不大于 50m 的行走距离,并非单独针对通道内的疏散,公共区限界的通道口不能作为一个疏散口,使通道内任意一点至疏散口的最小行走距离小于 50m。安全出入口的增加,通道长度在理论上的极限值应该为 $50 + 100n$,n 为增加的安全出入口个数(图 3-33)。

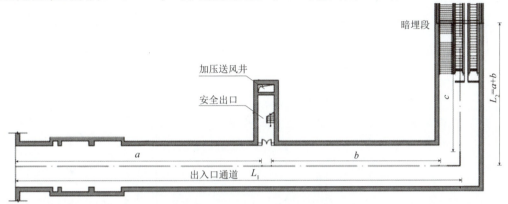

图 3-33　出入口通道增加安全出口

通道的疏散还有一点值得注意,以往城市地铁设计中有在出入口通道的局部,放大空间作为资源开放房间的情况。按照《地铁设计防火标准》(GB 51298—2018)中要求这一点是不被允许的。通道内的资源开放房间,同样形成了商业等非地铁功能的场所与站厅公共区公用安全出入口的情况。这一点是强条规定,是不能被突破的。车站和非地铁功能场所的疏散设置需各自相互独立并满足各自的需求。

(4)通道的排水

首先,出入口通道需要设置纵坡,坡度设置在 0.5%~2% 范围内,并且人防段设置为平坡。纵坡以人防段为最高点向两侧人字形找坡,向公共区侧找坡最低点与通道口截水口齐平。人防段位置的选取会对楼扶梯的提升高度产生影响,应权衡选择。受出入口装修厚度的影响,出入口坡度最好为结构找坡。在出入口装修厚度为 100mm 的情况下,理论上建筑找坡能够在水平段 8m 的范围内完成,但考虑到施工误差等情况,施工设计中最好为结构找坡,并在建筑图中注明。局部的坡度调整可以由建筑找坡完成。

其次,对于集水坑的设置,应先满足给排水专业的提资需求。对于由截水沟引入集水坑的排水管,应尽量减少其在结构中的预埋长度,尽量沿坑壁引入,减少后期因水管封堵维修带来的不便。

最后,出入口通道内设有离壁墙和离壁沟,离壁沟挡水槛的高度和宽度应根据装修的厚度及离壁墙厚度控制，挡水槛应该与结构板同时浇筑，设计中应避免离壁沟的水渗漏到通道内。设计时一定要对此类细节严加把控，以免出现挡水槛做高、做宽、或者未做的现象。

（5）通道的专业衔接

①凹槽的设计

出入口通道侧壁会有设备专业的孔洞预留槽，一般为电扶梯配电箱、消火栓箱、水泵控制箱、电伴热控制箱等，对于设备暗装箱体的大小及厚度必须找设备专业核实清楚，以确定是否需要设置凹槽。设计人员对设备凹槽应该有直观全面的了解（图3-34），并用图示语言与结构专业清楚说明，比如结构墙上的消火栓箱凹槽，注意箱子的凹槽与立管凹槽的连通，若仅有平面的表示，容易造成遗漏立管凹槽。

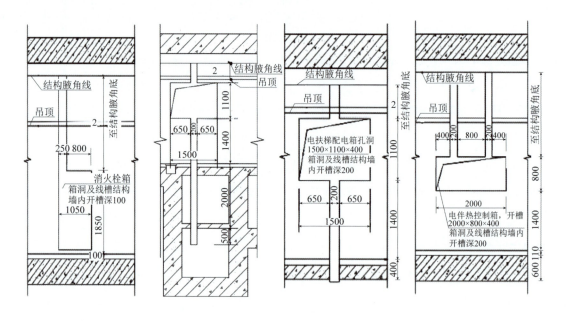

a) 预留消火栓箱孔洞　　b) 水泵控制箱孔洞　　c) 电扶梯配电箱孔洞　　d) 电伴热控制箱孔洞

图3-34　通道内的各种预埋凹槽示意图（尺寸单位：mm）

②结构腋角与梁

对于结构腋角，出入口通道两侧均设置有离壁沟，其结构底板处的腋角应全部取消。集水坑、楼扶梯侧墙处不建议做结构腋角，这样不便于设备的安装。

对于结构梁，明挖车站的通道高度与公共区一般存在1.2m甚至更大的高差，这往往造成管线在通道口处有一个大的高差处理，后期装修也被动降低出入口标识等装饰。设计可以通过出入口通道局部抬高0.6m的方式，减缓两者之间的高差起伏，管线由公共区进入出入口通道作两步降低标高，这样管线标高得以抬升，通道获得比较大的净空。这就需要结构梁在通道口上翻，预留足够的抬升空间。

4）小结

本节从出入口通道的宽度、爬坡段的标高取值、防烟及疏散、排水、专业衔接五个方面对出入口通道的设计要点进行归纳分析，着重设计的可操作性和要点的针对性。通过梳理，形成对出入口设计系统的重点把握。

3.3.2 车站资源开发及空间利用标准化

本节结合国内外轨道交通行业的经验，以青岛地铁1号线正阳路车站为例，对车站资源开发和空间利用需求及管理进行指导，对于提升青岛城市轨道交通形象，提升运营服务水平，营造人性化轨道交通环境，具有重要作用。

1）工程概况

正阳路站位于正阳路与中城路和德阳路交叉口，沿中城路南北向布置。车站总长499.0m，标准段宽22.9m。车站为14m站台的地下二层明挖岛式车站，有效站台长度为118m，车站由主体、附属和预留用房三部分组成，车站大里程端设有停车线，停车线上方设置资源开发区。1号线正阳路站近期设置4个车站出入口、2个安全出口、6个地铁预留用房出入口，3组风亭及2部无障碍电梯；远期M9号线车站设置3个出入口、2组风亭、1部无障碍电梯及1个安全疏散出入口。

2）标准化设计

车站资源开发区域分类见表3-12。

车站资源开发区域的分类　　　　　　　表3-12

类型	位置	规范要求
小型便民服务区	车站站厅非付费区、乘客疏散区外	• 每个站厅商铺的总建筑面积不大于100m²，单处商铺的建筑面积不应大于30m²； • 采用耐火极限不小于2h的防火隔墙或耐火极限不小于3h的防火卷帘与其他部分分割； • 设置火灾自动报警系统和灭火系统
大型空间开发利用区	车站站厅的上层或下层设置	• 严禁采用中庭连通； • 连通的楼梯或扶梯的开口部位设置耐火极限不小于3h的防火卷帘，并分别由地铁和资源开发的场所控制； • 其他临界面设置防火墙
	站厅层与站台层之间设置	• 站台至站厅楼梯或扶梯不应与资源开发区域连通； • 临街面设置无门窗洞口防火墙
	站厅公共区同层布置	• 区域分割采用防火墙 • 相互间采用下沉广场或连接通道等方式连通

（1）小型便民服务区

①在车站站厅层两端应各设置一个不大于30m²的独立房间，作为小型便民服务区。

②在满足车站功能和不影响客流的前提下，小型便民服务区宜优先考虑设置在站厅层

端墙上。

③小型便民服务区的顶、地、墙的材料与周边的相同。

④装饰后净高度大于 2.8m。

⑤在民用通信机房与便民服务区之间敷设一根 8 芯非屏蔽双绞线并成端，用于代替电话线。双绞线需穿聚氯乙烯（PVC）管布放。

⑥消防报警、灭火等设备从车站消防报警系统接入。

⑦按车站标准接入通风排烟、空调系统。

⑧每个小型便民服务区设 1 个电源容量为 20kW 的配电箱。

（2）大型空间开发利用区

①建筑装修要求：

a. 有条件的车站（配线站、多层车站等）应对车站空间进行合理的综合利用，并独立设置防火分区。

b. 车站内集中设置的综合利用空间应独立设置出入口和风井，与车站公共区的连接宜采用通道形式，并以特种防火卷帘（耐火极限不小于 3h）进行分割，与车站其他房间采用防火墙分割，其专用的出入口需满足地下商场相关消防设计规范。

c. 对车站内整层或配线上方的地下空间，应根据相应的功能配置风、水、电容量，并同步设置该部分空间所需的风井、出入口、冷却塔等地下空间利用必备的设施。

d. 楼板活荷载满足 $0.4kN/m^2$。

e. 墙、顶、地按照站厅标准进行装修。

f. 装修后净高度大于 2.8m。

②空调与通风系统的要求：

a. 按经营需求独立配置空调。

b. 经营场地、专用机房、管理用房应分设空调小系统。

c. 每 $20m^2$ 设有送、排风口。

d. 根据业态需求设置专用排烟系统。

e. 根据《民用建筑电气设计标准》（GB 51348—2019）进行照明设计。

③消防系统要求：

a. 按照消防规范设置独立火灾自动报警系统（FAS）。

b. 按照消防规范设置独立消防栓、水喷淋灭火系统。

c. 按照消防规范设置独立应急照明系统。

d. 按照消防规范设置独立应急广播系统。

④给排水系统要求：

a. 生活生产供水管道内径不小于 50mm。

b. 排水管道管内径不小于 100mm。

c. 排污管道管内径不小于 100mm。

⑤通信系统（电话、宽带）要求：

a. 民用通信机房与大型空间开发利用区专用机房之间敷设一根 12 芯低烟无卤阻燃光缆并成端。光缆的光纤规格采用 1550mm 波长、内径 9/10μm 的单模光纤，光缆选用松套管层绞填充式金属加强芯加铠装类型。

b. 民用通信机房与大型空间开发利用区专用机房之间布放一根 50 对电话电缆并成端。

⑥大型空间开发利用区域配电要求：

a. 大型空间开发利用区设施非消防电源按三级负荷供电。

b. 大型空间开发利用区域宜按建筑面积或经营用房需求进行供配电设计。

c. 大型空间开发利用区用电容量按建筑面积 × 0.25kW（不含空调通风、照明配电）设计。

d. 大型空间开发利用区总用电量在 500kW 及以下的区域，由车站降压变电所统一进行配电，单台配电变压器容量不宜超过 1600kVA；总用电量超过 500kW 的区域，车站需增设跟随式变电所；跟随式变电所单台配电变压器安装容量不宜超过 1250kVA。

e. 跟随式降压变电所总进线处应设置智能电度计量表。

f. 大型空间开发利用区域内适当配置 10A 单相插座（均匀分布）。

g. 为便于变电所及车站动力照明专业合理准确地完成资源开发部分配电设计，资产公司应及时提供详细的设备用电负荷资料给相关车站动力照明专业。

⑦其他：

a. 按照车站规范设置设备控制系统（BAS）。

b. 按照车站规范设置电视监控系统。

c. 综合开发区域设置配套的广播和视频监控系统，并纳入运营通信的控制范围。

（3）相关设计的管理流程

车站的资源开发设计与资产公司的开发需求密切相关。因此，资产管理公司应当在各设计阶段正式介入车站设计，对设计单位提交的方案图纸进行会审，提出具体要求。

①初步设计阶段：

a. 确定设置便民服务用房的车站。

b. 确定成片空间利用的车站，并确定资源开发的位置和规模。

②施工设计阶段：

a. 对初步设计的内容再度明确。

b. 确定每座车站小型便民服务区的位置和规模。

c. 确定成片空间利用区域的业态组成。

③装修设计阶段：

a. 明确每一处便民服务区的具体装修要求。

b. 明确每一处空间利用车站的具体配套要求。

c. 对所有相关装修图纸进行审核会签。

正阳路站小型便民服务区与大型空间开发利用区如图 3-35 所示。

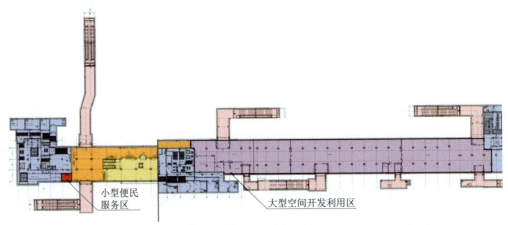

图 3-35　正阳路站小型便民服务区与大型空间开发利用区示意图

3）小结

车站资源开发及空间利用标准化主要从用电、消防、装修、给排水、通信等方面提供指导建议，并对闲置空间资源的设计流程进行梳理明确。此方案具备较好的应用价值，可在以后的工程中推广应用。

第4章

基坑支护形式及设计创新

在青岛地铁 1 号线的建设过程中，明挖基坑数量多，基坑平面形状多样，基坑深度差异大，主体围护结构基坑从十余米到三十余米，附属结构基坑深度从几米到十几米。基坑穿越地层多样，存在多种不同地层的组合，如城阳区范围的文阳路站、正阳路站等，整个车站范围均为第四系土层；市北区范围内的海泊桥站明挖基坑、北岭站外挂段基坑等，上层边坡为第四系土层、下层边坡为中微风化岩。

根据基坑深度、地层组合情况、基坑形状、基坑周边环境等因素，在 1 号线的建设过程中采用了传统的大直径灌注桩深桩支护形式，同时在土岩结合地层中使用了吊脚桩支护形式，在浅层的附属结构基坑中使用了水泥土搅拌墙+型钢的支护形式，在薄土层基坑采用大直径钢管桩的支护形式，在中微风化岩层中采用小直径钢管桩的支护形式等。

本章依托青岛地铁 1 号线，对其在基坑支护设计方面的创新设计进行介绍，首次将 TRD 墙插型钢支护结构和搅喷桩插型钢基坑支护成功应用于青岛地铁，并取得了较好的经济工期效益，可供类似地层基坑设计参考。

4.1 基坑支护设计原则及标准

（1）应满足基坑设计使用年限。基坑支护结构的设计使用期限不应小于 1 年。一般情况下主体结构明挖基坑设计使用期限可规为定为 2 年，附属结构明挖基坑设计使用期限可规定为 1 年，明挖区间结构基坑的设计使用期限可根据工程规模及实际情况规定为 1~2 年。

（2）应满足以下功能需求：①保证基坑周边建（构）筑物、地下管线、道路的安全和正常使用；②保证主体地下结构的施工空间。

（3）基坑支护结构应按承载能力极限状态和正常使用极限状态进行设计。

（4）当出现下列状态之一时，应判定为达到了承载能力极限状态：①支护结构构件或连接因应力超过材料强度而破坏，或因过度变形而不适于继续承载；②支护结构转变为机动体系，支护结构或结构构件丧失稳定；③支护体或土体因土中剪应力达到其抗剪强度而发生滑动、隆起、推移、倾覆、滑移；④地下水渗流引起土体渗透破坏。

（5）当出现下列状态时，应判定为达到了正常使用极限状态：①造成基坑周边建（构）筑物、地下管线、道路等损坏或影响其正常使用的支护结构位移；②因地下水位下降、地下水渗流或施工因素而造成基坑周边建（构）筑物、地下管线、道路等损坏或影响其正常使用的土体变形；③影响主体地下结构正常施工的支护结构位移；④影响主体地下结构正常施工的地下水渗流。

（6）基坑支护设计时，应根据基坑的开挖深度 h、邻近建（构）筑物及管线与坑边的相对距离比α和工程地质、水文地质条件，按破坏严重程度划分基坑侧壁的安全等级，见表4-1。对同一基坑的不同部位，可采用不同的基坑侧壁安全等级。

基坑侧壁安全等级　　　　　　　　　　　　　　　　　表 4-1

开挖深度h（m）	环境条件与工程地质、水文地质条件								
	α<0.5			0.5≤α≤1.0			α>1.0		
	Ⅰ	Ⅱ	Ⅲ	Ⅰ	Ⅱ	Ⅲ	Ⅰ	Ⅱ	Ⅲ
h>15	一级	一级	一级	一级	一级	一级	一级	一级	一级
10<h≤15	一级	一级	一级	一级	一级	二级	一级	二级	二级
h≤10	一级	二级	二级	二级	二级	三级	二级	三级	三级

注：1. h为基坑开挖深度（m）。

2. α为相对距离比，α = x/h_a。即管线、邻近建（构）筑物基础边缘（桩基础桩端）离坑口内壁的水平距离与基础底面距基坑底垂直距离的比值。

3. 工程地质、水文地质条件分类：

Ⅰ（复杂）——岩土质差、地下水对基坑工程有重大影响；

Ⅱ（较复杂）——岩土质较差，基坑侧壁有易于流失的粉土、粉砂层，地下水对基坑工程有一定影响；

Ⅲ（简单）——岩土质好，且地下水对基坑工程影响轻微。坑壁为多层土时可经过分析按不利情况确定工程地质、水文地质条件类别。

4. 如邻近建（构）筑物为价值不高、待拆除或临时性的，管线为非重要干线，一旦破坏没有危险且易于修复，则α值可提高一个范围值；对变形特别敏感的邻近建（构）筑物或重点保护的古建筑物等有特殊要求的建（构）筑物，当基坑侧壁安全等级为二级或三级时，应提高一级安全等级；当既有基础（或桩基础桩端）埋深大于基坑深度时，应根据基础距基坑底的相对距离、基底附加应力、桩基础形式以及上部结构对变形的敏感程度等因素，综合确定α值范围及安全等级。

5. 同一基坑周边条件不同可划分为不同的基坑侧壁安全等级。

6. 当基坑支护结构作为地下建筑结构的一部分时，基坑侧壁安全等级应为一级。

（7）支护结构设计应根据基坑侧壁安全等级确定结构重要性系数γ_0，安全等级为一级时取$\gamma_0 = 1.1$；安全等级为二级时取$\gamma_0 = 1.0$；安全等级为三级时取$\gamma_0 = 0.9$。

（8）换乘车站分期修建时，近期车站设计应统筹考虑两站施工方法协调、结构连接、预留接口及措施等，尽量做到远期施工简便、综合工程投资节省，将远期车站的施工风险和对既有地铁正常运营影响减到最小。

4.2　典型基坑支护形式及适用条件

支护结构选型时，应综合考虑以下因素：

①基坑深度；

②岩土的性状及地下水条件；

③基坑周边环境对基坑变形的承受能力及支护结构一旦失效可能产生的后果；

④主体地下结构及其基础形式、基坑平面尺寸及形状；

⑤支护结构施工工艺的可行性；

⑥施工场地条件及施工季节；

⑦经济指标、环保性能和施工工期。

青岛地铁1号线区间总长50.6km，其中暗挖区间长19km（单洞多线大断面区间7.1km），TBM段区间长14.6km，复合式盾构段区间长16.7km，明挖段区间长360m。1号线明挖车站典型支护形式见表4-2。

1号线明挖车站典型支护形式　　　　　　　　　表4-2

车站名称	基坑位置	基坑概况	地质描述	支护形式
峨眉山路站	主体基坑	宽度：47.7～47.9m 深度：17.55～24.22m	基坑底主要位于微风化凝灰岩中，少部分位于微风化泥质粉砂岩中，地下水以基岩裂隙水为主，水量不大	基坑南、北支护采用φ127mm×5mm小直径微型钢管桩超前支护并设置锚索（锁）；车站大里程围护桩采用φ800mm吊脚桩，设置4～5道锚索，基坑下部采用φ127mm×5mm微型钢管桩超前支护+挂网锚喷
	A出入口	基坑最大深度16.0m	基坑底主要位于微风化凝灰岩中，地下水以基岩裂隙水为主，水量不大	基坑支护采用φ127mm×5mm 微型钢管桩超前支护并设置3～5道锚杆（锁）
	D出入口及1号风亭基坑	基坑最大深度18.8m		
石油大学站	主体基坑	地下三层明挖车站，主体基坑宽25.6～29.8m，基坑深度约22.7m	本站站位处地层自上而下为杂填土、粗砂、粉质黏土，其下为中风化带和微风化带。底板主要位于微风化层中，地下水主要为第四系孔隙水	车站采用桩撑+岩石锚杆支护体系，上部基坑采用直径1m间距1.6m的吊脚桩（钻孔灌注桩），设置一道混凝土支撑，支撑水平间距9m；锚索（杆）竖向间距约2m，桩间布置；基坑外侧设置φ1000mm@750mm旋喷桩止水帷幕进行止水
	附属基坑（D口及1号风道、B口及2号风道）	—		采用"单排微型钢管桩+锚索"支护，大直径微型钢管桩φ377mm 壁厚9mm，桩心距0.8m
	附属基坑（A出入口及C出入口）	—		采用"双排排微型钢管桩+钢支撑"支护，大直径微型钢管桩φ377mm 壁厚9mm，桩心距0.8m
井冈山路站	主体基坑	主体围护基坑长主体围护基坑长240.4m，宽26.8～49.2m	基坑底主要位于中、微风化层，站位地质条件上软下硬，水量中等	采用钻孔桩+预应力锚索+岩石锚杆的形式。主体围护桩采用φ1000mm钻孔灌注桩，嵌固深度为中风化层2.5m，微风化1.5m，基坑上部采用预应力锚索，吊脚桩下设锁脚锚索，基坑下部采用岩石锚杆。桩外设φ1000mm@750mm旋喷止水帷幕，插入强风化层0.5m。坑内采集水明排的形式，上部基坑采用旋喷桩止水，下部基坑采用泄水孔
胜利桥站	主体明挖段基坑	—	—	围护桩+内支撑（外侧TRD止水）

续上表

车站名称	基坑位置	基坑概况	地质描述	支护形式
胜利桥站	设备外挂段明挖段基坑	—	—	围护结构双排围护结构，靠近路面控制沉降，减少使用第二道钢支撑。围护结构采用钻孔桩ϕ1000mm@1400mm+850mm厚水泥土墙，内插HN700mm×300mm×13mm×24mmH型钢，型钢中心距1000mm；围护桩D1000mm@1400mm+850mm厚水泥土墙；冠梁尺寸分别为1300mm×800mm、3100mm×800mm、2875mm×800mm。双排围护基坑竖向设一道混凝土支撑；部分基坑内部设两道支撑，第一道为混凝土支撑800mm×800mm，支撑在冠梁上；第二道为混凝土支撑（800mm×800mm），支撑在混凝土腰梁（1000mm×1000mm）上
南岭路站	车站主体结构基坑	基坑标准段开挖宽度为20.1m，长度约207.5m，基坑深度约18.25m；大里程端头盾构始发加宽段开挖宽度25.7m，长度约14.7m，基坑深度约19.07m	本站站位处地层自上而下为杂填土、素填土、粗砂、粉质黏土，其下为强风化带、中风化带和微风化带。底板主要位于中、微风化层中，地下水主要为第四系孔隙水及基岩裂隙水，水量中等	围护结构采用ϕ1000mm@1400mm钻孔桩+850mmTRD止水帷幕，桩顶冠梁1000mm×1700mm兼作抗浮压顶梁；基坑内竖向设三道支撑，第一道支撑为800mm×1000mm的混凝土支撑，第二、三道为ϕ609mm钢支撑
南岭路站	C1出入口基坑	基坑长约50.14m，开挖宽度8.0~13.52m，开挖深度2.17~13.07m	附属结构所处地层自上而下为素填土、粉质黏土、粗砂、强风化流纹岩，地下水主要为第四系孔隙水，水量较大	采用850mmTRD墙插型钢（型钢间距800mm，局部600mm）+钢支撑支护形式，桩顶冠梁800mm×1200mm，基坑内竖向设两道ϕ609mm钢支撑，局部设倒撑
南岭路站	C2出入口基坑	基坑长约41.60m，开挖宽度约7.4m，开挖深度11.635~13.535m		采用850mmTRD墙插型钢（型钢间距800mm，局部600mm）+钢支撑支护形式，桩顶冠梁800mm×1200mm，基坑内竖向设两道ϕ609mm钢支撑，局部设倒撑
瑞金路站	A出入口明挖段	基坑长50.5m，基坑标准段宽8m，基坑标准段深度约13.6m	附属结构所处地层自上而下地层主要为素填土、强风化火山角砾岩、中风化火山角砾岩，场区地下水主要类型为基岩裂隙水，水量一般	围护结构采用ϕ219mm×16mm@500mm的钢管桩，第一道及局部第二道支撑采用325mm×6mm钢管撑，其余采用3ϕ_s15.2mm锚索，水平间距1.5m，竖向间距2.0~2.5m
瑞金路站	B出入口明挖段	基坑长60.5m，基坑标准段宽8.2m，基坑标准段深度约为13.1m		围护结构采用ϕ219mm×10mm@750mm的钢管桩，3ϕ_s15.2mm/2ϕ_s15.2mm锚索，水平间距1.5m，竖向间距2.0~2.5m
汽车北站	A出入口基坑	基坑长约58.06m，基坑开挖宽度约5.2m，基坑开挖深度2.96~6.2m，局部深度约为9.67m	附属结构所处地层自上而下为素填土、粉质黏土、中砂~粗砂、强风化安山岩，基底主要位于粉质黏土层，地下水为第四系孔隙潜水和基岩裂隙水，水量较大	基坑的围护结构采用搅喷桩插型钢工艺，搅喷桩采用ϕ1000mm@700mm，内插HN700mm×300mm×13mm×24mmH型钢。冠梁设计为800mm×1400mm，围护结构内支撑设一道钢支撑+一道倒撑（局部）
汽车北站	B出入口基坑	基坑长约50.11m，基坑开挖宽度7.4~10.2m，基坑开挖深度2.37~8.2m，局部深度约11.49m		基坑的围护结构采用搅喷桩插型钢工艺，搅喷桩采用ϕ1000mm@700mm，内插HN700mm×300mm×13mm×24mmH型钢，桩端进入强风化不小于1m。冠梁设计为800mm×1400mm，围护结构内支撑设两道钢支撑+一道倒撑（局部）

4.2.1 吊脚桩支护形式

青岛大部分地区基岩埋藏较浅，工程地质条件相对较好，第四系沉积物主要分布在河流及地势低洼处。在建的青岛地铁线路明挖基坑的施工中地质条件比较复杂，特别是大部分明挖基坑既有第四系土层，甚至是高腐植垃圾土以及海相沉积的软土（如北站），又存在较为坚硬的花岗岩地层，基坑的地质条件自上而下一般分布为素填土等第四系土层、强风化岩、中等风化岩、微风化岩等，即"上土下岩"的地层，或者称为土岩复合地层（土岩结合二元结构地层）（图 4-1）。而地铁修建的区域往往是城市中心，由于建设环境复杂，周围建筑物林立，管线众多，且距基坑开挖面较近，因此，考虑其对周围环境的影响，在基坑开挖时，对基坑稳定及变形的要求非常严格。

图 4-1 典型上软下硬地层

针对上述青岛地区的地质特点，青岛地区深基坑主要采用吊脚桩支护体系（图 4-2、图 4-3），即桩体下端嵌入中风化或微风化岩石，考虑到经济及施工因素，其嵌入岩石的深度是有限的，但基坑底面则在基岩以下数米，当基坑开挖到基底时，支护桩桩脚则似吊在空中，即为俗称的"吊脚桩"。在设计施工时，往往在桩体嵌岩面往下预留一定宽度的岩肩来支撑桩脚，但由于空间的限制，预留岩肩的宽度不能太大，因此，其对桩脚的嵌固力有限，一般设计时在桩脚处增加一道锚杆来弥补岩肩嵌固力的不足。

随着青岛地铁工程建设的推进和开展，对于青岛特有的"上土下岩"地层深基坑设计施工的研究进一步加强，其中对吊脚桩的应用更加广泛。

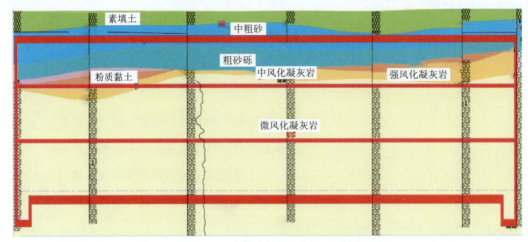

图 4-2　吊脚桩支护地质剖面示意图

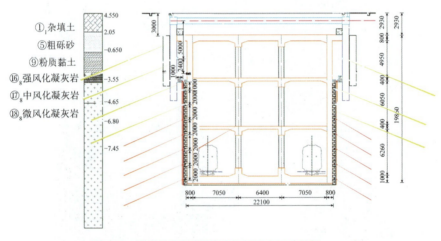

图 4-3　吊脚桩支护横剖面示意图（尺寸单位：mm）

吊脚桩支护主要技术标准：

（1）支撑桩脚的岩肩宽度宜为 1000mm，且嵌固岩肩应为完整的中风化或微风化岩层，碎裂岩不得作为吊脚桩嵌固岩肩。

（2）吊脚桩岩肩上部设置钢筋混凝土锁脚梁，锁脚梁根据岩面起伏采用台阶式做法，在桩间设置一道预应力锁脚锚索保护桩脚。

（3）吊脚桩下部岩石基坑第一、二道支护采用预应力锚索，在支护下部基坑的同时也起到保护桩脚的作用。

（4）锁脚锚索及保护桩脚的下部基坑锚索，入射角度宜为 15°，锚索自由段不小于 6m，锚固段不小于 5m。

（5）吊脚桩支护体系中另一项非常重要的安全指标就是桩体的入岩深度，入岩深度对吊脚桩变形及受力有着较大的影响，减少入岩深度，基坑安全性降低，增加入岩深度则增加投资和现场施工难度。故提出合理的吊脚桩入岩深度，是控制工程风险、减少工程投资、提高施工效率的有效办法。

（6）为保证吊脚桩体系的安全可靠，桩体必须嵌入完整岩石中，若遇到碎裂岩则应加长桩体穿过碎裂岩，不得采用碎裂岩体作为吊脚桩的嵌固岩土。

（7）桩体嵌入岩石的深度为中风化岩 2500mm，微风化岩 1500mm，不得采用第四系软土或者强风化岩作为吊脚桩的嵌固岩层。

4.2.2 小直径钢管桩

1）适用条件

适用于地质情况较好的岩质边坡地层，钢管桩为超前支护作用，一般配合预应力锚索及锚杆形成多支点锚拉支护形式。

2）受力分析

采用岩质边坡模块进行受力分析，模块计算时不考虑钢管桩本身的刚度，仅仅考虑锚索及锚杆提供的锚拉作用进行受力分析。典型支护如图 4-4 所示。

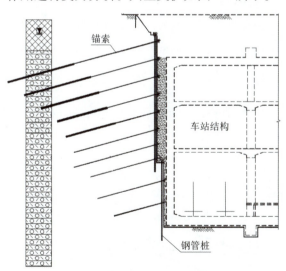

图 4-4 小直径钢管桩典型支护示意图

3）注意事项

（1）选择使用小直径钢管桩对于地层的判断尤为重要，应在仔细熟读地勘报告后进行支护方案的严选。

（2）对于不同的地质情况选取合适的钢管桩，青岛地区通常选择直径为 108mm、127mm、146mm 等的钢管桩，内部灌注水泥浆增加刚度。

(3)微型桩施工放线时,应考虑微型桩和主体结构等各种施工误差及外包防水层的厚度,适当外放,确保微型桩不侵入车站基坑一侧,确保主体结构尺寸且不侵入限界。

(4)微型桩应按要求嵌入相应土层一定深度。当遇到断裂带、破碎带等构造地质土层时,应穿透该层,保证桩在所要求土层中的嵌固深度。

4.2.3 大直径钢管混凝土桩

1)适用条件

可广泛使用于地质条件相较差但工期要求紧张及施工场地环境严苛的工况,其受力特点为钢管桩参与结构受力。

2)受力分析

采用理正深基坑模块进行受力分析,受力考虑钢管桩及钢管桩内混凝土叠加刚度进行计算。

3)围护措施特点

大直径钢管混凝土桩刚度相对较大,适用地层相对广泛,可配合锚杆及钢支撑使用,造价高于同等地层下的混凝土支护桩。

传统大直径的混凝土钻孔桩占用场地大,冲击成孔振动干扰大,扩孔严重,废水泥浆排放量大,容易导致围护桩侵限,且围护桩成孔速度缓慢,影响施工工期。大直径钢管混凝土桩支护因其直径相对较小、相对刚度大、施工场地占地小、施工速度快、成孔质量高、对周边环境影响小,便于在复杂的城市环境下施工等优势,在基坑、边坡等防护工程中被广泛采用。大直径钢管混凝土桩典型支护如图4-5所示。

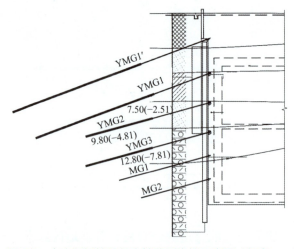

图4-5 大直径钢管混凝土桩典型支护示意图(标高:m)

4）注意事项

（1）钢管施工（图4-6）时应选取对应钢套管跟进施工，钻机定位应准确、竖直、稳固。

（2）钢套管跟进前，应在钢套管侧壁钻孔，钻孔间距1m，孔径30mm，呈螺旋形布置，相邻孔水平面投影夹角为120°。

（3）钢套管内灌注C30水下微膨胀混凝土填充，钻孔与钢套管之间的空隙用M15水泥砂浆进行填充并保证密实度。

（4）钻进过程中，每钻进2~3m，应检查钻孔直径和竖直度。若发现桩位不正或倾斜，应调整或重新钻孔施工。

图4-6 现场施工情况

4.3 青岛地铁首次应用TRD插型钢支护结构

TRD工法是将满足设计深度的附有切割链条以及刀头的切割箱插入地下，在进行竖向切割横向推进成槽的同时，向地基内部注入水泥浆以达到与原状地基充分混合搅拌的效果，在地下形成等厚度连续墙的一种施工工艺。该工法起源于日本，主要应用在各类建筑工程、地下工程、护岸工程、大坝、堤防的基础加固、防渗处理等方面。

4.3.1 适用条件

（1）适应地层：广泛适用于各种第四系地层（标准贯入值N平均为70击以上、粒径大于100mm卵砾石层等地层除外）；还可适用于无侧限抗压强度不大于5MPa的软岩层。

（2）施工场地条件：TRD机械整机尺寸一般为长度10.2m、宽度7.4m、高度13m，故施工通道宽度应大于10m，施工净空高度应大于13m。

（3）周边环境要求：因TRD墙施工时为连续施工，遭遇地下管线等障碍物时需提刀躲避，将降低施工效率、增加工程造价，同时还需另行在管线处施工钻孔桩+旋喷桩止水帷幕，费时费力，故附属基坑施工较多管线不能迁改时，不宜采用TRD插型钢工法；相比钻孔桩，TRD插型钢工法支护刚度小，不适用于周边环境保护要求较高的基坑。

（4）基坑自身情况：结合当前国内应用经验，TRD插型钢工法适用的基坑深度不宜超过12m；由于TRD机械连续施工最大转角为165°，小于此角度的转角需进行提刀作业，费时费力，故形状不规则、转角较多的附属基坑不宜采用此工法。

4.3.2 设计参数

1）墙体厚度及深度

成墙厚度通常为550mm、700mm、850mm，对于深度约10m的车站附属基坑，墙厚取850mm；最大施工深度达60m，附属基坑设计为落底式止水帷幕时，TRD墙应插入隔水层一定深度（若隔水层为基岩，应插入强风化岩层不小于1m，并遇中风化岩层截止），若为悬挂式止水帷幕，TRD墙深度应满足抗渗流稳定性要求，并应比型钢插入深度至少大0.5m。

2）型钢规格

内插型钢宜采用Q235B或Q345级钢，其规格宜符合以下规定：

（1）墙体厚度为550mm时，内插型钢截面宜采用H400mm×300mm、H400mm×200mm。

（2）墙体厚度为700mm时，内插型钢截面宜采用H500mm×300mm、H500mm×200mm。

（3）墙体厚度为850mm时，内插型钢截面宜采用H700mm×300mm，推荐采用常见的HN700mm×300mm×13mm×24mm型钢。

3）型钢间距及插入深度

对于H700mm×300mm型钢，水平间距不应小于0.5m，宜取0.6~1.2m，在基坑局部加深、周边环境要求高、位移控制严格、基坑转角范围内及平面形状复杂等段落应加密型钢，基坑转角处应设置1根型钢。由于青岛地铁尚缺少TRD内插型钢的应用经验，目前H700mm×300mm型钢间距一般取1.0m，加密段一般取0.6m，后期可在总结现场应用经验的基础上适当加大间距，以节省投资。

型钢插入深度应根据基坑稳定性计算确定，同时满足在第四系土层中型钢插入基底以下深度不小于5.5m。

4）墙身混凝土

墙身采用普通硅酸盐水泥，水泥强度等级不低于PO42.5级，水泥掺入比不宜小于25%，水灰比宜取1.0~2.0；水泥土的28d无侧限抗压强度标准值不应小于1.0MPa。材料用量及水灰比应结合土质条件、要求的水泥土强度等通过现场试验优化确定。水泥土搅拌墙达到设计强度和龄期后方可开挖基坑。

5）抗渗要求

水泥土搅拌墙的抗渗性能应满足墙体自身防渗要求，渗透系数不大于10^{-7}cm/s。

4.3.3　计算分析

（1）TRD 内插型钢工法结合内支撑或锚杆支护时，设计计算应符合现行《建筑基坑支护技术规程》(JGJ 120) 中支挡式结构的相关规定，计算与验算内容包括：①型钢水泥土连续墙内力及变形计算；②基坑整体稳定性验算；③抗隆起稳定性验算；④抗渗流稳定性验算；⑤抗倾覆稳定性验算；⑥水泥土局部抗剪承载力验算；⑦型钢回收时，还应进行型钢起拔计算。

（2）除抗渗流稳定性按水泥土搅拌墙深度验算外，TRD 插型钢工法其余稳定性验算只考虑型钢作用，不计入水泥土的影响。

（3）TRD 插型钢工法计算分析时，作用在围护墙的弯矩全部由型钢承担，不考虑水泥土的作用；合理控制内插型钢的应力水平，型钢应力不应超过其设计强度值的 70%。

（4）围护结构计算推荐采用"理正深基坑 7.0"模拟基坑开挖及回筑全过程，按荷载增量法原理进行内力、位移分析和整体稳定性验算，完成围护桩的入土深度、稳定性、位移、受力及配筋计算。

4.3.4　构造要求

1）型钢与冠梁的连接构造

TRD 内插型钢冠梁截面高度不应小于 600mm，截面宽度宜比型钢高度大 500mm；对于 H700mm × 300mm 型钢，冠梁尺寸一般取 800mm × 1200mm；为便于后期拔出，型钢应比冠梁顶面高不小于 500mm，冠梁及配筋如图 4-7 所示。

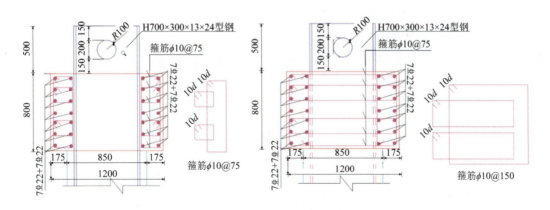

a) 冠梁及配筋图（适用于 H 型钢位置）　　b) 冠梁及配筋图（适用于 H 型钢之间）

图 4-7　TRD 内插型钢冠梁及配筋示意图（尺寸单位：mm）

2)型钢与钢腰梁的连接构造

TRD 内插型钢工法结合内支撑设置时,必须采取可靠的支托和连接措施,确保内支撑与钢腰梁的稳定。通常,明挖附属基坑内支撑采用ϕ609mm钢支撑、钢腰梁采用双拼 I45 工字钢,H700mm×300mm型钢与钢腰梁的连接构造如图 4-8 所示。

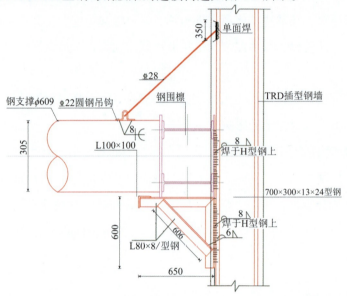

图 4-8 型钢与钢腰梁的连接构造示意图(尺寸单位:mm)

3)TRD 墙转角加强构造

为保证转角处 TRD 墙的成墙质量及截水效果,转角处宜采用"十"字接头的形式,即在接头处两边各多施工 1m,接头冷缝处宜采用ϕ1000mm 的旋喷桩进行抗渗补强。为保证转角处的刚度,在转角处应增设 1 根斜撑型钢;基坑转角处两侧一定范围内型钢间距宜适当加密,尤其是基坑阳角处,加密范围可取每侧 2m。TRD 墙转角处加强构造如图 4-9 所示。

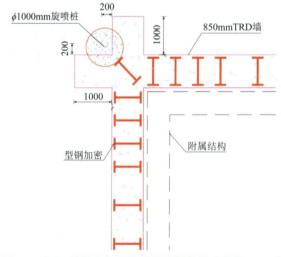

图 4-9 TRD 墙转角加强构造示意图(尺寸单位:mm)

4）TRD 墙与主体止水帷幕接缝处加强止水措施

附属 TRD 墙与主体止水帷幕接缝处，采用 3～6 根 ϕ800mm 高压旋喷桩进行加强止水，如图 4-10 所示。

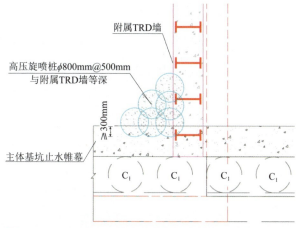

图 4-10　TRD 墙与主体止水帷幕接缝处加强止水示意图

4.3.5　施工技术要求及注意事项

1）技术要求

（1）水泥土搅拌墙成墙应采用三步施工法：先行挖掘、回撤挖掘、成墙搅拌，即锯链式切割箱钻至预定深度后，首先注入切割液先行挖掘一段距离，然后回撤挖掘至原处，再注入固化液向前推进搅拌成墙。

（2）水泥土搅拌墙中心线位置允许偏差值不大于 25mm，墙宽允许偏差值不大于 30mm，墙体垂直度允许偏差为 1/250。

（3）内插型钢平面位置：平行于基坑边线允许偏差值不大于 50mm，垂直于基坑边线允许偏差值不大于 10mm；内插型钢垂直度允许偏差为 1/250；型钢形心转角偏差不大于3°。

（4）内插型钢采用 Q235B 级钢，其规格及相关要求应满足现行《热轧 H 型钢和部分 T 型钢》（GB/T 11263）和《焊接 H 型钢》（YB 3301）。型钢宜采用整材，分段焊接时应采用坡口等强焊接。对接焊缝的坡口形式和要求应符合现行《钢结构焊接规范》（GB 50661）的有关规定，且焊缝等级不应低于二级。单根型钢连接接头不得超过 2 个，接头位置应避免设置在支撑或者开挖面等型钢受力较大处，型钢接头距离基坑底面以下不应小于 2m。相邻型钢的接头竖向位置宜相对错开，错开距离不应小于 1m。

（5）切割液的配合比应结合土质条件和机械性能指标通过室内试验和现场试验确定。其中，切割液的配置因地层而异，砂性地层可添加适量的颗粒调整材料，如优质斑土等。切割液与切割土体形成混合泥浆应符合下列要求：具备适度的流动性；泌水较小；砂砾成分的下沉较小。

（6）拟拔出回收的型钢，插入前应先在干燥条件下除锈，再在其表面涂刷减摩材料。完成涂刷后的型钢，在搬运过程中应防止碰撞和强力摩擦。减摩材料若有脱落、开裂等现象应及时补充。

（7）型钢插入时，链状刀具应移至对型钢插入无影响的位置。型钢宜在搅拌桩施工结束后 30min 内插入，插入前应检查其平整度和接头焊缝质量。型钢宜依靠自重插入，当型钢插入困难时可采用静力措施辅助下沉。严禁采用多次重复起吊型钢并松钩下落的插入方法。

（8）型钢插入应采用定位导向架，确保型钢插入质量。型钢插入到位后应控制型钢顶标高，并采取避免临近水泥土搅拌墙施工造成其移位的措施。

（9）型钢起拔宜采用专用液压起拔机，型钢起拔时应加强围护结构及周边环境的监测。

（10）型钢回收起拔后留下的空隙应及时用水泥砂浆填充，并应编制包括浆液配合比、注浆工艺、拔除顺序等内容的施工方案。

（11）水泥土搅拌墙、H 型钢与钢腰梁之间的空隙应采用钢楔块或 C30 细石混凝土填实。钢腰梁要设置可靠的防坠落措施。

（12）TRD 插型钢工法中的成墙期监控、成墙质量检验和基坑开挖期检查，应严格遵守《渠式切割水泥土连续墙技术规程》（JG/T 303—2013）的相关规定；TRD 插型钢工法基坑工程中的支撑系统、土方开挖等分项工程的质量验收，应符合现行《建筑地基基础工程施工质量验收规范》（GB 50202）和《建筑基坑支护技术规程》（JCJ120）等的有关规定。

（13）基坑开挖前应检验墙身水泥土的强度和抗渗性能，应采用 28d 后钻孔取芯的检验方法，取芯后的空隙应注浆填充。TRD 墙施工 28d 后，取芯检验数量及方法按一个独立延米墙身取样，数量为墙身平面总延米的 1%，且主体结构不应少于 5 处，每个附属结构不少于 1 处；每个取芯钻孔应根据土层分布和墙体所在位置的重要性，在墙身不同深度处取样，且在基坑坑底附近应设取样点，取芯数量不少于 5 组。

（14）其他未尽事宜应符合《渠式切割水泥土连续墙技术规程》（JG/T 303—2013）及其他国家规范、规程的相关规定。

2）施工注意事项

（1）TRD 插型钢工法施工前应掌握场地地质条件及环境资料，查明不良地质条件及地下障碍物的详细情况，编制施工组织设计方案，制订应急预案。

（2）正式施工前应选取代表性的场地进行现场成墙试验，根据试验结构优化，确定施工工艺及施工参数。

（3）当施工点周边有需要保护的对象时，应掌握被保护对象的保护要求，严格控制开挖长度，并结合监控量测通过试成墙确定施工参数。临近保护对象时，应控制切割机的推进速度，减小成墙过程对环境的影响。

（4）施工过程中产生的水泥土浆，应收集在导向沟内或现场临时设置的沟槽内，水泥土的处置应符合相关环保要求。

（5）TRD成墙施工前，应根据定位控制线开挖导向沟槽，并在沟槽边设置定位标志，并标出型钢插入位置。

（6）导墙可根据周边及地下环境条件进行设置，导墙宜高出地面100mm，导墙净距应比墙体设计厚度宽40～60mm。未设置导墙的，沟槽两侧应铺设路基箱或钢板。

（7）开放长度应根据周边环境、水文地质条件、地面超载、成墙深度及宽度、切割液及固化液的性能等因素，通过试成墙确定，必要时进行槽壁稳定分析。

（8）转角施工有墙内拔出与墙外拔出切割箱两种情况，在条件许可的情况下，尽可能采用墙外拔出切割箱。为保证接缝质量，施工时每道转角处都应向墙体外侧多施工1延米，形成"十"字形转角接头。接头冷缝处宜采用$\phi 1000mm$的旋喷桩进行抗渗补强。

（9）TRD墙体偏角小于15°情况下可不拔出切割箱，进行连续切割。

（10）应根据周边环境、土质条件、机具功率、成墙深度、切割液及固化液的供应状况等因素确定切割机的水平推进速度和链状刀具的旋转速度，步进距离不宜大于500mm。

（11）型钢插入过程沟槽应预留链状刀具养护的空间，养护段不得注入固化液，长度不宜小于3m，链状刀具端部和原状土体边缘的距离不应小于500mm。

（12）施工过程中应检查链状刀具的工作状态及刀头的磨损度，及时维修、更换和调整施工工艺。

（13）停机后再次启动链状刀具时，应符合以下规定：首先应在原位切割刀具边缘的土体；回行切割已施工的墙体长度不宜小于500mm。

（14）后续施工的墙体宜搭接已成型墙体不应小于500mm，严格控制搭接区域的推进速度，使固化液与混合泥浆充分混合搅拌，确保搭接质量。

（15）在硬质土层中切割困难时，可采用增加刀头布置数量、加长刀头、减少步进距离、上挖和下挖方式交错使用以及反复回行切割等措施。

（16）基坑开挖至中粗砂、粗砾砂等砂层时，应严格检查水泥土搅拌墙成墙质量，严密监测墙壁变形及开裂情况，一旦发现墙壁渗漏，应及时采取注浆等封堵措施，避免墙体止水失效，确保基坑安全。

（17）型钢拔出采用隔二拔一的顺序。型钢拔出时应控制起拔速度，继续对围护结构及周边环境进行监测，尽可能减少对周边环境的影响。

（18）TRD插型钢工法在青岛地区缺少施工经验，施工过程中应高度重视监控量测工作,特别是对围护桩变形、侧壁变形、开裂等项目应密切关注,发现监测项目超出正常值应及时启动预警,联系业主、设计、监理等各方研究处理。

4.4 青岛地铁首次应用搅喷桩插型钢支护结构

国内目前在土质地层中成熟的基坑支护形式有地下连续墙、钻孔桩＋高压旋喷桩、新型水泥土搅拌桩墙（SMW工法桩）等。其中SMW工法桩是在水泥土深层搅拌桩中插入型钢而形成的,该工法充分利用了水泥土的高止水性和型钢的强度与刚度,是一种噪声低、刚度大、止水性好的深基坑支护技术,但其施工场地较大,难以满足狭窄空间基坑支护的需要。传统的高压旋喷桩在不同地层中成桩效果良莠不齐,特别是在砂层、砂砾层中高压旋喷出的水泥浆喷出范围和密实度难以控制,桩体不易完全咬合,极易产生基坑渗漏水现象。改进的旋喷桩插型钢工法仅在上海、天津等地有少量应用。近年来,在保证工程质量的前提下,建设单位对工程造价、施工进度、环保等提出了更高的要求。而基坑支护高标准施工要求与国内传统施工工艺局限性的矛盾日益凸显,寻求一种高效的基坑支护工法迫在眉睫。

在此背景下,在青岛地铁建设过程中提出一种将传统的高压旋喷桩和普通搅拌桩合二为一的新工法,称为搅喷桩。该工法巧妙地将搅拌桩和旋喷桩的优点"嫁接"到具有强大动力和较好稳定性的长螺旋钻机,既解决了搅拌桩进尺困难问题,又克服了旋喷桩钻杆刚度不足、垂直度不易控制的缺点。由于喷嘴安装在搅拌头的最外侧,形成内搅外喷的水泥土桩。施工设备主要为长螺旋钻机及高压注浆泵,对场地范围要求较低。该工法克服了高压旋喷桩成桩过程中高压水及高压空气剪切力不足导致的未达到设计桩径而无法咬合的困难,亦避免了普通搅拌桩因喷浆压力不足而造成桩心外围无浆、成桩质量差等缺陷。

4.4.1 工艺介绍

搅拌桩和旋喷桩是两种常见的水泥土桩。搅拌桩是通过搅拌头切削土体并与水泥浆拌合而成,旋喷桩则是通过喷嘴的高速射流切削土体,并与水泥浆混合而成。二者的主要区别之一在于切削土体的方式不同,前者为硬切削,后者为软切削。两者桩型各有优点,在软土地区应用较为普遍,能够取得较好的社会效益和经济效益。

搅喷桩是一种将传统的高压旋喷桩和普通搅拌桩合二为一的新工法。采用子弹头钻头破碎强风化岩,直达中风化岩面。主要分为正转搅喷钻进、反转搅喷提升两个阶段。广泛适用于各种第四系地层（标准贯入值N平均为70击以上、粒径大于100mm卵砾石层等地层除外),还可适用于无侧限抗压强度不大于10MPa的强风化岩层。

4.4.2 受力机理

搅喷桩插型钢受力机理可类比搅拌桩插型钢,两者均为桩+型钢形式。作用于型钢水泥土搅喷桩的弯矩、剪力全部由型钢承担,同时应考虑型钢水泥土搅喷桩身局部受剪承载力,包括型钢与水泥土之间的错动受剪承载力和水泥土最薄弱截面处的局部受剪承载力。

4.4.3 围护结构设计

1)设计参数选取原则

(1)桩径选择:搅喷桩的直径宜采用 650mm、850mm 及 1000mm,内插型钢宜采用 H 型钢;对于车站附属结构基坑(基坑深度一般小于 15m),围护结构采用搅喷桩插型钢时,搅喷桩宜采用ϕ1000mm@700mm,内插HN700mm×300mm×13mm×24mm型钢。

(2)型钢布置形式及插入深度:型钢间距及平面布置形式应根据计算确定,常用的内插型钢布置形式为密插型、插一跳一型及插二跳一型(图 4-11)。内插型钢应均匀布置,内插型钢间距不宜超过 2b,即"跳一"布置,当出现特殊情况,需增大内插型钢间距时,应验算搅喷桩的局部受剪承载力。对于周边环境要求较高,桩身在粉质黏土、砂性土等透水性较强的土层中或对桩抗裂、抗渗要求较高时,宜增加型钢插入密度;基坑转角部位宜设置型钢。搅喷桩作止水帷幕时,应伸入不透水层不小于 1.5m,且宜比型钢插入深度深 0.5~1.0m。

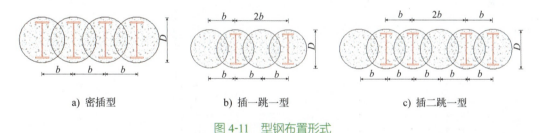

a) 密插型　　　　　b) 插一跳一型　　　　　c) 插二跳一型

图 4-11　型钢布置形式

(3)桩体参数:桩身采用普通硅酸盐水泥,强度等级不低于 PO42.5,水泥掺入比不宜小于 20%,水灰比宜取 1.5~2.0;搅喷桩 28d 无侧限抗压强度不宜小于 1.0MPa。材料用量和水灰比应结合土质条件和机械性能等指标通过现场试验确定。当桩体达到设计强度且龄期不小于 28d 时,方可进行基坑开挖。

(4)抗渗要求:搅喷桩抗渗能力应满足设计要求,即渗透系数应不大于10^{-7}cm/s。

2)计算分析

(1)搅喷桩插型钢作为支护结构时,其设计原则、荷载作用、承载力与变形计算和稳定性验算等应符合现行《建筑基坑支护技术规程》(JGJ 120)的有关规定，其计算与验算应包括：①内力和变形计算；②整体稳定性验算；③抗倾覆稳定性验算；④坑底抗隆起稳定性验算；⑤抗渗流稳定性验算；⑥土体反力安全系数计算；⑦基坑外土体变形估算。

（2）桩体计算抗弯刚度时，只应计算内插型钢的截面刚度。在进行支护结构内力和变形计算以及基坑抗隆起、抗倾覆、整体稳定性等各项稳定性分析时，支护结构的深度应取型钢的插入深度，不应计入型钢端部以下搅喷桩的作用。

（3）搅喷桩的入土深度，除应满足型钢的插入要求之外，尚应满足基坑抗渗流稳定性的要求。

（4）搅喷桩应对桩身局部受剪承载力进行验算。局部受剪承载力应包括型钢与水泥土之间的错动受剪承载力和水泥土最薄弱截面处的局部受剪承载力。

（5）围护结构计算采用"理正深基坑 7.0"软件模拟基坑开挖及回筑全过程，按荷载增量法原理进行内力、位移、整体稳定性验算等分析计算。

3）搅喷桩构造设计

（1）型钢与冠梁节点构造

冠梁截面高度不应小于 600mm，截面宽度宜比搅喷桩直径大 350mm。为便于后期拔出，型钢顶部高出冠梁顶面不应小于500mm，冠梁与型钢间的隔离材料应采用不易压缩的材料；冠梁的箍筋宜采用四肢箍，直径不宜小于8mm，间距不应大于200mm。由于内插型钢而未能设置封闭箍筋的部位宜在型钢翼缘外侧设置封闭箍筋予以加强，冠梁配筋如图 4-12 所示。

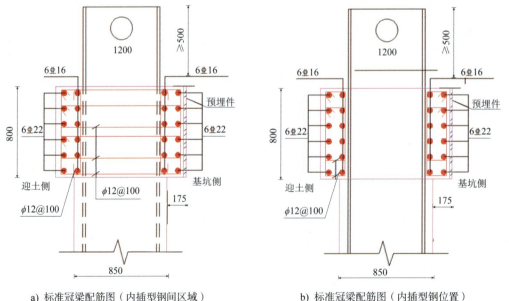

a) 标准冠梁配筋图（内插型钢间区域）   b) 标准冠梁配筋图（内插型钢位置）

图 4-12 内插型钢冠梁配筋示意图（尺寸单位：mm）

（2）型钢与钢腰梁节点构造

钢腰梁或钢筋混凝土腰梁应采用托架（或牛腿）和吊筋与内插型钢连接。搅喷桩、H型钢与钢腰梁之间的空隙应采用钢楔块或高强度等级细石混凝土填实。车站附属结构基坑中一般采用φ609mm钢支撑，钢腰梁采用双拼Ⅰ45工字钢，型钢与钢腰梁节点大样如图4-13所示。

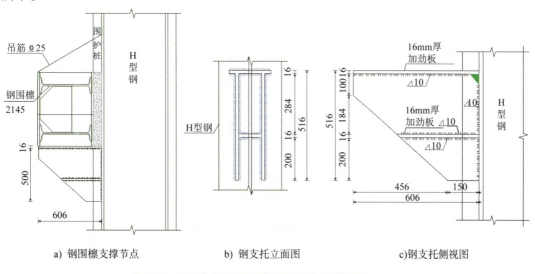

图 4-13 型钢与钢腰梁节点示意图（尺寸单位：mm）

（3）基坑转角加强构造

基坑转角部位（特别是阳角处）由于水、土侧压力作用受力集中，变形较大，宜插型钢增强墙体刚度，转角处的型钢宜按基坑边线角平分线方向插入（图4-14）。

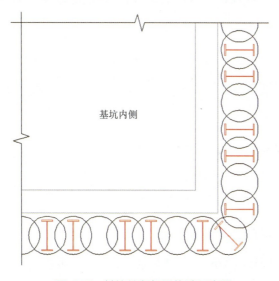

图 4-14 基坑转角加强构造示意图

（4）搅喷桩与车站主体止水帷幕接缝处加强止水措施

当搅喷桩与车站主体基坑围护结构共同作用时，在接缝交接处应采取补强止水措施，如图4-15所示。

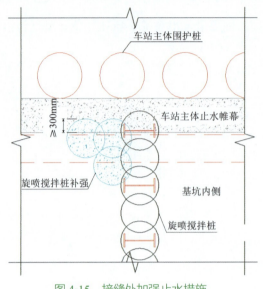

图4-15　接缝处加强止水措施

4.4.4　施工技术要求

1）搅喷桩施工要求

（1）搅喷桩的水泥用量及水灰比等参数宜根据墙体性能要求和土质条件由试验确定。当桩体达到设计强度且龄期不小于28d时，方可进行基坑开挖。

（2）搅喷桩应嵌入不透水层或强化岩层不小于1.5m，遇中风化层可截止。

（3）搅喷桩施工前，当缺少类似土性的桩体强度数据或需通过调节水泥用量、水灰比以及外加剂的种类和数量以满足桩体强度设计要求时，应进行桩体强度室内配合比试验，测定桩体28d无侧限抗压强度。

（4）搅喷桩施工方必须具有专业施工资质且有相关施工经验，并按照《建筑基坑支护技术规程》（JGJ 120—2012）的有关规定，确保搅喷桩不渗漏，如有渗漏，及时采取补救措施，保证基坑安全。

（5）施工前应掌握场地地质及环境资料，查明不良地质及地下障碍物的详细情况，编制施工组织设计方案，制订应急预案。清除地下的瓦砾、废管、木桩、混凝土块等杂物后方可施工。

（6）正式施工前应选取代表性的场地进行试成桩，据此确定施工机械、施工工艺及施工参数。

（7）浇注桩顶冠梁前，必须清理桩顶的残渣、浮土和积水。

（8）搅喷桩体的垂直度偏差不应大于1/200，内插型钢的垂直度偏差不应大于1/200。

2）型钢插拔施工要求

（1）拟拔出回收的型钢，插入前应先在干燥条件下除锈，在其表面涂刷减摩材料。完成涂刷后的型钢，在搬运过程中应防止碰撞和强力擦挤。减摩材料如有脱落、开裂等现象应及时修补。

（2）内插型钢的垂直度偏差不应大于1/200。

（3）当型钢采用钢板焊接而成时，应按照现行《焊接H型钢》（YB 3301）的有关要求焊接成型。

（4）型钢宜采用整材；当需采用分段焊接时，应采用坡口焊等强焊接。对接焊缝的坡口形式和要求应符合现行《钢结构焊接规范》（GB 50661）的有关规定，焊缝质量等级不应低于二级。单根型钢中焊接接头不宜超过2个，焊接接头的位置应避免设在支撑位置或开挖面附近等型钢受力较大处；相邻型钢的接头竖向位置宜相互错开，错开距离不宜小于1m，且型钢接头距离基坑底面不宜小于2m。

（5）型钢宜在搅喷桩施工结束后30min内插入，插入前应检查其平整度和接头焊缝质量。

（6）型钢的插入必须采用牢固的定位导向架，在插入过程中应采取措施保证型钢垂直度。型钢插入到位后应用悬挂构件控制型钢顶标高，并与已插好的型钢牢固连接。

（7）型钢宜依靠自重插入，当型钢插入有困难时可采用辅助措施下沉。严禁采用多次重复起吊型钢并松钩下落的插入方法。

（8）型钢拔除前搅喷桩与主体结构侧墙之间的空隙必须回填密实。在拆除支撑和腰梁时应将残留在型钢表面的腰梁限位或支撑抗剪构件、电焊疤等清除干净。型钢起拔宜采用专用液压起拔机。

3）施工工艺

搅喷桩施工工艺流程如图4-16所示，现场施工照片如图4-17所示。

图 4-16 搅喷桩施工工艺流程图

图 4-17 搅喷桩现场施工照片

4）质量验收

基坑开挖前应检验搅喷桩的桩身强度是否符合设计要求。搅喷桩的桩身强度宜采用浆液试块强度试验确定，也可以采用钻取桩芯强度试验确定。桩身强度检测方法应符合下列规定：

（1）浆液试块强度试验应取刚搅拌完成且尚未凝固的水泥土搅拌桩浆液制作试块，每台班应抽检 1 根桩，每根桩不应少于 2 个取样点，每个取样点应制作 3 件试块。取样点应设置在基坑坑底以上 1m 范围内和坑底以上最软弱土层处的搅喷桩内。试块应及时密封，水下养护 28d 后进行无侧限抗压强度试验。

（2）钻取桩芯强度试验应采用地质钻机并选择可靠的取芯钻具，钻取搅喷桩施工后 28d 龄期的芯样，钻取的芯样应立即密封并及时进行无侧限抗压强度试验。抽检数量不应少于总桩数的 2%，且不得少于 3 根。每根桩的取芯数量不宜少于 5 组，每组不宜少于 3 件试块。芯样应在全桩长范围内连续钻取的桩芯上选取，取样点应取沿桩长不同深度和不同土层处的 5 点，且在基坑坑底附近应设取样点。钻孔取芯完成后的空隙应注浆填充。

5）搅喷桩技术推广应用

搅喷桩止水帷幕较旋喷桩止水帷幕的成本节约 25%～30%。通过汽车北站附属围护结构采用搅喷桩插型钢工法，成桩效果较好，基坑变形在规范允许范围内，且基坑侧壁未见渗漏水。该工法有较好的止水兼挡土作用。

搅喷桩亦可单独做止水帷幕，可根据不同土质条件和防渗要求，设置不同桩长、桩距、桩径的搅喷桩；搅喷桩与围护桩组成的联合止水帷幕做止水兼挡土结构，使基坑止水帷幕的防渗能力得到大幅度的提高，同时可以降低工程造价，能保证施工质量的特点。建议后续工程可考虑作为主体基坑围护结构采用。

4.5 基坑施工过程中突发情况处理

1）地表裂缝

（1）工程概况

线路控制中心地下室西侧侧墙到车站结构距离为 0.5m，地下室东侧至区间二次衬砌结构距离为 34.5m，控制中心与车站东南侧基坑连通，控制中心先行开挖，车站、区间随后开挖。施工平面如图 4-18 所示。

图 4-18 施工平面示意图

控制中心基坑采用两级放坡 + 复合土钉墙的支护方式（一级坡坡率 1∶1+2 道全长黏结锚杆，二级坡坡率 1∶0.3+2 道锚索 +3 道全长黏结锚杆）。区间明挖段上部基坑吊脚桩 +3

道锚索，下部基坑 1 道锚索 + 2 道全长黏结锚杆。基坑支护情况如图 4-19 所示。

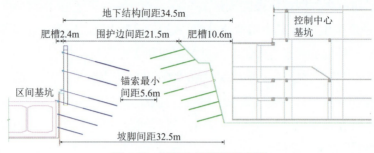

图 4-19　基坑支护关系示意图

（2）裂缝情况描述

区间基坑开挖完成后，区间基坑南侧出现裂缝，裂缝长度 2~3m，距离车站基坑边 10~30m。在控制中心边坡顶发现一道西北—东南向裂缝，与东西向裂缝连接。后续发现控制中心西南侧边坡自地面到中微风化层层面出现通缝，并整体滑移，滑移距离为 3~5cm。裂缝情况如图 4-20、图 4-21 所示。

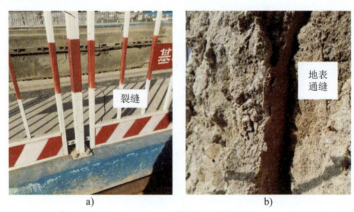

图 4-20　地表裂缝情况

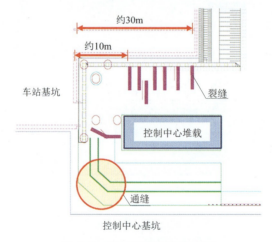

图 4-21　地表裂缝分布示意图

（3）原因分析及处理措施

原因分析：控制中心一侧边坡未按设计进行支护，且地面有大量堆载，土体自身变形大；同时，该区域设置有三个方向的支护锚索，应力集中，支护结构及锚索变形后，将锚索锚固段后方的土体拉裂加剧地面裂缝。

处理措施：土体滑移后，在滑移体西南侧进行了回填反压。后续监测情况基本稳定、无变化。土体反压结束后，对滑移土体进行挖除，按原设计重新修正边坡并支护。

2）基坑侧壁涌水涌砂

（1）工程概况

车站主体结构为地下二层双柱三跨框架结构，南北端地势较低。车站长201m，车站南、北端设盾构井，两侧区间均采用盾构法施工，设有3个出入口，2个风道。主体基坑所处地层自上而下依次为：素填土、粉质黏土、中砂～粗砂、粗砂～砾砂、含卵石粗砾砂、强风化层、中风化层，基底位于粗砂层中。车站总平面如图4-22所示。

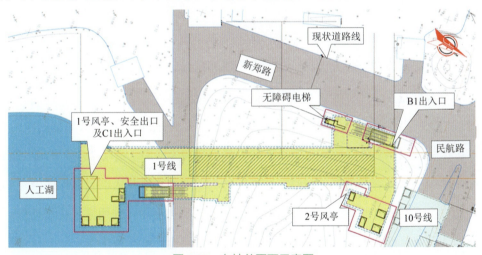

图 4-22　车站总平面示意图

围护结构采用ϕ1000mm@1300mm钻孔灌注桩＋ϕ1000mm桩外侧旋喷桩止水帷幕＋3道内支撑支护体系。

（2）情况描述

车站大里程端西北角钻孔灌注桩间出现三处渗漏水现象，渗漏水量有变大趋势。本次漏水点地质情况主要为第⑨层含卵石粗砾砂，水系丰富，补给充沛，局部呈现弱承压性；地下水位较高，地下水水位埋深为5.50～7.50m，本次漏水点位于地表以下7.2m处，现场渗漏水情况如图4-23所示。

图 4-23 现场渗漏水情况

渗漏水情况发生后，项目组立即停止施工，安排施工人员撤离；用砂袋在漏水部位填堵密实，干预桩间泥沙流失，起到过滤作用，漏水变为清水后安装排水管进行引水，确保砂土不流失。

（3）原因分析及处理措施

原因分析：车站站位于白沙河流域，地下水系丰富，地下水位较高，补给充沛；本次漏水点位于地表以下 7.2m 处，该地层为含卵石粗砾砂；高压旋喷桩施工中浆液扩散受影响，桩间咬合较差，止水帷幕止水效果降低，造成桩间漏水。

处理措施：沿渗漏水处周边梅花形布置注浆管，布置范围为 2m，注浆管间距为 1m，注浆管长度为 3m，45°角斜向下方打设，导管前端制作为锥形，前端 2m 范围内设溢浆孔，浆液采用水泥—水玻璃双液浆，水泥浆水灰比为 1∶1，水泥浆与水玻璃体积比为 1∶1；注浆导管布设完成后，挂网桩间喷射混凝土，混凝土达到初凝后，采用注浆止水处理；继续加强对地表沉降、地表管线、地下水位等监测及现场周边环境巡视工作。

3）主体基坑与风道基坑接口处涌水涌砂

（1）工程概况

车站主体结构与风道结构均为地下两层结构，主体基坑采用钻孔桩+单排旋喷桩止水帷幕+内支撑支护形式，风道基坑采用钻孔桩+TRD 止水帷幕+内支撑支护形式，两者相交部位采用旋喷桩补强，其中主体转角围护桩与风道首根桩间净距为 1.0m。接口处地层自上而下依次为素填土、粉质黏土、粗砂层。主体基坑与风道基坑关系如图 4-24 所示。

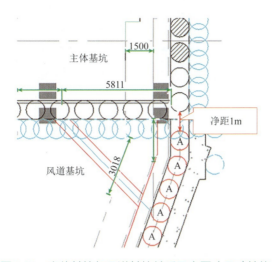

图 4-24　主体基坑与风道基坑关系示意图（尺寸单位：mm）

（2）情况描述

因接口处存在主体围护钻孔桩，风道仅剩接口处未施工主体结构，在破除转角围护桩过程中发生涌水涌砂现象。破桩位置及现场情况如图 4-25、图 4-26 所示。

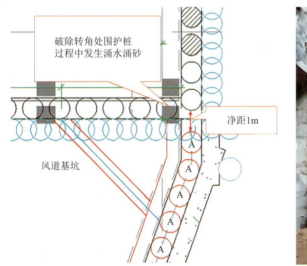

图 4-25　破桩位置示意图　　　　图 4-26　现场涌水涌砂情况

（3）原因分析及处理措施

原因分析：主体与附属结构接口处围护桩设计不细致，造成围护桩净距较大；接口处止水帷幕设计措施较弱；对主体与附属结构间隔离桩凿除要求不明确，现场施工凿除无具体方案；接口处止水帷幕施工不到位，对围护桩凿除影响不重视，多次受凿除施工扰动影响，止水帷幕失效，凿除后发生涌水涌砂现象。

处理措施：在主体与风道接口处围护桩外侧增加一排φ299mm@400mm 钢管桩支护，

嵌固深度同既有围护桩，管内填充 M20 水泥砂浆，桩顶设置冠梁与既有冠梁采用植筋连接；在钢管桩支护外侧采用深孔注浆进行补充止水，采用膨胀模袋注浆工艺，注浆压力控制在 0.8~1.0MPa；自上而下分段破除剩余桩体、侵限砂袋及喷射混凝土，采用风镐等进行人工破除，严禁采用机械破除，每次破除高度不大于 1.5m，破除后立即对桩间土进行挂网喷射混凝土。

第 5 章

暗挖支护设计创新

青岛有其独特的地质特点和环境特征，市区主要为土岩复合地层，岩层为花岗岩，结合已建及在建线路经验，地铁建设暗挖工程占比较大，常用的暗挖工法有拱盖法、双侧壁导坑法、中隔壁（CD）法、交叉中隔墙（CRD）法、台阶法。

在土岩复合地层如何充分利用围岩的自稳能力，在保证安全的条件下尽可能地减小工程造价是地铁建设者的研究重点之一。在此理念下 1 号线西镇站首次成功应用单层衬砌，其主要理念是采用双喷层法，喷射混凝土中添加聚烯烃或者聚丙烯纤维，即第一层主要作用是稳定围岩，而第二层作为保护层，两层喷射混凝土衬砌之间增加喷涂防水层，满足防水及耐久性的需求，同时兼顾部分承载力的需要，与第一层形成叠合结构共同受力。

岩质地层采用弱支护体系充分发挥围岩的自稳能力是青岛地铁设计的一大特色，1 号线多个暗挖工点采用单层初期支护、双层初期支护，既实现了采用弱支护体系充分发挥围岩自稳能力的设计理念，又为施工创造了较好的作业空间。单层初期支护是在拱部完成初期支护后，对初期支护的拱脚部位进行加强，然后不施作拱部二次衬砌而直接开挖下部土体，待全部开挖完成后，自下而上顺作二次衬砌结构，单层初期支护适用于覆岩厚度较好、围岩条件较好的Ⅰ级、Ⅱ级、Ⅲ级围岩。双层初期支护，即在开挖阶段拱部有两侧初期支护共同参与受力，第一层初期支护受力阶段，需要设中隔壁，待第二层初期支护完成后，即可拆除中隔壁，双层初期支护协同受力，可保证拱盖具有较大的刚度，限制拱部围岩变形，同时，由于下台阶不需要临时支撑，下部围岩采用台阶法施工，可极大提高施工效率。双层初期支护也是在开挖完成后自下而上顺作二次衬砌结构。

风道开挖通常采用双侧壁导坑法或 CRD 法。此两种工法在岩石地层的应用存在较大的实施难度及安全隐患，例如爆破易造成竖撑变形，爆破引起的超欠挖易造成支撑架设精度不足，不利于支撑节点受力及传力；同时面临拆撑难度大、竖撑长细比大、拆撑后二次衬砌未施作期间安全风险加大等弊端，针对以上问题，1 号线采用了二次衬砌拱盖法，从而规避了大长细比中隔壁撑的存在，解决了以上技术难题。

对于土岩复合地层，不可避免存在土质地层内的暗挖工程，特别是前埋过街出入口，如何保证开挖安全、控制地面沉降亦是地铁建设者的研究重点。在此理念下，1 号线首次成功应用管幕法，管幕法是一种独特的地下空间建设方法，它利用较大直径的钢管在地下密排并相互咬合预先形成钢管帷幕，然后在此钢管帷幕的保护下进行开挖，从而建造大断面的地下空间，是一种安全可靠的地下暗挖技术。其对地面沉降控制效果较好，尤其在下穿重要建（构）筑物时优势较为明显。下面以青岛地铁 1 号线工程为例，分别对以上工法展开论述。

5.1 单层衬砌的成功应用

5.1.1 工程概况

西镇站主体结构位于费县路与郓城北路交叉口到西藏路与费县路交叉口之间,沿费县路东西方向布置,为地下两层矿山法岛式车站,站位所处费县路路面起伏较大,西端地面标高为 30.2m,车站东端地面标高为 20.7m,地面提升高度 9.5m 左右。车站有效站台中心里程(右线)K32 + 492.000,起讫里程(右线)K32 + 416.2~K32 + 606.329,总长 190.1m,中心里程处车站轨面标高为 −9.165m。拱顶埋深为 15.72~23.6m,覆岩厚度为 10.72~23.1m。车站附属结构包括风亭和出入口通道,车站共设 2 组风亭,4 个出入口(含 2 个预留出入口),1 个无障碍电梯,2 个安全出入口。西镇站总平面如图 5-1 所示。

图 5-1 西镇站总平面示意图

站位所处位置现状道路交通流量较大,费县路现状道路宽 15m,为双向 4 车道。道路两侧为居民楼与商业建筑,该处道路市政管线密集,车站采用矿山法施工,大部分管线对施工影响较小,仅风井和出入口处部分管线需永久改移出结构范围内。

西镇站主体结构采用台阶法开挖,即拱部采用小导坑沿着径向扩挖至设计轮廓,下部采用双层六台阶拉槽开挖。本站采用端头设置双施工竖井,且 2 号风井开辟两个横通道施工主体结构,同时安全出入口兼作临时施工竖井,利用出入口通道开设新的施工工作面。

5.1.2 试验段选取范围

根据西镇站详勘资料,建议在西镇站全车站范围进行单层衬砌研究,里程为K32 +

416.2～K32+530，长113.8m，约占整个车站长度190.1m的60%，地质及埋深条件好，采用单层衬砌设计方法。单层衬砌类型范围平面及纵断面如图5-2、图5-3所示。

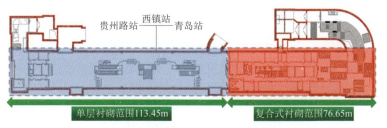

图5-2 西镇站单层衬砌平面示意图

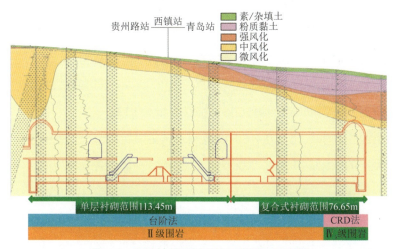

图5-3 西镇站单层衬砌地质纵断面示意图

5.1.3 设计参数

1）参数及施工要求

（1）支护参数

单层衬砌段拱部采用湿喷纤维混凝土，单层衬砌总厚度为25cm（第一层喷射C35聚烯烃纤维混凝土15cm、喷涂防水材料6mm、第二层喷射C35聚丙烯纤维混凝土10cm），拱部打设系统锚杆，长度为4.0/6.0m、锚杆间距为2.0m×2.0m，梅花形布置。具体设计参数见表5-1。

单层衬砌设计参数表　　　　　　表5-1

材料及规格			断面里程	
			ZA：K32+416.2～K32+438	ZB：K32+438～K32+529.65
锚杆	φ25mm，中空注浆锚杆（t=7mm）		梅花形布置，2.0m×2.0m，L=4.0/6.0m	梅花形布置，2.0m×2.0m，L=4.0/6.0m
湿喷混凝土	C35喷射混凝土	第一层喷射聚烯烃纤维混凝土	150mm厚	150mm厚
		第二层喷射聚丙烯纤维混凝土	100mm厚	100mm厚

根据地勘及现场揭示情况，若车站范围内存在构造破碎带，开挖前应利用超前钻孔进行探水工作，若遇到岩层破碎带，针对地层和地下水情况采取注浆堵水等措施。径向注浆应采用耐久性好的水泥基注浆材料（建议采用超细水泥），浆液选择根据地下水发育情况及堵水效果确定，水泥—水玻璃双液浆用于临时堵水注浆；建议采用工作压力不小于 4MPa 的双液泵；为便于计量和施工控制，建议采用可以自动量测记录注浆流量、注浆压力和时间的自动记录仪。对于破碎围岩段，加固围岩圈的厚度宜与锚杆设置长度匹配，以提高锚杆的耐久性。

（2）喷射混凝土耐久性指标

地铁结构设计使用年限为 100 年，混凝土的原材料和配合比、最低强度等级、最大水胶比和单方混凝土的胶凝材料最小用量等应符合耐久性要求，满足抗裂、抗渗和抗侵蚀的需要。建议的结构耐久性保证措施有：

①湿喷纤维混凝土强度等级采用 C35，抗渗等级为 P12。

②通过降低或控制水灰比在 0.4~0.45 范围来满足喷射混凝土的耐久性。

③配制混凝土的水泥，其强度等级不低于 PO42.5、水泥含量不应小于 $400kg/m^3$，铝酸三钙（$3CaO \cdot Al_2O_3$）含量不少于 7%。

④为了提高永久喷射混凝土的防水性能和化学耐久性，应采用硅灰（微二氧化硅）或高火山灰纳米二氧化硅，要求采用硅灰进一步将渗透性降低到小于 1×10^{-12} m/s，从而提高混凝土的化学稳定性。

⑤SO_3 的含量不应超过胶凝材料总量的 4.8%，氯化物的含量不应超过胶凝材料总量的 0.1%，水泥的活性碱含量不应超过 0.6%。

⑥采用无碱速凝剂。速凝剂掺量应由现场试验确定，以水泥材料含量为 10% 的最大剂量。在液体无碱速凝剂中，等效 Na_2O 当量应小于 1%。

⑦喷射混凝土初凝时间小于 3min，终凝时间小于 10min。

⑧7d 喷射混凝土强度大于 30MPa，28d 强度大于 40MPa。

⑨使用水化控制剂保持喷射混凝土的性能，使混凝土能够保持良好的流动特性，当添加速凝剂时，水泥仍保持活性和性能。

⑩采用聚烯烃纤维代替钢筋网片可使混凝土内小于 0.2mm 的裂缝均匀分布，提高喷射混凝土的密实性。

⑪细骨料应选用级配合理、质地均匀坚固、吸水率低、孔隙率小的洁净天然中粗河砂，也可选用专门机组生产的人工砂，不得使用海砂。粗骨料最大公称粒径为 10mm，应选用级配合理、粒形良好、质地均匀坚固、线膨胀系数小的洁净碎石。

⑫用于搅拌、混凝土及砂浆养护的水，应符合现行《混凝土用水标准》(JGJ 63)的有关规定，否则可能会影响喷射混凝土的性能。

⑬C35混凝土56d电通量应小于1200C。

⑭采用自动添加速凝剂的现代设备保证高性能、无裂缝地喷射混凝土。

⑮混凝土的养护，应与拌和站混凝土生产过程中加入的帕替麦布(TamCem iBond)等内部固化剂。在喷涂防水材料与喷射混凝土之间能建立有效黏结时，才可喷涂防水材料。

⑯耐久性混凝土施工要求：

a.耐久性混凝土的施工应结合工程和环境特点，对施工全过程和各个施工环节提出的质量控制与质量保证措施，并制订相应的施工技术条例。

b.根据现浇混凝土使用的胶凝材料的类型、水胶比及气象条件等确定潮湿养护时间。

c.混凝土配合比及坍落度控制应根据混凝土质量的动态信息进行确定并调整。

d.应进行现场混凝土的耐久性质量检测。

（3）喷射混凝土施工技术要求

①喷射混凝土设备密闭性能应良好，输料应连续均匀。

②喷射混凝土前基面需要潮湿但不允许有明水，否则应通过引排或堵水措施处理明水。

③表面圆滑平顺，不应有裂缝和离鼓现象，锚杆尾端及钢筋网不得外露；表层混凝土粗糙度应适中，骨料和浆体嵌实均匀，不得出现骨料在表面凹凸不平或有较大的棱角突起，不得有表面掉砂现象。

④喷层表面应平整，无空鼓、裂缝、松酥。

⑤喷射时喷头与受喷面应垂直，首层喷射距离宜保持在0.8～2m，面层喷射距离宜不小于2m；喷射混凝土的回弹率，边墙不应大于10%，拱部不应大于20%。

⑥建议在喷射混凝土施工前进行喷大板试验，采用同条件大板切割试验早期的抗压强度指标（如3d、7d）来推断并评定28d强度指标，用抗压强度的标准差和变异系数来评定喷射混凝土的匀质性。喷射混凝土试验时包括两层喷射混凝土之间的喷涂防水。

喷射完工后应及时进行高压水枪洒水养护，养护时间不少于14d，气温低于5℃时，不得喷水养护。

喷射混凝土验收指标主要包括强度等级、黏结强度、抗渗等级及电通量指标。

（4）纤维性能指标

纤维性能指标见表5-2、表5-3。

聚烯烃纤维性能指标　　　　　　　　　　　　　　　　表5-2

项　目	参　数
纤维长度	48mm
等效直径	0.7mm
每公斤纤维数量	62500
密度	0.91g/cm³
熔点	130℃
抗拉强度	500～600MPa
杨氏模量	7.0GPa

聚丙烯纤维物理与化学特性　　　　　　　　　　　　表5-3

项　目	参　数
熔点	163.6℃
可燃温度（ASTMD1929）	±350℃
自燃温度	>400℃
密度	0.91g/cm³
纤维等级	Ia
基体树脂（材料类型）	聚丙烯
纤维外观	圆形截面
等效直径	40μm
长度	6.0mm
线密度	273tex
韧性	0.22N/tex

（5）锚杆技术要求

该站采用防水型单层衬砌，锚杆为永久支护措施，需满足相关耐久性要求。

锚杆采用ϕ25mm 中空注浆锚杆，锚杆为永久支护措施，梅花状布置，锚杆间距为2.0m×2.0m，具体参数详见表5-4。单层衬砌结构如图5-4～图5-6所示。

中空注浆锚杆参数　　　　　　　　　　　　　　　　表5-4

项　目	参　数	项　目	参　数
杆体直径D	25mm	锚杆体延伸率δ	10%
内径d	11mm	注浆孔口压力建议值	0.3～0.8MPa
长度	4.0/6.0m	锚孔直径	42/50mm

续上表

项 目	参 数	项 目	参 数
壁厚	7mm	带排气孔托板	200mm×200mm×10mm
长度误差	±2.5%	注浆前锚头抗拔力	≥70kN
螺旋方向	左旋	材质	45号合金钢
锚杆体抗拉力	≥180kN	—	—

注：1. 永久性非预应力锚杆杆体水泥浆保护层厚度不应小于20mm。
2. 锚杆杆体与孔壁间的水泥结石体强度等级不应低于M30。

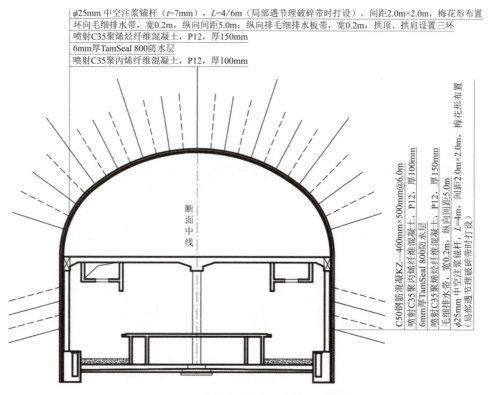

图 5-4　单层衬砌结构设计标准断面示意图

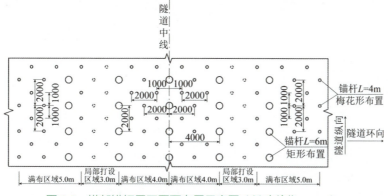

图 5-5　拱部锚杆展开平面布置示意图（尺寸单位：mm）

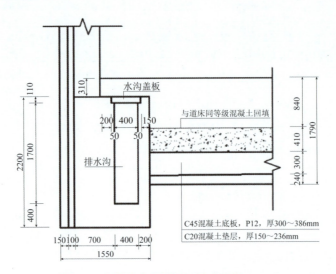

图 5-6 水沟结构示意图（尺寸单位：mm）

2）防水材料及施工工艺

（1）材料采用的毛细排水带，性能指标见表 5-5。

毛细排水带的性能指标　　　　　　　　　　表 5-5

物理性质	单位	平均数据
材质	—	耐候性复合塑料
宽度	cm	20±5%
厚度	mm	2±15%
每卷长度（33kg 每项卷）	m	100±2%
开孔率有效进水开槽面积/整体面积	—	>20
流量（10cm 水头高度）	L/min	>4
抗压力（40%）	kgf/cm²	>30
抗拉力（纵向）	kgf/cm²	>6.0
抗剪力（纵向）	N/mm	>30
抗酸性	—	优良
抗碱性	—	优良

（2）毛细排水带施工工艺

①毛细排水带沿隧道开挖面环向布设，每环由一条排水带组成，排水带开槽面紧贴基岩面。

②毛细排水带采用 5cm 长钢钉和铁丝固定，2 个长钢钉加横向固定铁丝（22 号）为一个固定点，隧道顶间距 1.0m，墙部间距 1.2m。

③毛细排水带施工工艺及说明：

a. 制作安装程序：基岩面→排水带安装及固定→排水带底部与纵向排水管接头处理→

喷射第一层混凝土→施作找平层及喷涂防水材料→喷射第二层混凝土。排水带如图5-7、图5-8所示。

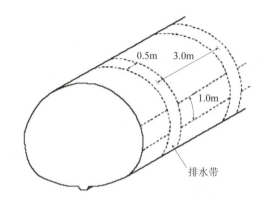

图 5-7　排水带布置示意图

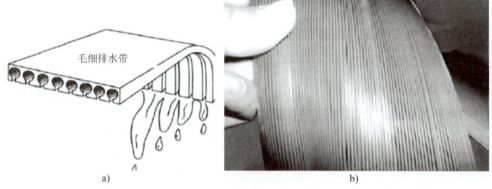

图 5-8　毛细排水带示意图

b. 施工机具：切割机。

c. 施工质量要求：

a) 毛细排水带开槽面（吸水面）一般情况下应朝下，利用重力、毛细力、虹吸力及表面张力自动吸水，增强排水效果，实现水与岩土颗粒分离。

b) 毛细排水带最高点（隧道拱顶）本项目可不切断，如切断则切断位置须以硅胶将截断处毛细管封闭，以避免颗粒进入，阻塞毛细管。

c) 隧道单层衬砌按设计为分层进行并最终支护至设计厚度，在各层喷射混凝土支护过程中，发现集中漏水点时，应在漏水点处设置环状排水带，排水带开槽面贴紧渗水点（或引水管）。

d) 在隧道两侧下部插入 DN100 双壁波纹管，双壁波纹管在相应位置应切槽，切槽长度（200±5）mm，宽（2±0.5）mm，毛细排水带插入双壁波纹管 20mm 以上，排水带切口最好处于淹没状态。排水带背部光面及两端采用热熔硅胶与双壁波纹管胶合。

e) 施工单位选择的黏合剂应耐久、无毒。

f）毛细排水带施工允许偏差：间距为 ±10cm；长度为不小于设计值。

（3）喷涂防水材料的性能指标

TamSeal 800 防水材料性能见表 5-6。

表 5-6　TamSeal 800 防水材料性能指标

序号	检测项目		指标
1	形式		粉末（水灰比 0.6～0.7∶1）
2	颜色		浅灰色及橙色
3	厚度		至少 2mm
4	黏结强度（MPa）	与围岩的黏结强度	喷涂防水材料 28d 后，0.5MPa
		各喷层之间的黏结强度	第二次喷射混凝土施工完成后 28d 后，不小于 1.0MPa
		与钢黏结强度	2MPa
5	不透水性		无渗透（0.5MPa/72h）
6	断裂延伸率	无处理	150%
	断裂延伸率变化率	碱处理	25%
		酸处理	25%
		盐处理	25%
7	可燃性		E 等级（EN13501-2 + A1）
8	裂纹桥接		A5 等级最小值为 2.5mm

（4）喷涂防水材料的施工技术要求

在喷涂防水材料之前，须进行基面处理：围岩基面必须清洁干净，无水砂浆、松散体、灰尘、污垢、油、油脂等污染物。防水材料设置如图 5-9～图 5-11 所示。主要施工技术要求如下：

①喷射混凝土采用湿喷工艺，并使用高性能、质量波动小的混凝土。

②为确保减小收缩，提供高抗压强度，减小渗透性，混凝土水灰比应不大于 0.45。

③充分拌和（包括纤维）均质的混凝土，喷射时喷嘴无脉冲和堵塞现象。

④适当的材料级配，骨料回弹率低于 10%（减少脱层、收缩开裂）。

⑤只允许添加非腐蚀性和无碱速凝剂。

⑥第一层 150mm 的混凝土喷层，尽量一次性喷射完成，便于形成均质结构。

⑦采用自动湿喷机械手，提高喷射混凝土质量。

⑧第二层混凝土喷射时机为第一层稳定后。

⑨第一层喷射混凝土与第二次之间的黏结紧密，确保形成整体结构：

a. 清除第一层上损坏和破裂部位；

b. 用高压风和高压水喷射清理第一层上的灰垢和养护膜；

c. 用洗涤剂清除油脂;

d. 喷射第二层之前,应将第一层表面湿润。

⑩水基聚合物喷膜 6mm,与两层混凝土直接黏结强度不小于 1MPa,可承受 1.2MPa 水压力。

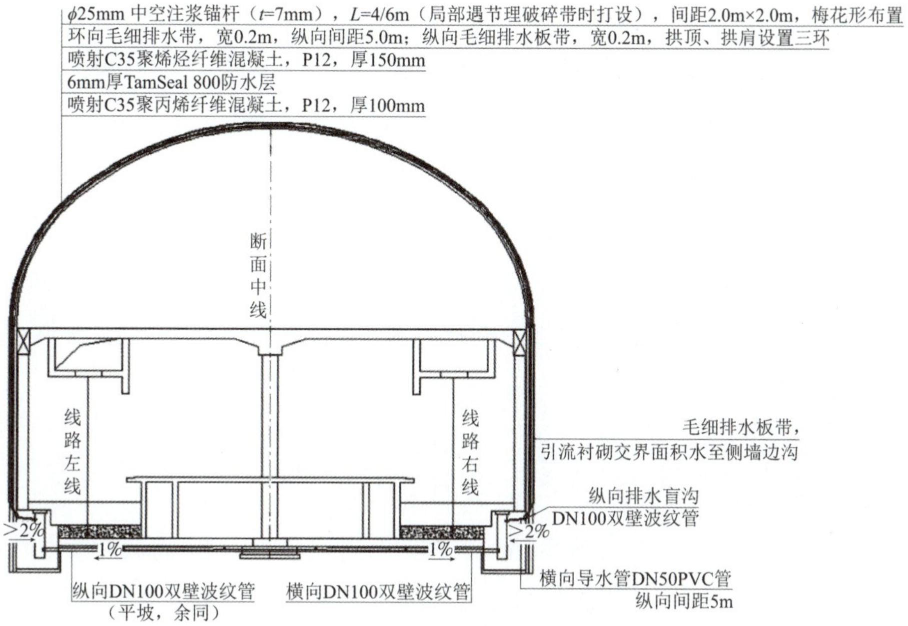

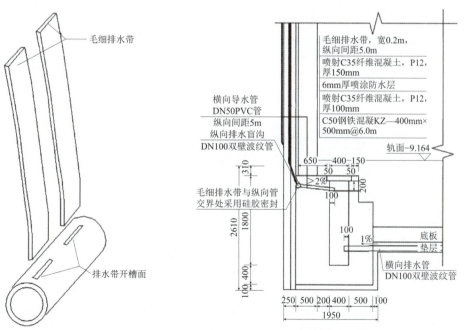

图 5-9　单层衬砌防水设计标准断面示意图

图 5-10　毛细排水带与纵向排水管连接示意图

图 5-11　排水沟处结构示意图(尺寸单位:mm)

3）注浆堵水施工工艺

（1）设计原则

①单层衬砌隧道洞身处在地下水发育地段，大量排放可能影响运营安全或当地生态环境时，采用"以堵为主，限量排放"的防排水原则。

②单层衬砌区段中板以下2m至拱顶位置的范围，渗漏水较少的情况下采取注浆堵水的方式，中板以下2m至侧墙底部范围采取打孔引排为主的方式，若引排后仍有渗水，采取堵排结合措施。

③注浆主要目的是堵水，确保施工及运营安全，实现有效控制排放，减少水资源流失。

④注浆设计应满足施工中的止水要求和运营中的结构防排水要求，注浆工程按设计使用年限为100年进行耐久性考虑。

⑤注浆施工前应开展注浆试验，针对具体的地质条件和渗漏水情况确定注浆参数、注浆范围和注浆材料。

⑥注浆采用动态设计与施工，需建立严格的质量检测制度。

（2）主要技术标准

①毛洞排水量控制标准按注浆后达到二级防水要求：a.顶部不得漏滴，其他部位不得漏水；b.结构表面可有少量湿渍，总湿渍面积不应大于防水面积的2/1000，任意100m²防水面积上湿渍不超过3处，单个湿渍的最大面积不大于0.2m²，渗水量不大于0.15L/(m²·d)。

②第二层喷射混凝土衬砌完成后基面防水等级为一级，不得渗水，结构表面无湿渍。

（3）工程材料

注浆隧道结构物的工程材料根据结构类型、受力条件、使用要求和所处环境等因素选用，并考虑其经济性、可靠性和耐久性。建议注浆材料为超细水泥浆液，具体要求如下：

①超细水泥浆建议至少800目，水灰比0.8:1～1.2:1，建议值为1:1，具体应根据现场工艺试验确定。

②注浆管：ϕ42mm×3.5mm无缝钢管。

（4）注浆工艺

①注浆流程

根据西镇站现场围岩揭露及渗漏水情况，需对隧道单层衬砌段进行注浆，应合理选定围岩注浆方式、注浆参数，以确保注浆施工质量和效果，保证隧道施工安全和结构稳定，注浆工艺流程如图5-12所示。

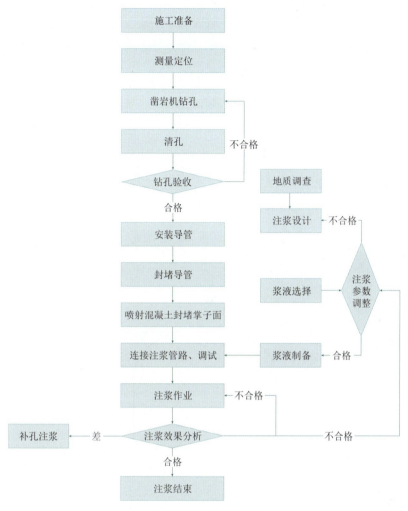

图 5-12 注浆工艺流程图

从现场围岩及初期支护渗漏水情况来看，单层衬砌段岩体完整、稳定性较好，但局部出水且流量大于控制排水量时（毛洞二级防水要求），仅对出水处实施局部注浆，主要针对围岩裂隙渗水、面状多点渗水进行治理。

②注浆区域

单层衬砌注浆加固及堵水区域应根据现场实际揭露围岩节理裂隙发育程度及现场渗水情况确定，同时建议地勘单位根据现场情况对围岩渗漏水进行调查及评估，为保证注浆效果，注浆范围需要在渗水区域的基础上外扩约 3.0m，采取局部注浆加固。单层衬砌注浆设计如图 5-13～图 5-15 所示。

③注浆参数设计

a. 钻孔孔位布置：本段孔口间距为 1.0m，注浆孔孔径为 50mm，小导管采用直径 $D = 42$mm，壁厚 $t = 3.5$mm 无缝钢管。

b. 浆液扩散半径与围岩整体情况、注浆方式、注浆压力、注浆材料、围岩裂隙长度等因素有密切关系，超细水泥初终凝时间较长，建议浆液扩散半径为 0.75m。

c. 综合考虑注浆效果的耐久性以及服务年限，要求注浆加固隧道径向深度不小于 3.5m。

d. 由于浆液的扩散半径与岩层裂隙很难精密确定，浆液注入量应根据隧道工程地质、水文条件和注浆方案以及所选择的注浆材料综合确定，建议注浆量以现场实际情况为准。

e. 注浆压力是注浆施工中的重要参数，它关系到注浆施工的质量以及经济性，正确确定注浆压力与合理运用注浆压力对注浆施工有着重要的意义。注浆压力与岩层裂隙发育程序、涌水压力、浆液材料的黏度和凝胶时间长短等有关，目前均按经验确定。本项目建议注浆压力为 0.5~1.0MPa，施工单位应根据现场试验确定。

f. 注浆顺序按先四周后中间、由上至下的原则进行。

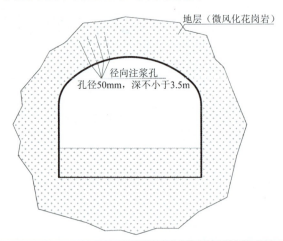

图 5-13　单层衬砌横断面注浆设计示意图（适用于围岩表面或者首层喷射混凝土基面注浆）

图 5-14　裂隙线状出水注浆设计示意图
（仅适用于围岩基面注浆）

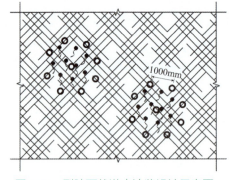

图 5-15　裂隙面状淋水注浆设计示意图
（仅适用于围岩基面注浆）

（5）注浆结束标准及效果评定

①单孔结束标准：注浆压力逐步升高至设计终压，并继续注浆 5min 以上，进浆量小于

初始进浆量的1/4，进浆速度小于初始速度的25%，同时注浆量不小于单孔设计注浆量的80%，检查孔涌水量小于0.2L/min。

②全段结束标准：a.所有注浆孔均已符合单孔结束条件，无漏注现象；b.毛洞注浆后达到二级防水要求；c.浆液有效注入范围大于设计值。

③注浆效果评定：注浆段的注浆孔部注完后，都要进行注浆效果检查和评定。需要达到二级防水标准，不合格者应补钻孔注浆。

（6）引排施工工艺及技术

①建议在侧墙出现滴水或者明水情况采取引排措施，在没水（没有明水或渗水）的地方不设置排水，以免影响单层衬砌整体性。

②毛洞裂缝和漏水点需设Ω形弹簧排水半管（直径为50mm）与隧道底部的横向排水管相连接。

③开挖后对需要设置排水半管的拱部和边墙进行整平后，方可进行隧道防水系统的施工。整平需清除围岩的棱角及凸出部分，超挖部分需要喷射混凝土进行填补整平，锚杆或锚钉露出围岩部分需要喷射混凝土遮盖。

④半管安装采用射钉固定法的操作步骤为：a.用带小塑料垫片的射钉将半管固定在待装位置，射钉在半管两侧交错布置；b.用灰浆给半管封边，并在塑料膜上抹一薄层灰浆，以增加与喷射砂浆的黏结力；c.用低风压喷速凝砂浆封闭半管；d.喷射第一层纤维混凝土至设计厚度。半管性能指标见表5-7。

排水半管建议的性能指标　　　　　　　　　　表5-7

项目	性能指标	检测规范
土工膜厚度	1mm	—
长度	4mm	《塑料管道系统塑料部件尺寸的测定》（GB/T 8806—2008）
高度	25mm	—
外包层与钢丝抗剥力	6N	《不锈钢衬塑复合管材与管件》（CJ/T 184—2012）
抗渗透	30min，0.3MPa，不透水	《土工合成材料》（SL235—2012）
低温弯折	−15℃，无裂纹	《橡胶和塑料软管及非增强软管　柔性及挺性的测量　第2部分：低于室温弯曲试验》（GB/T 5565.2—2017）
外包层纵向抗拉强度	≥80N/5cm	《纺织品　织物拉伸性能　第一部分：断裂强力和断裂伸长率的测定（条样法）》（GB/T 3923.1—2013）
外包层纵向伸长率	≥30%	《纺织品　织物拉伸性能　第一部分：断裂强力和断裂伸长率的测定（条样法）》（GB/T 3923.1—2013）
外包层横向抗拉强度	≥120N/5cm	《纺织品　织物拉伸性能　第一部分：断裂强力和断裂伸长率的测定（条样法）》（GB/T 3923.1—2013）
外包层横向伸长率	≥30%	《纺织品　织物拉伸性能　第一部分：断裂强力和断裂伸长率的测定（条样法）》（GB/T 3923.1—2013）

4）拱部吊装施工工艺

（1）扶梯、吊装孔吊钩及小型预埋件螺栓设计

①当第二层喷射C35聚丙烯纤维混凝土完毕后，出现新增小型管线的综合支吊架、导向指示、屏幕、灯、烟感、通信的信号接收器等质量较轻的悬挂物，且利用锚杆末端预留角钢无法满足其悬吊、悬挂功能时，需采取特殊的固定管线做法，（膨胀）螺栓规格、尺寸视悬挂物质量决定。

固定管线施工顺序（适用于螺栓未打穿和打穿防水材料的情况）：喷射第一层混凝土，喷射防水材料，喷射第二层混凝土，打设膨胀螺栓。固定管线做法如图5-16、图5-17所示。

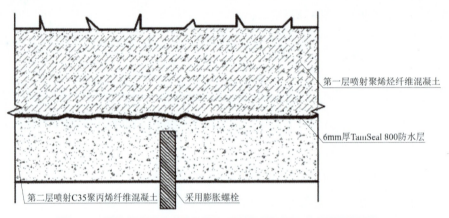

图5-16　固定管线示意图（适用于螺栓未打穿防水材料的情况）

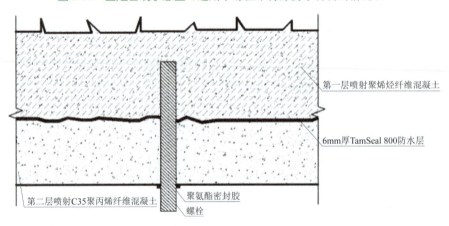

图5-17　固定管线示意图（适用于螺栓打穿防水材料的情况）

②电扶梯、吊装孔等大型重物吊钩的施工顺序为：施工锚杆，喷射第一层混凝土，喷射防水材料，喷射第二层混凝土，焊接吊钩，对锚杆与防水层、喷射混凝土之间接触点面进行防水处理。

吊钩施工顺序（适用于楼扶梯等吊钩）：施工锚杆，喷射第一层混凝土，喷射防水材料，喷射第二层混凝土，焊接吊钩。如图5-18、图5-19所示。

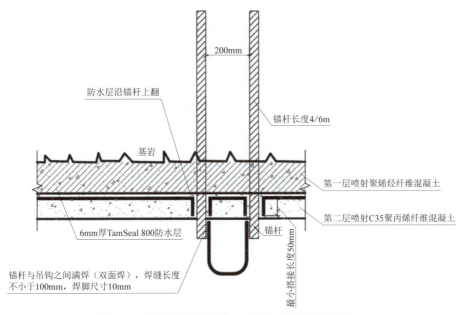

图 5-18 吊钩结构示意图一（适用于楼扶梯等吊钩）

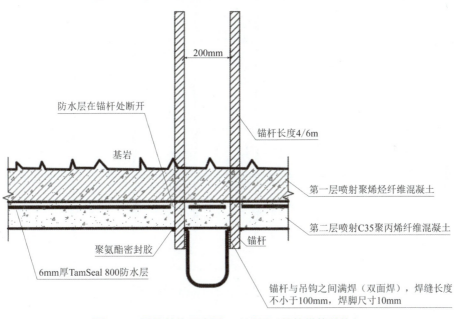

图 5-19 吊钩结构示意图二（适用于楼扶梯等吊钩）

③若吊钩承重较大，务必对锚杆进行拉拔试验，满足悬吊重物承载力要求后方可进行扶梯、风机等设备的吊装。

（2）锚杆末端预留角钢设计

①车站拱部锚杆末端预留角钢设计，适用于除吊装孔吊钩、扶梯吊装孔吊钩以外的预埋件。

②在未明确末端预留角钢条件的锚杆数量的情况下，建议所有锚杆外露段均按照预留吊装条件考虑。

③锚杆外露段暂按照 25cm 考虑，施工单位施工前应统筹各专业图纸，最终确定外露段长度。

④角钢两侧均预留孔洞并进行镀锌防腐处理。

⑤开挖时遇到围岩节理发育，局部增设 ϕ8mm 单层钢筋网并加密系统锚杆时，按照加密后锚杆全数预留吊装条件。

⑥锚杆杆体与防水层、喷射混凝土接触点应做好相关的防水处理措施，防止由于防水材料破坏引起的渗水渗入，保证防水效果，具体处理方式以科研单位成果为准。

⑦施工喷射混凝土及防水材料前，对锚杆外露段清除油垢，并用钢丝刷清除浮锈。锚杆末端预留角钢设计如图 5-20～图 5-22 所示。

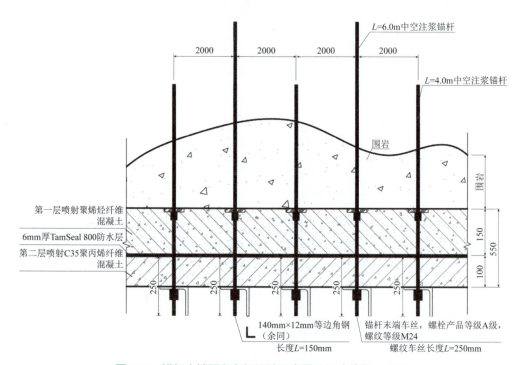

图 5-20　锚杆末端预留角钢设计示意图（尺寸单位：mm）

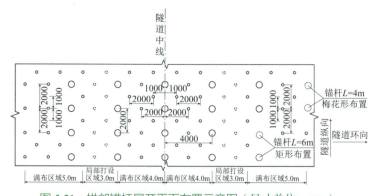

图 5-21　拱部锚杆展开平面布置示意图（尺寸单位：mm）

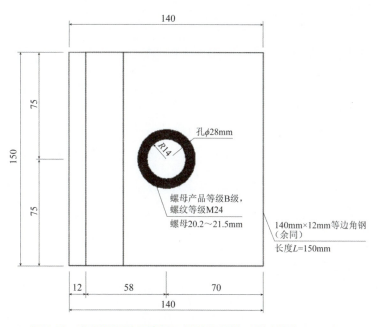

图 5-22　角钢预留孔示意图（仅单边预留，尺寸单位：mm）

5.1.4　单层衬砌计算分析

1）SAP84 计算

按照《铁路隧道设计规范（极限状态法）》（Q/CR 9129—2018）4.3.3 条，垂直均布压力按下式计算：

$$H_p = zh \tag{5-1}$$

$$q \approx \gamma h \tag{5-2}$$

$$h \approx 0.45 \times 2S - 1\omega \tag{5-3}$$

$$\omega = 1 + i(B - 5) \tag{5-4}$$

式中：H_p——深浅埋隧道分界深度，m；

　　　q——深埋隧道竖向均布压力，kN/m²；

　　　γ——围岩重度，kN/m³；

　　　h——荷载等效高度，m；

　　　ω——宽度影响系数；

　　　B——坑道宽度，m；

　　　i——B 每增减 1m 时的围岩压力增减率。当 $B < 5$m 时，取 $i = 0.2$；当 $B > 5$m 时，取 $i = 0.1$。

$h \approx 0.45 \times 22 - 12.53 = 2.277$（m），$H_p = 2h = 2 \times 2.277 = 4.554 \leqslant H$，故结构按照深埋

隧道计算 $q \approx 26 \times 2.277 = 59$（kPa）。

水平均布压力可按《铁路隧道设计规范（极限状态法）》（Q/CR 9129—2018）表 5.2.4 规定确定，取水平均布压力为 0。

隧道计算选用现阶段地勘单位钻孔及相应岩土力学参数进行计算。单层衬砌地质剖面图、计算模型和结果如图 5-23～图 5-27 所示。

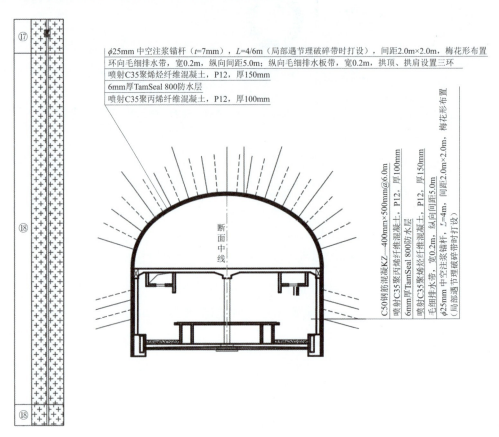

图 5-23　单层衬砌地质剖面示意图

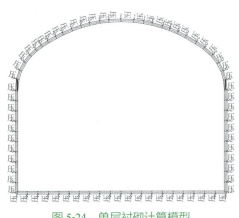

图 5-24　单层衬砌计算模型

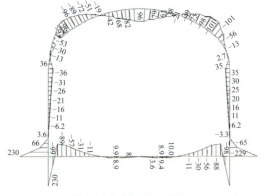

图 5-25　单层衬砌弯矩图（单位：kN·m）

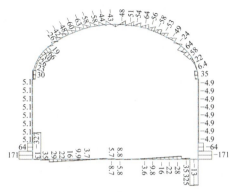
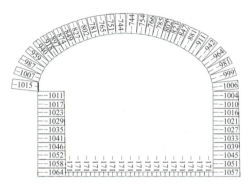

图 5-26　单层衬砌剪力图（单位：kN）　　　图 5-27　单层衬砌轴力图（单位：kN）

通过上述计算可得出，该喷射混凝土满足相关要求。

2）FLAC 3D 计算

模型长 160m，宽 115m，高 110m。模型上端自由，底部竖向位移约束，两侧水平位移约束。采用 FLAC 3D 进行数值模拟计算，计算模型如图 5-28、图 5-29 所示。

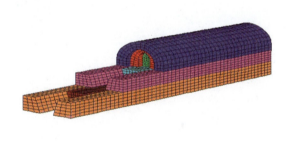

图 5-28　计算模型一　　　　　　　　　图 5-29　计算模型二

根据地铁车站的施工设计参数，并参考规范对各典型断面地层分层取定值，上层为粉质黏土，厚度为 0.5～1m，杂填土下为强风化、中风化花岗岩，厚度为 1.5～4m，车站所在位置为微风化花岗岩。

由图 5-30 地表沉降曲线可知：地铁车站开挖后，地表最大沉降发生在车站断面中线附近，最大变形量为 0.38mm；地表沉降主要影响范围为开挖车站断面外 20m 区域。由于为 Ⅱ 级围岩，即使在未施作衬砌条件下，无外部因素影响时地表沉降值满足规范要求。

由图 5-31 围岩变形云图可知：地铁车站开挖后，最大沉降发生于车站顶部位置，最大变形量为 2.17mm；底板部位略向上变形，底板最大变形值为 1.81mm。由于为 Ⅱ 级围岩，即使在未施作衬砌条件下，无外部因素影响时此开挖方法可有效地控制围岩变形。

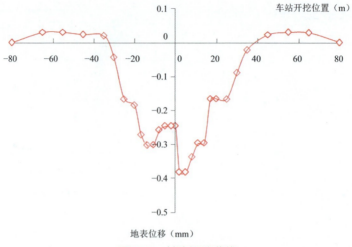

图 5-30　地表沉降曲线

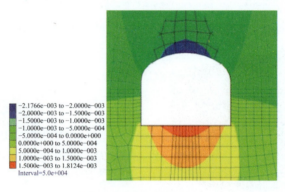

图 5-31　围岩变形云图

围岩主应力云图如图 5-32、图 5-33 所示。地铁车站开挖后，围岩主要为压应力，最大压应力区域位于车站边墙两侧区域，最大压应力值为 2.13MPa；虽然底板中心区域出现部分拉应力，但拉应力值较小，最大拉应力值为 10kPa，围岩应力值在承载力范围之内。说明在 Ⅱ 级围岩条件下，即使未施作衬砌，无外部因素影响时围岩自身承载力满足要求。

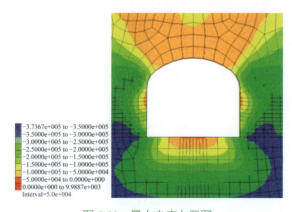

图 5-32　最大主应力云图

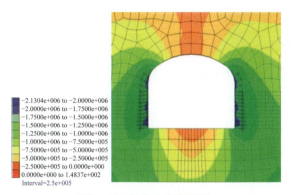

图 5-33 最小主应力云图

3) 计算结论

根据计算结果，在Ⅱ级围岩条件下，即使未施作衬砌，考虑极端情况无外部因素影响，车站开挖不会对周围建筑物产生较大的影响，同时围岩变形和承载力均满足相关规范要求。

5.2 单层初期支护工法的成功应用

青岛等城市地基多为岩浆岩类硬质岩石，岩石上层为厚度较浅（1～4m）的第四系松散堆积物沉积层，属于典型的"上软下硬"地质条件，在建的地铁车站及区间大跨度隧道主体一般修建在中风化岩层或微风化岩层中（局部受限于底层起伏位于强风化岩层），覆岩厚度多为10m以上，对于此类暗挖工程的工法选择较为多样。但经过长时间的设计及施工经验总结后发现，拱盖法对于"上软下硬"地层适应性较好，其中根据不同的围岩地质情况，拱盖法又分为单层初期支护拱盖法、双层初期支护拱盖法、二次衬砌拱盖法，具体对比见表5-8。

硬岩地层主要施工工法对比表　　表5-8

工法名称	交叉施工作业	工序	工期	造价	优　缺　点
双侧壁导坑法	多	多	20～24月	相对较高	施工相对安全，沉降控制效果较差，适应复杂地层能力较强
单层初期支护拱盖法	较少	较少	14～18月	较低	对地层扰动小，沉降控制效果较好，防水效果较好，复杂地层适应能力较差，施工风险相对较高
双层初期支护拱盖法	较多	较少	16～20月	相对较低	对地层扰动较小，沉降控制效果较好，防水效果较好，复杂地层的适应能力相对较强，施工相对安全，拆撑工况安全性高，后期二次衬砌施工较为快捷
二次衬砌拱盖法	较多	较少	18～22月	相对较低	对地层扰动较小，沉降控制效果较好，但拱脚处与边墙的接头部分防水效果较差，对复杂地层的适应能力相对较强，施工相对安全

1) 适用范围

单层初期支护拱盖法是在二次衬砌拱盖法的基础上优化形成的。传统的二次衬砌拱盖法在拱部初期支护完成后不开挖车站下部土体，而是先施工拱部二次衬砌，在拱部二次衬砌的保护下开挖车站下部岩土体，施工工序较为复杂，且拱脚部位防水施工困难，拱部二次衬砌在施工过程中容易破损。单层初期支护拱盖法是在拱部完成初期支护后，对初期支护的拱脚部位进行加强，然后不施工二次衬砌而直接开挖车站下部土体，待车站施工全部开挖完成后从下至上顺作二次衬砌，适用于覆岩厚度超过10m的Ⅰ级、Ⅱ级、Ⅲ$_1$、Ⅲ$_2$级节理裂隙不发育的地层，及局部Ⅳ$_1$岩层。

2）工程实例

太行山路站位于长江西路与太行山路路口以西，沿长江西路呈东西向布置。站址周边地块已基本实现开发，东北方向为唐宁国际，东南方向为黄岛汽车站，西南方向为海怡湾畔住宅小区及青岛供电公司黄山110kV变电站，西北部为友爱综合门诊部及名嘉城。长江中路为现黄岛区主干道之一，现状道路宽50m。车站主体及附属地质岩层如图5-34所示。

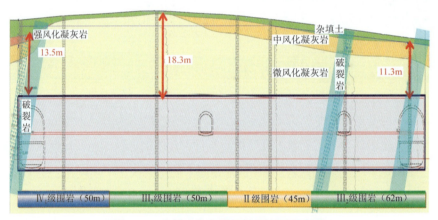

图5-34 车站主体及附属地质岩层示意图

车站为地下两层岛式车站，全长207m，结构净宽为19.72m。车站顶板覆土20.3～13.8m，共设四个出入口，两组风亭，一个安全出入口，一部垂直电梯。

本站地貌类型为剥蚀残丘，车站范围内地形起伏较大，车站拱顶覆岩厚度为11.3～18.3m，由上至下依次为杂填土，强～微风化凝灰岩，车站主体全部位于微风化凝灰岩中，围岩级别为Ⅱ～Ⅳ$_1$级，施工现场照片如图5-35～图5-38所示。

图5-35 施工现场照片（一）

图5-36 施工现场照片（二）

图 5-37　施工现场照片（三）　　　　图 5-38　施工现场照片（四）

3）施工工序

（1）开挖环形导洞中部岩体，立即初喷 40mm C25 混凝土封闭围岩；施工锚杆、格栅钢架以及竖向临时支撑，绑扎钢筋网、喷射混凝土。

（2）开挖环形导洞左右两侧岩体，立即初喷 40mm C25 混凝土封闭围岩；施工锚杆、格栅钢架以及竖向临时支撑，绑扎钢筋网、喷射混凝土；相邻导洞掌子面之间应错开不小于 15m，扩大拱脚处设置锁脚锚杆，与格栅钢架进行可靠连接。

（3）待喷射混凝土达到设计强度后拆除环形导坑上台阶临时支撑，开挖拱部环形导洞预留核心岩土体，拆撑时应加强监测，如监测数据异常应及时恢复支撑。

（4）沿车站纵向分为若干个施工段（不大于两个柱跨），开挖车站下部中间岩体。

（5）沿车站纵向分为若干个施工段（不大于两个柱跨），开挖车站下部侧墙岩体，并及时施工侧墙初期支护，在拱脚下 2m 范围内采用松动爆破或机械开挖等方式，确保拱脚岩石完整。

（6）待开挖至仰拱标高后，施工垫层、铺设防水板及其保护层，绑扎二次衬砌钢筋，浇筑仰拱及部分侧墙混凝土。

（7）铺设防水板，绑扎二次衬砌钢筋，浇筑侧墙及拱顶混凝土。

（8）施工内部结构及回填混凝土。

（9）各分部导洞开挖时岩体放坡率可根据实际情况进行调整但不应小于 1：0.3，且均应喷射 40mm C25 混凝土进行封闭。

（10）二次衬砌施作一般应在围岩和初期支护变形趋于稳定后进行：隧道周边变形速率明显下降并趋于缓和；或水平收敛（拱脚附近 7d 平均值）小于 0.2mm/d、拱部下沉速度小于 0.15mm/d；或二次衬砌施工前累计位移值已达极限位移值 80% 以上。

（11）各开挖工序沿车站纵向应错开，间距不应小于 15m，以保证施工安全。

4）设计注意事项

（1）不同围岩级别交界处，围岩较差地段对应支护措施为向围岩较好地段设过渡段，Ⅳ级围岩延伸15~20m，Ⅱ、Ⅲ级围岩延伸10~15m。

（2）对拱脚侧面和下方的岩体采取控制爆破措施，以减小周边围岩的松动破坏。车站下部边墙爆破施工时，在靠近侧墙2m范围有特殊要求下，采用松动爆破或非钻法开挖等方法，保证拱脚托梁岩石完整性。

（3）初期支护结构钢架分节应充考虑可操作性，每段长度与质量应方便现场施工，每节钢架长度不宜大于4m。

（4）采用分部开挖法施工时，钢架拱脚应打设锁锚杆（或管），长度宜为3.5m。

（5）车站侧墙锚杆可采用砂浆或中空注浆锚杆，锚杆垫板可用Q235钢板，厚度不宜小于6mm，尺寸不宜小于200mm×200mm。锚杆布置宜为菱形或矩形，间距不应大于长度的1/2，且不宜大于1.5m。边墙上部锚杆长度不宜小于4.5m，下部锚杆长度不宜小于3.5m。打设角度建议控制在10°~20°，一般宜为15°。锚杆体与孔壁间的水泥浆或砂结石强度等级不应低于M25，宜选用M30。锚杆孔内注浆液可选用水泥浆或水泥砂浆，采用水泥浆时水灰比宜取0.50~0.55，采用水泥砂浆时，水灰比宜取0.40~0.45，灰砂比宜取0.5~1.0。

（6）钢筋网直径宜选用8mm，钢筋网格间距宜为150~200mm，钢筋网洞内铺装时搭接长度不小于一个网格、且应大于或等于30d（d为钢筋网钢筋直径）。

5）工程重难点及改进点

（1）主体结构在初期支护拱盖法中，对于Ⅱ级及Ⅲ级围岩，初期支护大拱脚建议减薄混凝土厚度（本次设计947mm过大），并设置钢架纵向托梁体系，增加大拱脚的稳定性。

（2）在微风化碎裂岩发育地区，尽量给出预注浆加固、超前支护等预处理措施，以减少设置临时中隔壁或支撑，以提高施工效率。

（3）根据围岩情况明确车站下台阶开挖的放坡、掌子面封闭要求及车站下部直壁部分侧墙开挖及保护要求。

（4）同时建议拱盖法施工侧墙围岩单独进行分级，以区别于拱顶围岩分级，在$Ⅳ_1$级围岩及以下段增加直壁的格栅钢架，确保拱脚及侧墙稳定。

5.3 双层初期支护工法的成功应用

1）工程概况

贵州路站位于团岛二路与贵州路以及明月峡路交叉口之间，为明暗挖结合施工车站；

明挖段长 60m，位于团岛二路南侧规划地块内；暗挖段长 86.8m，横穿贵州路；暗挖段采用单柱双跨地下两层单拱直墙结构形式，车站标准段宽度为 18.5m，总长 146.8m，本站共设 2 个出入口和两组风亭。贵州路站概况平面如图 5-39 所示。

图 5-39 贵州路站概况平面示意图

2）地质条件

车站场地地貌类型主要为剥蚀残丘地貌，地势较为平坦，基岩为燕山晚期侵入花岗岩，局部煌斑岩岩脉侵入。暗挖段埋深 5.7～7.3m，车站暗挖段为 V 级围岩，拱顶位于强、中风化岩层，洞身位于中、微风化岩层。地下水为基岩裂隙水，富水性差，潜水水位为 2～6m。贵州路站地质纵断面如图 5-40 所示。

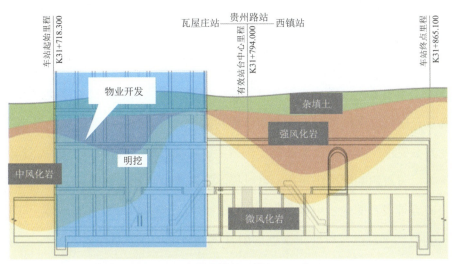

图 5-40 贵州路站地质纵断面示意图

3）设计优化

（1）传统设计方案

贵州路站拱顶埋深 5.7~7.3m，覆岩厚度为 3~4m，开挖最大跨度达到 24.6m，覆跨比较小，传统设计方案有以下两种。

方案一：采用复合式衬砌断面，双侧壁导坑施工方案。此方案技术成熟，安全性较高，但在岩石地层中采用时，开挖需爆破，多次爆破对临时支撑扰动，易造成初期支护开裂。另外，在拆撑阶段，拆撑长度不宜过长，且需要跳仓施工，工序相互干扰，防水质量不易保证。此方案主要缺点是：工程投资高，施工步序多，施工工期长，工期影响 TBM 过站。方案一如图 5-41 所示。

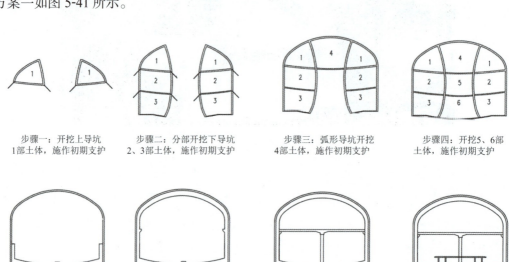

图 5-41　常规方案一

方案二：利用下部微风化岩石承载力高的特点，采用拱部二次衬砌拱盖方案，此方案在青岛、大连以及重庆等城市皆有很多成功案例，是应对上软下硬层状岩的常用设计方案。此方案要求拱脚必须设置在稳定围岩上，拱部二次衬砌模筑完成后，下断面采用台阶法施工。与双侧壁导坑法相比，可以提高下断面开挖速度和工效，但在地层起伏变化较大或破碎带发育的地层中容易发生拱脚不均匀沉降造成衬砌开裂破坏，同时拱部二次衬砌与侧墙二次衬砌接口处防水处理困难，混凝土浇筑质量较差。方案二如图 5-42 所示。

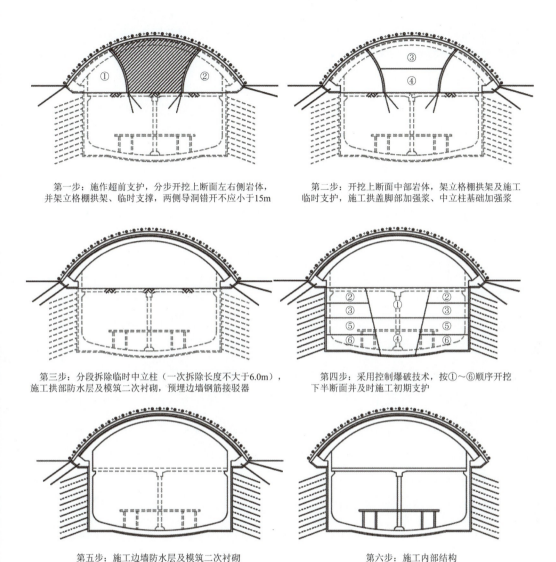

图 5-42 常规方案二

车站原计划采用二次衬砌拱盖法施工，若采用此方案，存在以下技术难点：

①拱部围岩埋深较浅，围岩成拱效应差，拆撑风险大。

②拱部二次衬砌施工周期较长，TBM无法实现空推过站，需采用掘进方式通过车站下断面。掘进通过车站对其工期影响严重，同时增加投资。

（2）创新设计方案

①技术方案实施难点：

车站开挖跨度大，埋深浅，车站上方管线众多，施工风险大。如何在控制风险的基础上推进施工进度成为本工程的难点。为保证施工进度，必须采用拱盖法施工，减少施工步序及内支撑的施工。拱盖必须有足够的强度和刚度,控制地表及管线沉降,避免次生灾害风险。

②攻克难点的技术措施:

针对以上技术难点,采用双层初期支护设计可较好地解决施工工期与风险之间的矛盾。采用双层初期支护协同受力,可保证拱盖具有较大的刚度,限制拱部围岩变形,施工风险可控。同时,由于下台阶不需要设临时支撑,下部围岩采用台阶法施工,极大地提高了施工效率。

4)实施方案

浅埋暗挖隧道严格按照"管超前,严注浆,弱爆破,短进尺,强支护,早封闭,勤量测"原则进行设计与施工。

(1)超前支护及开挖方案设计

本工程针对车站周边环境及施工进度,对不同位置采取了大管棚超前支护、超前帷幕注浆以及地面注浆方式进行地层加固。通过现场施工情况,采用大管棚超前支护可有效避免隧道塌方事故,在条件允许的情况下,应该优先考虑。

拱部宜采用双侧壁导坑法或环形导坑法施工,不宜采用CD法施工,以确保钢架连接节点在受力较小区段。下部围岩应采用中间拉槽、分层开挖方式施工,各坡面临时坡率不宜过大。边墙预留岩体宽度不宜小于3m,宜采用逐层剥离的方式爆破施工,减小对围岩扰动。

(2)拱脚设计

拱脚基础梁施工前应该进行验槽,并对不良地质进行加固处理。拱脚应清理干净,不可有虚渣,避免产生附加沉降,造成两层初期支护难以协同受力。拱脚基础梁应预埋钢筋,与侧墙支护钢筋连接。第一层初期支护宜在拱脚一定范围设置连接筋,保证两层初期支护协同受力。

拱脚以下5m范围应采用控制爆破方案,减小爆破对围岩扰动,每开挖一层锚杆间距围岩,及时进行锚喷支护。拱脚应设置锁脚锚杆,长度不宜小于5m,并根据围岩情况进行调整,对基础梁的稳定性进行分析。

(3)侧墙支护设计

应采取有效措施控制侧墙超挖,必要时,可增加钢架支护。下台阶宜采用中间拉槽、分层开挖的方式施工,减小爆破对侧墙影响。侧墙应设置系统锚杆,锚杆长度根据侧墙高度及围岩情况确定,且不宜小于3.5m。

(4)临时支撑拆除

第二层初期支护宜设置在中隔壁之间,避免拆撑工况风险,中隔壁在第二层初期支护喷射混凝土强度达到设计强度时方可拆除。拆除宜分段试拆，并加强监测，及时反馈监测结果，根据监测数据对初期支护安全性进行研判。

（5）计算结果分析

车站主体初期支护结构采用FLAC 3D进行数值模拟分析。结合本工程特点，分析V级围岩段双层初期支护结构的应力应变。自上而下依次为杂填土（2.5m）、强风化花岗岩（8.2m）、中风化花岗岩（2.6m）、微风化花岗岩，岩土参数参考地勘报告，见表5-9。

各地层参数指标表　　　　　　　　　　　　　　　　　　　　　　　　表5-9

地层代号	岩土名称	天然密度	计算内摩擦角	弹性模量	变形模量	泊松比	土的静止侧压力系数	基床系数（MPa/m）		岩石单轴极限抗压强度		地基承载力特征值	锚杆的极限黏结强度标准值		岩土体与锚固体黏结强度特征值	岩土施工工程分级
								垂直	水平	天然	饱和		一次常压注浆	二次常力注浆	
		ρ	φ	E	E_0	ν	ξ	K_v	K_h	R	R_0	f_{ak}	q_{sk}		f_{rbk}	
		g/cm³	°	GPa	MPa			MPa/m	MPa/m	MPa	MPa	MPa	kPa		kPa	
①₁	杂填土	1.75	15.0	—	—	—	—	—	—	—	—	—	15	30	15	I
⑯上	强风化花岗岩	2.30	45	—	45	0.24	0.32	150	180	—	—	800	180	210	300	III
⑯下	强风化花岗岩	2.3	50	—	45	0.23	0.30	160	200	—	—	1000	220	260	400	IV
⑰	中风化龙岗岩	2.61	55	5.0	50	0.22	0.20	400	500	—	30.92	2000	400	440	720	V
⑰₂₋₂	花岗岩（块状碎裂岩）	2.61	45	3.0	—	0.27	0.21	240	300	—	—	1200	160	180	280	IV
⑱	微风化花岗岩	2.63	65	22.0	—	0.20	0.15	800	1000	44.66	43.98	4500	640	670	1100	VI
⑱₁	微风化煌斑岩	2.65	65	22.0	—	0.20	0.15	800	1000	—	46.77	4500	360	380	580	VI

车站主体结构计算模型、初始应力分布如图5-43、图5-44所示。

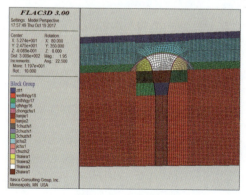

图5-43　计算模型

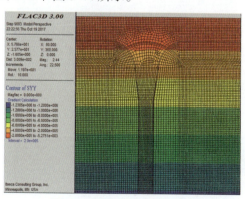

图5-44　竖向应力分布云图

上断面双侧壁导坑及二层初期支护施工位移分布如图 5-45、图 5-46 所示。

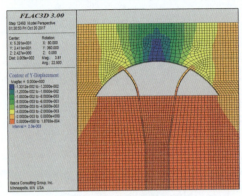
图 5-45　竖向位移分布云图
（双侧壁导坑）

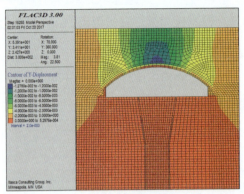
图 5-46　竖向位移分布云图
（二层初期支护）

开挖完成初期支护及围岩的变形以及应力分布如图 5-47、图 5-48 所示。

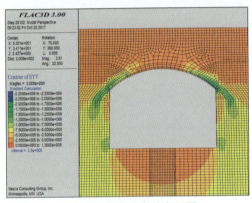
图 5-47　竖向应力分布云图

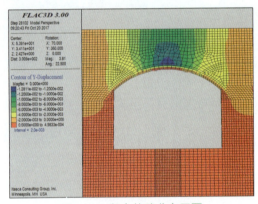
图 5-48　竖向位移分布云图

依计算结果分析，采用双层初期支护能够保证结构的安全。但地面变形较大，特别是隧道中线位置，故地面注浆施工时，可适当考虑一定的地面隆起高度，以保证管线总体变形在控制范围内。

5）小结

经计算分析及工程实践，超浅埋大跨度隧道采用双层初期支护拱盖支护设计可以保证围岩及结构较长时间稳定。本方案较原设计方案可减少投资 230 余万元，为贵州路站节省工期 3～5 月，使 TBM 区间施工和车站施工基本上不相互干扰，取得良好的经济及工期效益。

5.4　拱盖法暗挖风道设计

暗挖风道常规采用 CD/CRD 法施工，且风道进主体通常采用挑高进洞方式，因风道断面较高，CD/CRD 法中隔壁在实际运用过程中存在诸多问题，主要如下：

（1）按风道方向设置的中隔壁在车站开挖过程中影响出渣运输。

（2）车站与风道交叉口段下断面开挖，中隔壁向下续接后中隔壁高度过高，且侧向无法设置约束条件，中隔壁侧向极易失稳。

针对上述情况，可采用风道二次衬砌拱盖法对风道拱部先行扣拱，风道二次衬砌拱盖法的实现分为两部分：①风道与车站交叉口处二次衬砌拱盖；②风道标准段二次衬砌拱盖。下面以瑞金路站 2 号风道为例，介绍二次衬砌拱盖法在暗挖风道中的应用。

5.4.1 风道与车站交叉口处二次衬砌拱盖

瑞金路站 2 号风道与主体交叉口处为三相交叉口，交叉口小里程侧为车站主体，大里程侧通向瑞金路—汽车北站（瑞汽区间）四线断面。风道采用 CD 法开挖，风道进主体采用挑高方式进洞，风道及交叉口段开挖完成后自下而上顺作二次衬砌结构。2 号风道跨度为 14.1m，高度为 15.4m。车站跨度为 19.9m，高度为 17.5m。断面布置情况如图 5-49、图 5-50 所示。

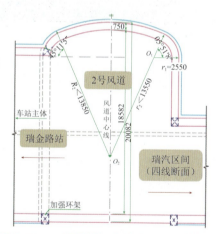 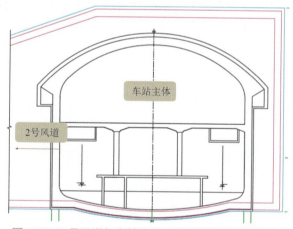

图 5-49　2 号风道与车站交叉口段结构横剖面示意图（尺寸单位：mm）　　图 5-50　2 号风道与车站交叉口段结构纵剖面示意图

初期支护状态下挑高进洞存在较大施工风险且区间开挖后将再次扰动交叉口段围岩及支撑体系，风险的不确定性增加。为此，考虑对交叉口段风道提前施作拱盖二次衬砌方案，通过压缩风道下断面，为拱盖托梁提供落脚岩柱，最终实现了交叉口范围提前扣拱，如图5-51～图 5-54 所示。

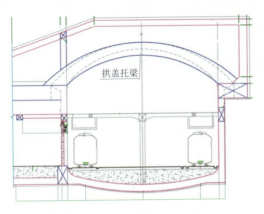

图 5-51　主体侧交叉口段结构纵剖面示意图

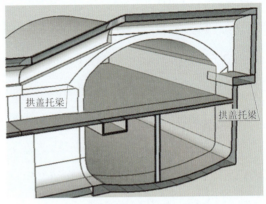

图 5-52　主体侧拱盖托梁模型图

图 5-53　区间侧拱盖托梁模型图

图 5-54　风道交叉口处拱盖二次衬砌现场完成效果

5.4.2　风道标准段二次衬砌拱盖

瑞金路站 2 号风道围岩较差（Ⅴ级），初期支护状态下开挖下台阶施工风险较大。原设计断面如图 5-55 所示，通过压缩风道过风面积，调整风道内设备布置，对标准段风道下半断面进行收缩，风道得以按拱盖法施工，如图 5-56～图 5-58 所示。

二次衬砌拱盖法在暗挖风道的成功应用，一方面继承了车站拱盖法的优点，扣拱后下台阶开挖在拱盖"掩护"下进行，风道开挖的风险显著降低；另一方面，扣拱后，风道下断面开挖无需架设中隔壁等临时性支撑构件，风道下断面完全打开，施工效率得以明显提升，且风道作为车站的施工通道，施工车辆来往频繁，扣拱后无中隔壁影响车辆运输，在确保安全的同时提高了施工效率，值得借鉴推广。

第5章 暗挖支护设计创新

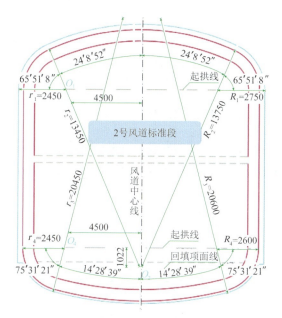

图 5-55 CD 法 2 号风道标准段剖面示意图（尺寸单位：mm）

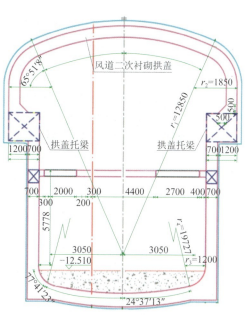

图 5-56 二次衬砌拱盖法 2 号风道标准段剖面示意图（尺寸单位：mm）

图 5-57 风道标准段二次衬砌拱盖模型图

图 5-58 风道标准段二次衬砌拱盖现场完成效果

5.5 管幕的成功应用

1）工程概况

安子站位于长江东路正下方，沿长江东路东北西南向布置。车站东北侧为台湾风情大街和荣誉山住宅小区，东南侧为在建的安子住宅区，西北侧为新建的慧康医院。长江东路宽约 37m，双向 6 车道，道路红线宽 50m，交通较繁忙。安子站车站总平面如图 5-59 所示。

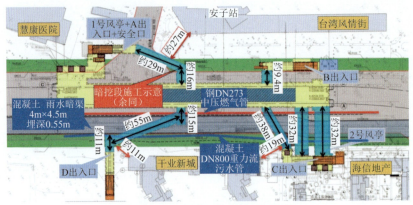

图 5-59 安子站车站总平面示意图

车站共设置 4 个出入口与两组风亭，出入口及 2 号风道均采用明暗挖结合设置。

南侧附属结构穿越埋深 0.55m 的 4m×4.5m 的四孔箱涵混凝土暗渠以及 DN273 的中亚燃气管线和 DN800 的混凝土污水管线。

南岭路站、遵义路站及汽车北站均位于重庆路西侧，三站过街通道均下穿重庆路。重庆路管线众多，车流量大，过街通道下穿管道区域 2.5m×2.0m、多条 DN1200 给水管、DN800 雨水管等管线，建设环境复杂多变，施工风险较高，经多次会议研究确定过街通道采用管幕法施工。

南岭路站位于重庆路与南岭三路交叉路口西北侧，比邻中南世纪城，沿重庆路南北方向设置。其中 C 口为过街通道出入口，过街通道为直墙拱形结构，通道跨度为 7.1m，开挖高度为 5.65m，覆土厚度为 4.7~6.0m。目前 C1 口、C2 口主体结构完成，管幕为两端对向打设，在中间绿化带对接，C2 口侧管幕已打设完成，C1 口侧管幕正在打设。南岭路站车站总平面图如图 5-60 所示。

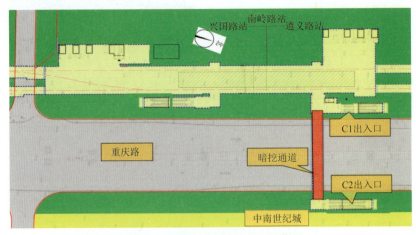

图 5-60 南岭路站车站总平面示意图

遵义路站位于遵义路南侧、重庆中路西侧规划绿化带内。其中 B 口为过街通道出入口，过街通道为直墙拱形结构,通道跨度为 7.1m,开挖高度为 5.65m,覆土厚度为 4.1～5.5m。目前 B1 口底板完成,现进行浇筑侧墙结构;B2 口已完成冠梁及第一道支撑,现进行基坑开挖。遵义路站车站总平面如图 5-61 所示。

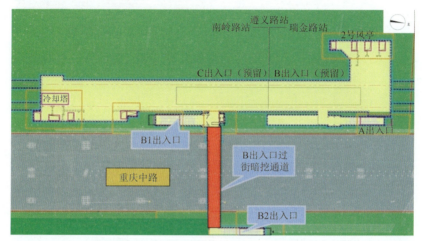

图 5-61　遵义路站车站总平面示意图

汽车北站位于重庆路西侧,沿重庆路南北方向设置。其中 A 口为过街通道出入口,过街通道为直墙拱形结构,通道跨度为 7.1m,开挖高度为 5.65m,覆土厚度为 3.4～6.0m。目前 A1 口、A2 口顶板已施工,过街通道管幕尚未施工。汽车北站车站总平面如图 5-62 所示。

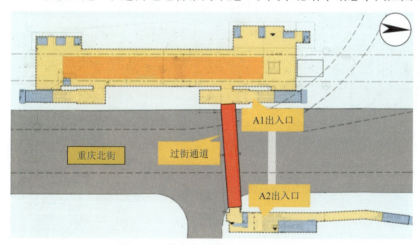

图 5-62　汽车北站车站总平面示意图

2)工程地质与水文概况

(1)安子站

安子站 C、D 出入口暗挖过街段结构高度为 5.3m,拱顶埋深 7.0～7.5m,洞身穿越地质主要为强风化层,上方为长江东路,拱顶距离管线 2.0～5.4m。安子站出入口地质剖面如图 5-63 所示。

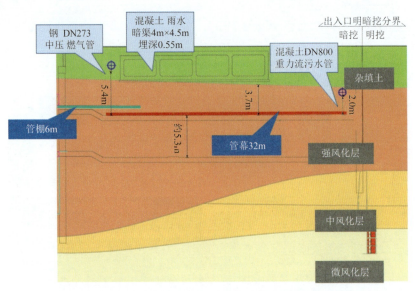

图 5-63　安子站出入口地质剖面示意图

安子站 2 号风道暗挖过街段结构高度为 6.7m，拱顶埋深 6.0～9.1m，洞身穿越地质主要为强风化层，上方为长江东路，拱顶距离管线 3.9～6.3m。安子站 2 号风道地质剖面如图 5-64 所示。

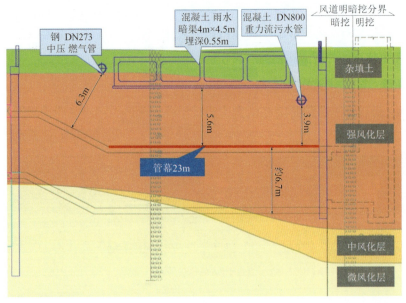

图 5-64　安子站 2 号风道地质剖面示意图

（2）南岭路站

南岭路站洞身土层自上至下主要为：杂填土、含黏性土粗砂、粉质黏土、粗砾砂，洞身穿越含黏性土粗砂层、粉质黏土层、粗砂～砾砂层。底板主要位于粗砂～砾砂层及粉质黏土层。南岭路站地质纵断面如图 5-65 所示。

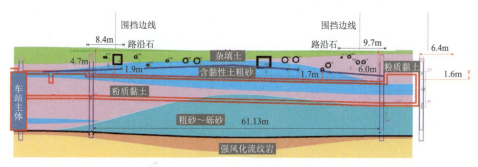

图 5-65　南岭路站地质纵断面示意图

（3）遵义路站

遵义路站洞身土层自上至下主要为：素填土、粉质黏土、含黏性土中粗砂、粗砾砂、粉质黏土，洞身穿越含黏性土粗砂层、粉质黏土层。底板主要位于中砂～粗砂层及粉质黏土层。遵义路站地质纵断面如图 5-66 所示。

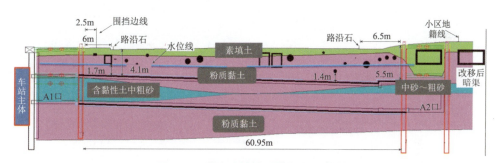

图 5-66　遵义路站地质纵断面示意图

（4）汽车北站

汽车北站洞身土层自上至下主要为：素填土、中～粗砂、粉质黏土、中～粗砂、粉质黏土、中～粗砂、粉质黏土、中～粗砂，洞身穿越粉质黏土层、中～粗砂层。底板主要位于粉质黏土层。汽车北站地质纵断面如图 5-67 所示。

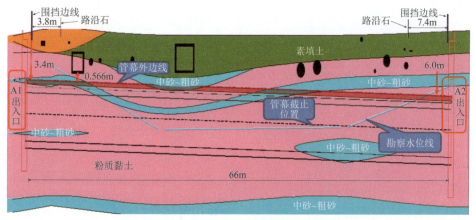

图 5-67　汽车北站地质纵断面示意图

3）支护设计

（1）整体支护方案设计参数

①通道拱部及上半断面侧墙采用φ299mm@350mm（环向）管幕超前支护，下半断面采用超前帷幕注浆。

②初期支护采用 300mm 厚 C25 喷射混凝土，封闭格栅钢架间距为 0.5m。

③二次衬砌模筑 500mm 厚 C45 钢筋混凝土衬砌。

④采用 CD 法施工。

支护横断面设计如图 5-68 所示。

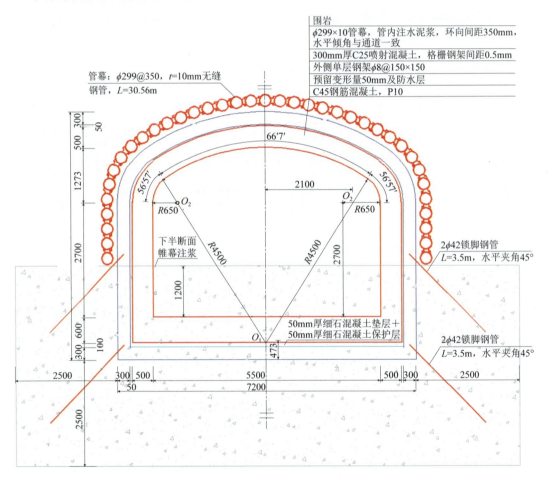

图 5-68　支护横断面设计示意图（尺寸单位：mm）

（2）管幕设计

①锁扣设计：

锁扣采用63mm×40mm×5mm的角钢，根据管幕的设计要求，计算出锁扣在管幕钢管上的位置,然后把角钢焊接在管幕钢管上,为了锁扣焊接的准确,先将管幕钢管放在一根125mm的槽钢上,然后根据锁扣参数,固定角钢两端及中间的位置焊接牢固,因锁扣决定下一根管幕钢管的走向,锁扣焊接一定要保证准确。锁扣设计如图5-69所示。

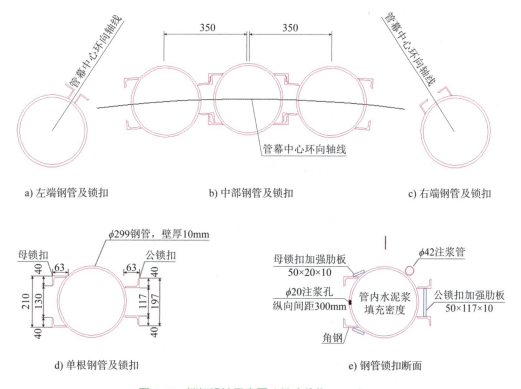

图5-69 锁扣设计示意图（尺寸单位：mm）

②管节间连接设计：

管节与管节之间的连接采用坡口等强度焊接,需沿钢管周圈全部焊接。焊接时要用卡套固定好两根钢管。管节间连接节点如图5-70所示。

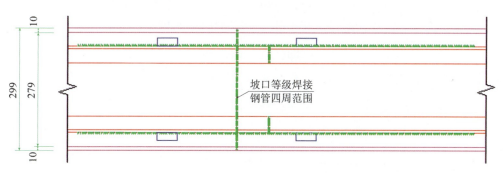

图5-70 管节间连接节点示意图（尺寸单位：mm）

③注浆要求：

管幕钢管内注浆建议采用素水泥浆,水灰比为1∶0.8,注浆由一端进行,注浆口设在一端，出浆口位于另一端，设在钢管顶部，当出浆口流出浆液后，关上阀门，然后加压至0.8MPa。待浆液固结后，进行二次注浆，即将一端钢管端头部位割开，使管内水流出或抽出，然后进行填充注浆。填充注浆时，可加入适量的膨胀剂，注浆效果通过割开管头部位进行检验，端头嵌固处理要求ϕ299mm 钢管全部布设完成后，将两端的管头连接起来，使端头部位形成一个整体；端头连接方法是用ϕ28mm 钢筋上下两排焊接起来，形成一个整体。

④管幕施工设计：

下穿重庆路段过街通道，地质条件差，围岩等级为Ⅵ级，采用ϕ299mm 管幕超前支护。管幕在出入口通道开挖轮廓线拱顶及侧墙外侧 250mm 布设，分别从车站端、过街端明挖基坑两头对向打设，钢管通过角钢锁扣相互扣接形成管幕，管内及锁扣部位使用水泥浆液填充固结。结合现场情况及设计条件，下半断面根据施工情况，如果开挖过程中遇砂层，采用帷幕注浆法加固地层。施工期间加强监控量测，确保施工安全。

初期支护施工时应在拱部 150°范围预埋ϕ42mm 注浆管，壁厚 3.5mm，长 400mm，环向 3 根，纵向间距 4m。当初期支护闭合成坏一定长度后，应及时对初期支护背后回填注浆加固，以减少地面沉降量，注浆压力宜为 0.2～0.5MPa。二次衬砌在模筑时预埋ϕ42mm 钢管，长 800mm，每环 5 根，对二次衬砌背后回填注浆，预埋方式同初期支护，注浆压力不宜大于 0.2MPa。

⑤管幕施工工序设计：

a. 管幕采用螺旋出土导向顶管法施工，出土和顶管同时进行。钢管顶进时要及时出土但不能超量出土，避免出土量不足或太多导致地层的隆起和沉降。

b. 施工过程中必须精确测量钢管的偏斜并进行实时纠偏。最大偏斜要控制在10mm以内。

c. 在精确放线放点的基础上每根钢管在下管前要准确进行测量定位并予以复核，每10m 要进行一次复核。

d. 锁扣的焊接精度要控制在 2mm 以内，且累计误差不能超过 5mm。

e. 管幕施工前，除管幕影响范围内结构侧墙、顶板出土孔，其余部分结构需浇筑完成并达设计强度，此范围内第一、二道支撑不得拆除，待完成过街通道后再拆除。

f. 管幕施工过程中，分三次切割明暗挖接口处的围护桩，每次破除1/3门洞宽度的围护桩，然后打设管幕，每一部分管幕打设完成后及时与围护桩可靠连接，然后架设一榀格栅钢架，按此工序逐次完成明挖段围护桩的破除，与明挖段主体连接处架立三榀格栅钢架进行密排。

⑥管幕施工工艺及应用情况：

管幕施工工艺流程及现场照片如图 5-71、图 5-72 所示。

第 5 章 暗挖支护设计创新

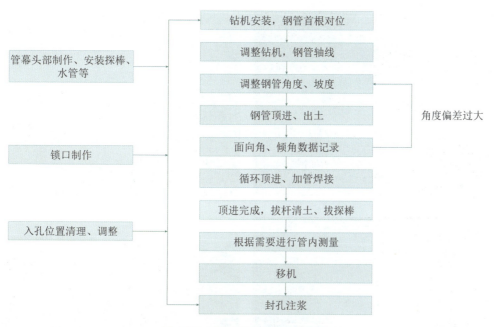

图 5-71 管幕法施工工艺流程图

图 5-72

图 5-72 管幕施工现场照片

浅埋暗挖过街通道均采用小口径锁扣管幕作为超前支护，管线及地表沉降均满足设计要求。小口径锁扣管幕超前支护施工现场如图 5-73 所示。

图 5-73 小口径锁扣管幕超前支护施工现场照片

5.5.1 造价分析

1）超前支护造价分析

以过街通道为例，将常规矿山法超前支护措施（超前管棚 + 超前小导管）与管幕支护造价进行对比分析。

（1）常规矿山法超前支护（图 5-74）

超前支护：ϕ108mm×8mm 管棚（L = 31.9m），环向间距 0.3m；ϕ42mm 超前小导管（L = 3.0m），环向间距 0.3m，纵向间距 1.0m。

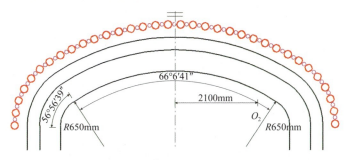

图 5-74　常规矿山法超前支护

常规矿山法超前支护造价分析见表 5-10。

常规矿山法超前支护造价分析表　　　　　　　　　　表 5-10

项目编码	项 目 名 称	计 量 单 位	设 计 数 量	综合单价（元）	合价（万元）
1	超前注浆	m³	3.99	546.64	0.22
2	超前小导管	m	110.45	44.03	0.49
3	超前管棚	m	30.08	194.14	0.58
4	管棚注浆	m³	3.15	550.10	0.17
5	喷射混凝土（临时结构）	m³	3.79	1345.97	0.51
6	临时钢支撑	t	0.10	3278.00	0.03
合计	—	—	—	—	2.00

（2）管幕法超前支护（图 5-75）

超前支护：ϕ299mm×10mm 管幕（L = 30.6m），环向间距 0.35m。

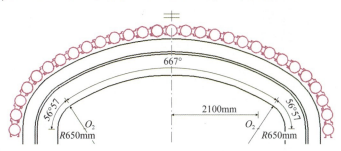

图 5-75　管幕法超前支护

管幕法超前支护造价分析见表 5-11。

管幕法超前支护造价分析表　　　　　　　　表 5-11

项目编码	项目名称	计量单位	设计数量	综合单价（元）	合价（万元）
1	喷射混凝土（临时结构）	m³	1.90	1345.97	0.26
2	临时钢支撑	t	0.05	3278.00	0.02
3	超前管幕	m	31.00	1200.00	3.72
4	钢管	t	2.21	3279.16	0.72
5	角钢	t	0.71	3279.16	0.23
6	管幕注浆	m³	1.86	558.60	0.10
合计	—	—	—	—	5.05

通过比较可以发现，采用拱顶、侧墙均设置管幕的方式相对于管棚法造价增加约 3.05 万元/m，超前管幕数量过大、单价过高是造成成本增加的主要因素，在今后设计中可通过优化侧墙管幕数量及管幕直径进一步降低成本。

2）管幕布置造价分析

（1）全环封闭式

全环封闭式布置方法需在端头施工处设置设备基坑（6m×2m×10m）以完成侧墙底及底板管幕打设。全环封闭式如图 5-76 所示。

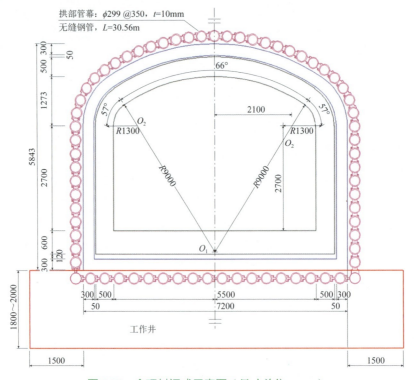

图 5-76　全环封闭式示意图（尺寸单位：mm）

（2）拱墙设置管幕

仅在拱顶、部分侧墙设置管幕时，需采用补充帷幕注浆方式进行洞内加固。洞内帷幕注浆加固下断面外 1.5m 范围土体并形成止水帷幕。注浆方式洞内加固如图 5-77 所示。

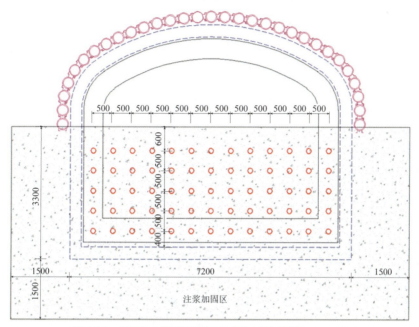

图 5-77　注浆方式洞内加固示意图（尺寸单位：mm）

管幕布置经济分析表（以过街通道为例）见表 5-12。

管幕布置经济分析表（以过街通道为例）　　　表 5-12

布置形式	侧墙及底板管幕造价（万元/m）	下断面注浆造价（万元/m）	管幕打设工期（d）	下断面注浆工期（d）
全环封闭式	4.56	0	138	0
拱墙设置管幕	0	1.2	62	82

5.5.2　管幕法应用前景

管幕法作为新型超前支护方法，弥补了管棚不能有效封闭的不足。对于车站等一些大断面隧道、下穿重要管线或超浅覆盖、地面沉降要求高、地质情况复杂及需要止水的地铁工程，小口径锁口管幕方法将成为优先选择的超前支护方案之一，同时在其他地下工程中也具有广阔应用前景。

第 6 章

盾构及TBM工法创新设计

随着施工装备技术的发展与应用，在城市地铁建设过程中，盾构和硬岩隧道掘进机（TBM）的应用越来越广泛。在青岛地铁 1 号线的建设过程中，分别采用了盾构法和 TBM 法，积累了丰富的工程经验，形成了诸多创新成果。

6.1 TBM 及盾构选型

基于国内外类似地铁工程建设经验和教训，结合青岛地铁 3 号线、青岛地铁 2 号线一期工程经验，区间隧道采用矿山法施工存在以下问题：施工安全风险高，尤其是软岩软土及土岩复合地段，不但施工风险高而且工程造价也高；爆破施工振动及噪声扰民问题；下穿或邻近既有建（构）筑物安全问题；施工质量不易控制；施工作业环境条件较差；施工竖井多，管迁、绿迁难度大。

青岛地铁 1 号线工程穿越了市南区、市北区等老城区段，下穿众多老式居民楼等建筑，且地面道路狭窄，交通流量大。据统计青岛市地铁 1 号线工程区间正穿的建（构）筑物约 235 座，侧穿（30m 范围内）的建（构）筑物约 329 座，数量庞大，若采用矿山法施工，势必会带来很多问题。

此外，青岛地铁 1 号线工程在城阳区段及黄岛区部分区段，由于穿越地层主要为粗砾砂、含黏性土粗砾砂及粉质黏土，地质条件差，围岩等级以Ⅵ级为主，不适宜采用矿山法施工。

在青岛地铁建设中使用隧道掘进机技术，对解决城市建筑密集区区间隧道矿山法施工爆破振动及噪声所产生的扰民、既有建（构）筑物安全问题，以及地层软硬不均、软弱地段隧道矿山法施工存在的高风险、高造价等问题，具有重要作用；同时对推动青岛及我国地铁建设技术进步、提高建设水平具有积极的意义。

6.1.1 选型原则

（1）掘进机选型应按照安全性、可靠性、适用性第一，兼顾技术先进性和经济性的原则进行。

（2）选型应根据施工的环境进行综合分析，掘进机的地质针对性非常强，掘进机性能的发挥在很大程度上依赖于工程地质条件和水文地质条件。工程地质及水文地质是影响掘进机隧道施工质量的重要因素，也是掘进机选型的重要依据，地质资料要求全面、真实、准确。同时，不同类型的掘进机适用的地层也不同。

（3）掘进机设备的配置应尽量做到合理化、标准化；应依据工程项目的大小、难易程度、工期、质量、安全、环保以及文明施工和成本等要求，在充分调研的基础上进行选型。工程施工对掘进机的工期要求应包含掘进机前期准备、掘进、衬砌、拆卸转场等全过程；掘进机的前期准备工作包含招标采购、设计、制造、运输、场地、安装、调试、进洞等；开挖总工期应满足预定的隧道开挖所需工期的要求；对边掘进边衬砌的掘进机，掘进机成洞的总工期应满足预定的成洞工期的要求；掘进机的拆卸、转场应满足预定的后续工期的要求。

（4）后配套设备的能力与主机配套，满足生产能力与主机掘进速度相匹配，同时具有施工安全、结构简单、布置合理和易于维护保养的特点。

（5）应考虑掘进机制造商的知名度、业绩、信誉和技术服务。

6.1.2 青岛地铁1号线地质特点

青岛市地形特征呈东高西低，南北两侧隆起，中间凹陷，地层条件属于典型的上软下硬土岩复合地层。一般上部为第四系软弱地层，下部为坚硬的岩石地层，中风化岩石单轴抗压强度基本在 25～90MPa，微风化岩石单轴抗压强度基本在 40～130MPa，岩石中石英含量为 5%～30%。

青岛市主要位于海阳—青岛断陷上，断裂构造比较发育，褶皱构造不发育。构造破碎带处岩体节理裂隙发育，岩体破碎，围岩自稳性差。地下水以基岩裂隙水为主。

青岛地铁1号线各区段地质条件概况如下（图6-1）：

起点—峨眉山路站区间、石油大学站—太行山路站区间、人民广场站—衡山路站—天目山路站区间基本全部位于微风化岩层中，局部穿插断层破碎带；峨眉山路站—石油大学站区间局部地层较差，拱部位于强风化岩层，下穿辛庄北河段距离砂层较近；太行山路站—井冈山路站—人民广场站区间靠近井冈山路站两端地层较差，拱顶位于强风化岩层；天目山路站—安子站—安子东站区间主体大部分位于强风化岩层；安子东站—薛家岛站—瓦屋庄站区间在明暗挖分界处地层较差，拱顶局部位于第四系土层，其余部分均位于微风化岩层。

瓦屋庄站—贵州路站区间隧址区共穿越18条断裂，主要为高角度、中新代脆性断裂构造，以压扭性为主，其宽度在数米至数十米不等，其中隧道海域段穿越4组14条断裂带。海域段穿越风化深槽，贵州路站站前段隧道洞身主要位于中风化花岗岩中，局部穿越强风化花岗岩。西镇站—青岛站区间隧道穿越强风化层及粉质黏土层，地质条件较差。青岛站—中山路站区间隧道穿越不良地层，该处洞身位于中风化花岗岩地层。广饶路—台东站区间隧道穿越风化深槽，洞身位于强～中风化花岗岩地层。

第6章 盾构及TBM工法创新设计

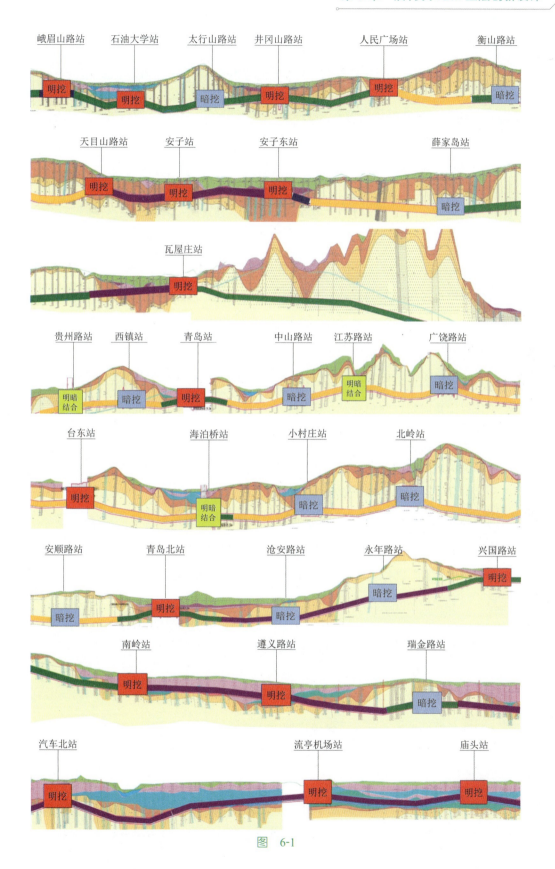

图 6-1

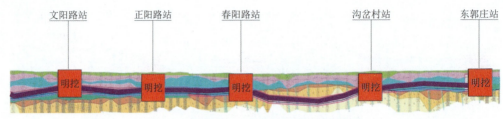

图 6-1　青岛地铁 1 号线地质纵断面示意图

台东站—水清沟站隧道基本全部位于微风化花岗岩中，局部穿插断层破碎带，开封路站—胜利桥站地质条件较差，隧道穿越富水砂层，胜利桥站—青岛北站区间隧道穿越地层也以微风化花岗岩为主，靠胜利桥站局部拱顶上方为砂层。青岛北站至沧安路站以及沧安路站站后 450m 穿越沧口断裂带影响区域，穿越地层以安山岩的块状碎裂岩、糜棱岩、节理密集带为主，沧永区间剩余部分及永兴区间地质条件较好，穿越微风化花岗岩。

兴国路站—南岭站区间穿越 420m 微风化粗粒花岗岩后进入 600m 黏土层，南岭站—遵义路站区间全断面位于黏土层中，局部存在砂层，遵义路站—瑞金路站区间先穿越 250m 的砂层、黏土层，然后进入中、微风化流纹岩地层，瑞金路站—汽车北站区间先穿越 630m 的中、微风化火山角砾岩，然后穿越黏土层、强风化层安山岩，汽车北站区间—流亭机场站区间前半段穿越中、微风化安山岩，后半段穿越砂层、黏土层。

流亭机场站—春阳路站区间隧道基本全部位于第四系富水砂土层中，穿越土层包括粗砾砂、含卵石粗砾砂、含碎石粗砾砂、中粗砂、黏土、粉质黏土等。春阳路站—沟岔村站区间岩面较高，除两端共约 250m 范围拱顶为富水砂土层，其余段洞身均穿越中、微风化安山岩层，地质条件较好。沟岔村站—东郭庄站区间除小里程端 200m 段岩面较高，穿越中、微风化安山岩外，其余段穿越第四系富水砂土层，主要为粗砾砂层，局部为强风化安山岩、强风化泥质砂岩和粉质黏土层。

6.1.3　青岛地铁 1 号线 TBM 选型

青岛地铁 2 号线率先在青岛开展了 TBM 选型研究及应用，结合其相关选型经验及青岛地铁 1 号线具体的地质条件，选型结论如下：

（1）敞开式 TBM 由于地质适应性较差、整机长度较长、过站灵活性较差，不适合青岛地铁隧道施工。

（2）单护盾 TBM 可以适应青岛地铁隧道区间地质环境，但施工速度较慢。双护盾 TBM 施工速度较快，但存在无法观察地质状态、易卡机的缺点，需结合青岛地铁实际情况进一步改进。双模 TBM 地质适应性较好，但掘进模式转换速度较慢，容易影响施工工期。

（3）Double Shield Universal Compact（DSUC）型 TBM 在保留传统敞开式 TBM 步进方式、支护手段等特点的前提下，也保持了双护盾 TBM 施工灵活、安全的优点，为最适合青岛地铁的 TBM 机型。

（4）青岛地铁 1 号线 TBM 区间工程的主要特点有：①TBM 连续掘进长度长，TBM 需具备长距离连续掘进能力；②TBM 区间大部分地段地质条件较好，岩石强度高，完整性好，但局部也穿插有断层或构造破碎带，TBM 应具备应对不良地质掘进的能力。针对以上两个主要工程特点，对 DSUC 型双护盾 TBM 工程的适应性进行了分析。

1）长距离掘进适应性

一般 TBM 连续掘进距离长 3km 以上，保证 TBM 具有良好的可靠性、使用性能和配套系统是连续掘进成功的关键，所选的 TBM 应具有以下优点以满足长距离施工。

（1）TBM 关键部件设计寿命满足工程需要

主轴承设计寿命和主驱动组件设计寿命都大于 15000h，可连续掘进 20km 以上，能满足本工程的需要。

（2）技术先进性

TBM 上大量采用变频、液压、控制、导向等领域的新技术，其控制系统的底端全部由可编程逻辑控制器（PLC）直接控制，上端由上位机进行总体控制。TBM 的数据采集系统可以记录 TBM 操作全过程的所有参数。

整机液压系统大量采用了比例控制、恒压控制、功率限制等先进的液压控制技术。

TBM 电气、液压系统部件全部采用国际知名品牌，保证良好的质量和使用性能，提升可靠性。

（3）TBM 便于维护

TBM 设计时考虑了操作、维护简单，具有故障自动诊断和显示功能，能保证在最短的时间内解决故障，为连续快速掘进创造了条件。

（4）精确的方向控制能力

长距离施工要求 TBM 具有良好的方向控制能力，以保证线路方向误差控制在规定的范围内。TBM 方向的控制包括两个方面：一是 TBM 本身能够自动纠偏，二是采用先进的激光导向技术降低方向控制误差。TBM 主推进液压缸和辅助推进液压缸均分为四组，能分区域单独控制，使 TBM 具有良好的转向和纠偏性能。装备的 VMT 导向系统能精确反映 TBM 主机的方位和姿态，使主司机能精确地控制 TBM 掘进方向。

2）断层破碎带掘进适应性

断层破碎带是隧道围岩失稳和出现地质灾害的突出地段，容易引起塌方、大量涌水，甚至突发性涌水，因此 TBM 对断层破碎带的掘进适应性尤为重要。青岛地铁 1 号线 TBM 区间隧道穿过多处断层破碎带，为保障施工顺畅，对 TBM 做了针对性的设计。

（1）单护盾掘进模式

TBM 具有双护盾和单护盾模式掘进的功能，在断层破碎带掘进时，TBM 能采用单护盾模式掘进，保障施工安全。

（2）超前地层加固

利用超前地质预报系统对断层破碎带进行超前地质预报，利用红外探水仪和 TBM 配置的超前钻机探水。利用 TBM 配置的超前钻机和注浆设备对地层进行超前加固，同时刀盘面板预留注浆孔的设计能满足掌子面加固的需要。

DSUC 型双护盾 TBM 如图 6-2 所示。

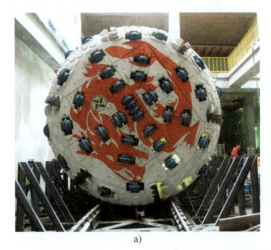 

a) b)

图 6-2 DSUC 型双护盾 TBM

6.1.4 青岛地铁 1 号线盾构选型

盾构法是暗挖法施工中的一种全机械化施工方法，它是将盾构机械在地层中推进，通过盾构外壳和管片支承四周围岩防止发生往隧道内的坍塌，同时在开挖面前方用切削装置进行土体开挖，通过出土机械运出洞外，靠千斤顶在后部加压顶进，并拼装预制混凝土管片，形成隧道结构的一种机械化施工方法。

盾构分类见表 6-1。

盾 构 分 类 表

表 6-1

按挖掘方式分类
- 手掘式
- 半机械式
- 机械式

按挡土方式分类
- 开放式
- 部分开放式
- 封闭式

按稳定掘削面的加压方式分类
- 压气式
- 泥水加压式
- 削土加压式
- 加水加压式
- 泥浆加压式
- 加泥加压式

按组合命名分类

盾构
- 全开放式
  - 手掘式
  - 半机械式
  - 机械式
- 部分开放式
  - 网格式
- 封闭式
  - 泥水式
    - 泥水+面板
    - 泥水+辐条
  - 土压式
    - 土压式
      - 掘削土+面板
      - 掘削土+辐条
      - 掘削土+添加材+面板
      - 掘削土+添加材+辐条
    - 泥土式
      - 掘削土+泥浆+面板
      - 掘削土+泥浆+辐条
  - 泥浆式

按适用土质分类
- 软土盾构
- 硬土层、岩层盾构
- 复合盾构

按施工方法分类
- 二次衬砌法盾构工法
- 一次衬砌法盾构工法（ECL工法）

按尺寸大小分类
- 超小型盾构
- 小型盾构
- 中型盾构
- 大型盾构
- 特大型盾构
- 超特大型盾构

按断面形状分类

- 圆形
  - 半圆形
  - 单圆形
  - 双圆搭接形
  - 三圆搭接形
- 非圆形
  - 矩形
  - 马蹄形
  - 椭圆形

目前，敞开式盾构和压缩空气盾构已基本被淘汰，应用最广的是土压平衡盾构和泥水平衡盾构两种机型。以下针对土压平衡盾构和泥水平衡盾构，介绍二者选型依据。

1）根据地层的渗透系数进行选型

地层渗透系数对于盾构的选型是一个很重要的因素。通常，当地层的渗透系数小于 10^{-7} m/s 时，可以选用土压平衡盾构；当地层的渗透系数在 $10^{-7} \sim 10^{-4}$ m/s 之间时，既可以选用土压平衡盾构也可以选用泥水平衡盾构；当地层的渗透系数大于 10^{-4} m/s 时，宜选用泥水平衡盾构。根据地层渗透系数与盾构类型的关系，若地层以各种级配富水的砂层、砂砾层为主时，宜选用泥水平衡盾构；其他地层宜选用土压平衡盾构，如图 6-3 所示。

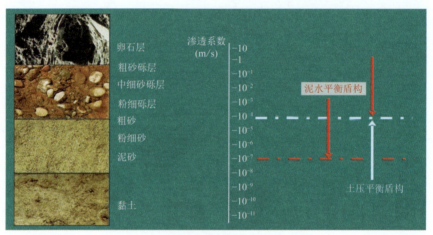

图 6-3　地层渗透性与盾构选型关系图

2）根据地层的颗粒级配进行选型

土压平衡盾构主要适用于粉土、粉质黏土、淤泥质粉土、粉砂层等黏性土层施工，在黏性土层中掘进时，由刀盘切削下来的土体进入土仓后由螺旋输送机输出，在螺旋机内形成压力梯降，保持土仓压力稳定，使开挖面土层处于稳定。一般来说，细颗粒含量多，渣土易形成不透水的流塑体，容易充满土仓的每个部位，在土仓中可以建立压力来平衡开挖面的土体。黏土、淤泥质土区为土压平衡盾构适用的颗粒级配范围；砾石粗砂区为泥水平衡盾构适用的颗粒级配范围；粗砂、细砂区可使用泥水平衡盾构，也可经土质改良后使用土压平衡盾构。

一般来说，当岩土中粉粒和黏粒的总量达到 40% 以上时，通常选用土压平衡盾构，反之选择泥水平衡盾构比较合适。粉粒的绝对大小通常以 0.075mm 为界。

3）根据地下水压进行选型

当水压大于 0.3MPa 时，适宜采用泥水平衡盾构。如果采用土压平衡盾构，螺旋输送机难以形成有效的土塞效应，在螺旋输送机排土闸门处易发生渣土喷涌现象，引起土仓中土压力下降，导致开挖面坍塌。

当水压大于0.3MPa时，如因地质原因需采用土压平衡盾构，则需增大螺旋输送机的长度或采用二级螺旋输送机，或采用保压泵。

4）其他特殊因素

盾构选型时，还需解决理论的合理性与实际的可能性之间的矛盾，必须考虑环保、工程地质和安全因素。

（1）环保因素

对泥水平衡盾构而言，虽然经过过筛、旋流、沉淀等程序，可以将弃土浆液中的一些粗颗粒分离出来，并通过汽车、船等工具运输弃渣，但泥浆中的悬浮或半悬浮状态的细土颗粒仍不能完全分离出来，而这些物质又不能随意处理，就形成了使用泥水平衡盾构的一大困难。降低污染保护环境是选择泥水平衡盾构面临的十分重要的课题，需要解决的是如何防止将这些泥浆弃置江河湖海等水体中造成范围更大、更严重的污染。

将弃土泥浆彻底处理至可以作为固体物料运输的程度是可行的，国内外都有许多成功的案例，但做到这点并不容易，主要由于：

①处理设备费，增加了工程投资。

②用来安装这些处理设备需要的场地较大。

③处理时间较长。

（2）工程地质因素

盾构施工段工程地质的复杂性主要反映在基础地质（主要是围岩岩性）和工程地质特性的多变方面。在一个盾构施工段或一个盾构合同标段中，某些部分的施工环境适合选用土压平衡盾构，但某些部分又很适合选用泥水平衡盾构。盾构选型时应综合考虑并对不同选择进行风险分析后择其优者。

（3）安全因素

从保持工作面的稳定、控制地面沉降的角度来看，当隧道断面较大时，使用泥水平衡盾构要比使用土压平衡盾构的效果好一些，特别是在河湖等水体下、在密集的建（构）筑物下及上软下硬的地层中施工时。在这些特殊的施工环境中，施工过程的安全性将是盾构选型时的一项极其重要的考虑因素。

青岛地铁1号线盾构区间工程的主要特点有：

①盾构掘进地层存在上软下硬的情况，盾构需具备掘进上软下硬地层的能力。

②盾构穿越断层破碎带，应具备应对不良地质掘进的能力。

针对以上主要工程特点，结合前述选型方法，青岛地铁 1 号线盾构选型基本以复合式土压平衡盾构为主，如图 6-4 所示。

图 6-4　复合式土压平衡盾构

实践证明，青岛地铁 1 号线掘进机选型是成功的，选用的 DSUC 型 TBM 和复合式土压平衡盾构较好地适应了 1 号线复杂多变的地质条件，提升了机械化施工效率，并为后续线路机械选型积累了宝贵的经验。

6.2　TBM 始发过站接收关键技术

青岛地铁 1 号线采用 DSUC 型 TBM，开挖直径 6300mm，管片外径 6.0m，管片厚度 300mm。TBM 主机长约 12.5m，整机长约 135m，最小转弯半径 300m，出渣系统采用皮带输送机＋矿车/皮带输送机。以下针对该机型介绍相关 TBM 始发过站接收关键技术。

6.2.1　关键技术思路

（1）在周边环境和场地条件允许的情况下，TBM 始发应首选整体始发的方式，避免分体始发效率低、能耗多、造价高的问题，符合绿色节能、低碳环保、节约投资的要求。

（2）为充分发挥 TBM 掘进优势以及避免反复拆解对 TBM 造成损伤，TBM 过站宜采取整机曲线步进过站的方式，通过辅助推进液压缸和反力牛腿配合实现曲线步进过站，达到减小车站开挖宽度、降低投资和施工风险的目标。

（3）为保证 TBM 安全接收，应在接收端设置不小于 5m 长的接收导洞，确保接收端车站端墙结构的安全。并及时进行接收端管片拉结和回填灌浆，确保接收端管片结构的姿态和防水效果。

6.2.2 TBM 始发关键技术

1）设计要点

（1）TBM 始发井设计要点

①TBM 自明挖车站始发

a. TBM 始发井段沿车站纵向长度不应小于 15000mm。始发井处车站侧墙与线路中心线间的净距应不小于 4000mm，始发井处中柱与线路中心线间的净距应不小于 3800mm。TBM 始发井处车站顶板及各层楼板应预留 TBM 吊装孔，孔口尺寸为：14500mm（长）× 7500mm（宽）（对称于线路中线）。

b. TBM 始发端端头墙后不小于 135m 处车站顶板及各层楼板应预留至少 9000mm（长）× 5500mm（宽）的出土口。

c. TBM 始发前，需采用矿山法提前施作 TBM 始发洞，并施作 TBM 导台。始发洞长度宜为 15m，始发洞内净空半径宜为 3200mm。

d. TBM 始发井和始发洞如图 6-5、图 6-6 所示。

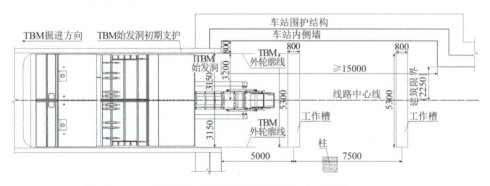

图 6-5 TBM 始发井和始发洞平面示意图（尺寸单位：mm）

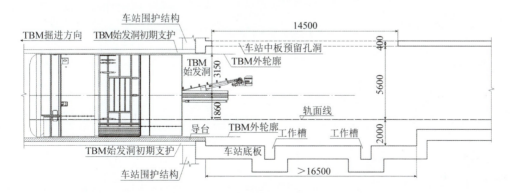

图 6-6 TBM 始发井和始发洞纵剖面示意图（尺寸单位：mm）

②TBM自区间明挖竖井始发

a. TBM始发井宜位于线路正上方,TBM始发井内净空尺寸为:15000mm(长)×9000mm(宽)(对称于线路中线)。

b. TBM始发前,需采用矿山法向掘进方向前方提前施作TBM始发洞,并施作TBM导台。始发洞长度应尽量满足TBM整体始发的条件(特殊情况除外),即始发洞长度不小于135m,始发洞内净空半径宜为3200mm。

(2) TBM始发洞设计要点

TBM始发前,需采用矿山法提前施作TBM始发洞。始发洞仰拱部位设置弧形导台,导台内预埋钢轨。始发洞内净空半径不宜大于3200mm,如图6-7所示。

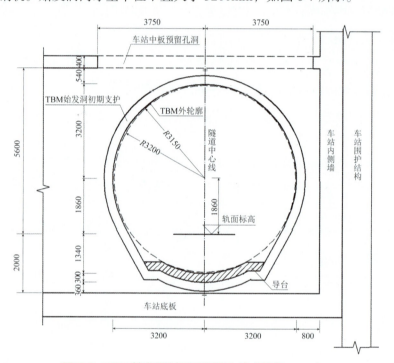

图6-7 TBM始发洞剖面示意图(尺寸单位:mm)

2) 施工要点

(1) 始发导洞施工

TBM使用撑靴提供掘进反力,其前提条件为始发洞断面尺寸必须在撑靴行程范围内。根据TBM相关设计参数,始发洞撑靴范围内净空半径为3160mm,此段始发洞需严格控制净空尺寸,保证撑靴有效支顶。若实测撑靴范围内半径净空尺寸过大,可采用复喷混凝土等手段减小净空尺寸。TBM始发导洞施工现场如图6-8所示。

图 6-8 TBM 始发导洞

（2）弧形导台施工

为满足 TBM 步进需要，始发导洞内需提前浇筑混凝土弧形导台，导台中线沿线路设计中线。弧形导台内预留步进反力架安装孔洞，如图 6-9 所示。

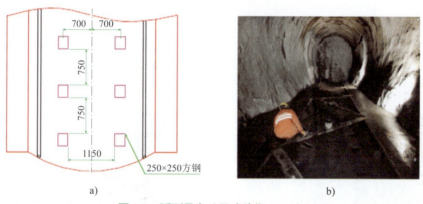

图 6-9 弧形导台（尺寸单位：mm）

（3）TBM 步进

始发过程中 TBM 需步进至始发洞末端，使刀盘位于掌子面的位置。由 TBM 辅助推进液压缸提供推力，反力则由安装于弧形导台上的反力架提供，如图 6-10 所示。

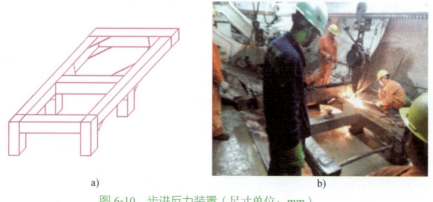

图 6-10 步进反力装置（尺寸单位：mm）

盾体通过首环管片位置后，进行管片反力装置的安装，形成以型钢、钢板为主组合的反力结构，用以支撑拼装管片时液压缸的推力，并控制管片端面为同一平面。管片反力结构安装如图6-11所示，采用$\phi 22mm$的砂浆锚杆与围岩锚固，管片反力结构角撑采用I16型钢制作，管片挡板采用$t = 10mm$厚钢板，钢板宽度根据初期支护喷射混凝土面轮廓确定。管片拼装完后再拆除反力装置，然后浇筑二次衬砌，可与车站接口后浇环梁一起施作。

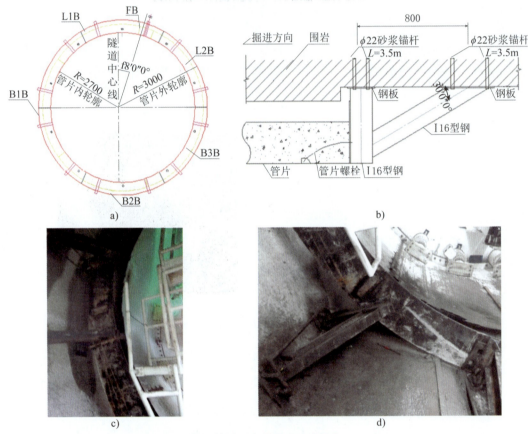

图 6-11 首环管片反力装置（尺寸单位：mm）

6.2.3 TBM 过站关键技术

TBM过站根据总体工程筹划，可采取空推过站（又称"先站后隧"）、掘进过站（又称"先隧后站"）两种方式。为充分发挥TBM掘进优势以及避免反复拆解对TBM造成损伤，建议TBM过站时，尽量避免TBM拆解平移的情况，采取整机步进过站的方式。为减小车站开挖宽度、降低投资和施工风险，可采用曲线步进过站的方式。此方式通过调整TBM步进线路，过站时不沿地铁的线路中心线行进，此车站无需全长加宽。

1）设计要点

车站进站端和出站端端头各施作长度不小于 15m 的扩大端，扩大端侧墙距离线路中心线不小于 3400mm，车站中柱距离步进过站行进线路中心线不小于 3400mm，若进站端和出站端的中柱影响 TBM 过站，需待 TBM 过站之后，方可浇筑此处车站中柱。

车站两端需分别采用矿山法提前施作好 TBM 接收洞、TBM 始发洞，并施作导台。接收洞与始发洞长度应考虑 TBM 整体过站的条件，故过站时的 TBM 接收洞和始发洞均需加长加宽，具体尺寸需结合线路条件、车站布置等因素综合考虑确定。

2）施工要点

TBM 步进采用 TBM 底部两根辅助推进液压缸，利用设备自带的液压泵站提供动力，通过安装在弧形导台预埋的 P43 钢轨上的专用反力装置，同时利用 4 块标准块 B1 管片循环来实现快速过站。

（1）安装反力支腿及第一块底部 B1 管片

在底部弧形导台预埋的滑行轨道上安装反力支腿，安装第一块底部 B1 管片，管片底部用 150mm 后的枕木支垫牢固，底部两根辅助推进液压缸同时伸出顶撑底部第一块管片，控制液压缸压力（不小于 125bar，1bar = 0.1MPa）和流量，缓慢推动 TBM 向前滑行。

（2）安装第二块底部 B1 管片

底部两根辅助推进液压缸收回，安装第二块 B1 底部管片，管片间连接两根纵向弧形螺栓并拧紧，利用底部两根辅助推进液压缸缓慢推进，使 TBM 前移。

（3）重复上述步骤，陆续安装第三块、第四块底部 B1 管片，完成 6m 的推进工作，如图 6-12 所示。

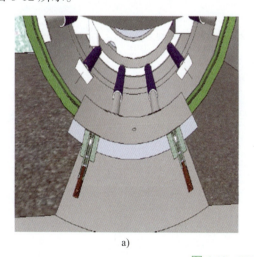
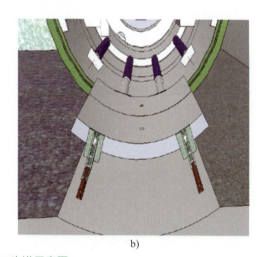

图 6-12　TBM 步进示意图

此过站方式充分利用了 TBM 机械化、自动化的优点，以其自身的辅助推进液压缸提供推力，节省了外部顶推设备或牵引设备，而且 TBM 自身的辅助推进液压缸推力可以数字化控制；循环利用半环管片，不需要拼装连续管片，节约费用在 1/3 以上；此外，此过站方式连续快捷循环施工，TBM 整体前行，无需解体和重新安装，可极大程度缩短工期。

此过站方式综合考虑了 TBM 自身优势和导台反力机构便捷优势，循环工艺简单易懂且易操作，经济效益和社会效益十分可观，适合大面积推广。

6.2.4 TBM 接收关键技术

1）设计要点

（1）TBM 自明挖车站端头井接收吊出：

①车站 TBM 进站端沿纵向长度不小于 14000mm 为吊出井段。吊出井段车站侧墙与线路中心线间净距不小于 4000mm，吊出井段范围内中柱与线路中心线间的净距应不小于 3800mm。

②TBM 吊出井处车站顶板及各层楼板应预留 TBM 吊出孔，孔口尺寸为：13000mm（长）×7500mm（宽）（对称于线路中线）。

③车站进站端采用矿山法提前施作好 TBM 接收洞，并施作导台。接收洞长度宜为 5m，接收洞内净空半径宜为 3400mm。

（2）TBM 自区间竖井接收吊出：

①TBM 吊出井宜位于线路正上方，TBM 吊出井内净空尺寸为：14000mm（长）×9000mm（宽）（对称于线路中线）。

②TBM 吊出井接收端采用矿山法提前施作好 TBM 接收洞，并施作导台。接收洞长度宜为 5m，接收洞内净空半径宜为 3400mm。

（3）TBM 接收井和接收洞如图 6-13～图 6-15 所示。

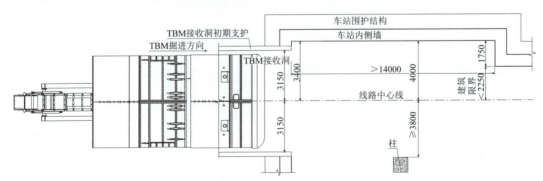

图 6-13　TBM 接收井和接收洞平面示意图（尺寸单位：mm）

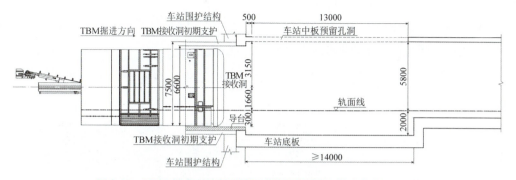

图 6-14　TBM 接收井和接收洞纵剖面示意图（尺寸单位：mm）

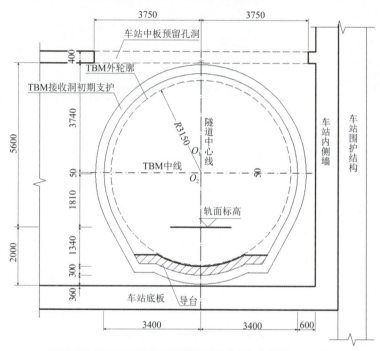

图 6-15　TBM 接收洞横剖面示意图（尺寸单位：mm）

2）施工要点

（1）接收洞弧形导台施工

接收洞弧形导台应符合 TBM 基座技术要求，弧形导台预埋两根 P43 钢轨作为接收滑行导轨，埋设角度为 ±22°各设置一根，轨道安装高程偏差宜控制在 ±50mm，左右偏差宜控制在 ±50mm。曲线地段，接收导台应根据曲线在该位置的切线方向进行定位；导台施工完成后，应进行导台几何尺寸、轴线、高程、混凝土质量检查等，并认真进行导轨测量。

（2）接收前管片拉紧

当主机到达接收洞口时通常还需安装 3~4 环管片才能完成全部区间隧道结构施工，但此时由于主机已开始进入接收洞内的导轨上，能提供给千斤顶的反力将逐渐减小，辅助推进液压缸对管片的顶推力也会逐渐减小，管片之间环缝会因顶推力降低而加大，进而可能导致漏浆渗水的情况发生。因此在 TBM 接收段，为防止管片在失去后盾管片支撑或 TBM 推力后产生松弛导致管片环缝张开，设置管片纵向锁定装置。盾体到达段最后 10 环管片用 ⊏14b 槽钢将管片沿隧道纵向拉紧。在每环管片的 30°、150°、210°、330°位置的纵向螺栓上安装钢构件，并通过螺杆连接拉紧，如图 6-16 所示。

a)

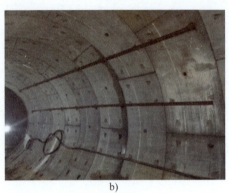
b)

图 6-16 TBM 接收前管片拉紧

（3）接收端最后一环管片固定

①顶丝的制作与安装

当安装完最后一环管片后，在松开辅助推进液压缸前，将 B1、B2、B3 管片用顶丝从豆砾石吹填孔顶住岩壁（提前从吊装孔用凿岩机施作ϕ42mm 深度 100mm 的孔，起到防止管片下沉和左右移动的作用）。

②双液浆固结管片

顶丝安装好后，及时进行豆砾石（碎石）吹填，为了进一步稳定最后两环管片，采用水泥—水玻璃双液浆（水泥浆水灰比为 0.75，水泥浆与水玻璃体积比为 1∶1）对最后两环管片进行加固，以确保管片不发生移动和变形。

6.3 盾构始发接收端头加固技术

6.3.1 始发吊出井车站围护结构设计

车站端头基坑常用的支护方式为钻孔灌注桩+内支撑，基坑位于透水性地层中，还需要采取止水措施，针对不同的地层条件，止水帷幕可采取不同的施工工艺。常见的围护结构形式如下：

（1）钻孔灌注桩 + 止水帷幕 + 内支撑支护

典型车站文阳路站，小里程端端头基坑宽 23.9m，深 18.7m。基坑采用ϕ1000mm@1400mm

钻孔灌注桩支护，灌注桩外侧采用ϕ1000mm@700mm 高压旋喷桩止水。

（2）钻孔灌注桩+TRD 水泥土搅拌墙+内支撑支护

典型车站正阳路站，小里程端端头基坑宽 26.6m，深 18.65m。基坑采用ϕ1000mm@1400mm 钻孔灌注桩支护，灌注桩外侧采用 850mmTRD 水泥土搅拌墙止水。

6.3.2 盾构始发接收端头加固方案

端头井常用的加固方式主要有：旋喷桩加固、TRD+内部旋喷桩、袖阀管注浆加固。青岛地铁 1 号线主要采用了前两种加固方式。

（1）旋喷桩加固（图 6-17）

南岭路站—遵义路站区间（南遵区间）始发接收采用ϕ800mm@600mm 旋喷桩进行加固处理，桩间咬合 200mm。端头加固范围为地面至隧道底板下 3m，隧道外轮廓两侧 3m，纵向加固长度为 8m。

a) b)

图 6-17 旋喷桩施工

遵义路站—瑞金路站区间（遵瑞区间）始发采用ϕ800mm@600mm 旋喷桩进行加固处理，桩间咬合 200mm。端头加固范围为隧道外轮廓上部外扩 3m，两侧外扩 3m，下部外扩 2m，纵向加固长度为 10m。

瑞金路站—汽车北站区间（瑞汽区间）始发采用ϕ600mm@500mm 旋喷桩进行加固处理，桩间咬合 100mm。端头加固范围为拱顶上 3m 至中风化安山岩（块状碎裂岩）以下 1.0m，隧道外轮廓两侧 3m，纵向加固长度为 22.68m。

加固效果检测：旋喷桩采用 PO42.5 普通硅酸盐水泥，水泥浆水灰比为 1:1，要求强加固区加固后土体的 28d 无侧限抗压强度$q_u \geqslant 0.8$MPa，渗透系数$k \leqslant 10^{-7}$cm/s，同时打设水平探测孔检测加固体的完整性及止水效果，若达不到设计要求，应及时采取弥补措施。检验点的数量为施工孔数的 1%，并不应小于 5 点；质量检验应在高压注浆结束 28d 后进行；应选择地质条件较复杂的地段或旋喷时有异常现象的桩体进行检验。

（2）TRD + 内部旋喷桩

汽车北站—流亭机场站区间（汽流区间）接收端采用$\phi 600mm@450mm$ 旋喷桩进行加固处理，桩间咬合 150mm，端头加固范围为拱顶上 3m 至隧道底板下 3m，隧道外轮廓两侧 3m，纵向加固长度为 10m；外圈采用 TRD 水泥土搅拌墙，墙底深入强风化岩层不小于 500mm；在左、右线旋喷桩加固区域之间，设 2 口疏干井，井孔垂直度偏差应控制在 1% 以内，盾构接收前疏干加固区域水体，疏干井井底位于区间洞底以下 5m。

旋喷桩检测：旋喷桩采用 PO42.5 普通硅酸盐水泥，水泥浆水灰比为 1∶1，要求强加固区加固后土体的 28d 无侧限抗压强度$q_u \geq 0.8MPa$，渗透系数$k \leq 10^{-7} cm/s$，同时打设水平探测孔检测加固体的完整性及止水效果，若达不到设计要求，应及时采取弥补措施。

TRD 水泥土搅拌墙检测：TRD 墙的水泥用量及水灰比等参数宜根据墙体性能要求和土质条件由试验确定。水泥应采用强度等级不低于 PO42.5 级普通硅酸盐水泥，水泥掺入比应根据土质条件及要求的水泥土强度确定，且不宜小于 20%，水灰比宜取 1.0～2.0；TRD 施工 28d 后，应采用钻孔取芯的方法进行检验，取芯检验数量及方法按一个独立延米墙身取样，数量为墙身平面总延米的 1%，且不应小于 3 处；每个取芯钻孔应根据土层分布和墙体所在位置的重要性，在墙身不同深度处取样，取芯数量不少于 5 组；取芯后测得的 28d 无侧限抗压强度，宜根据芯样的情况乘以 1.2～1.3 的系数，强度不应小于 0.8MPa；取芯测得的抗渗性能应满足墙体自防渗要求，渗透系数不应大于$1 \times 10^{-7} cm/s$。取芯后的空隙应注浆填充；TRD 成墙质量应每幅检查，要求墙深偏差控制值为+30mm，墙体定位偏差控制值为±25mm，墙厚偏差控制值为±30mm，墙体垂直度偏差控制在 1/250 以内。

6.4　盾构穿越上软下硬地层施工关键技术

复合式土压平衡盾构是我国大多数城市地铁隧道施工的主要盾构类型，通过加强刀盘耐磨设计、优化刀具配置与布局、配置先进的渣土改良与可靠的关键部件密封与润滑等设计手段，大幅拓展了土压平衡盾构的应用范围。根据复合式土压平衡盾构的设备配置、功能布局及结构型式的不同，其能够适应的工程地质类型主要有软土（包括黏土、淤泥等）地层、砂层（粉砂、细砂、中粗砂层）、砾石层、卵石层、硬度不超过 200MPa 的岩层（泥岩、砂岩、板岩等）及软硬不均的复合地质等。

以瑞汽、汽流区间为例，区间地质情况如下：

（1）瑞汽区间

瑞汽区间盾构段地形整体较为平缓，由南向北缓倾，地貌类型为剥蚀斜坡～剥蚀堆积～洪冲积平原地貌。瑞汽区间盾构段范围内主要由第四系全新统人工填土层、洪冲积层及上更新统洪冲积层组成，第四系标准地层层序自上而下分别为第①层素填土、①$_1$层杂填土、⑦层粉质黏土、⑦$_1$层中砂～粗砂、⑪层粉质黏土、⑪$_1$层含黏性土中粗砂、⑫层含黏性土粗砾砂；基岩主要为白垩系青山群石前庄组流纹岩、白垩系青山群八亩地组安山岩及火山角砾岩及其构造岩。整体上基岩面自东南向西北缓倾。隧道上覆基岩自南向北变薄，部分隧道拱顶位于第四系土层中，左线隧道上覆基岩厚度较右线薄。

（2）汽流区间

汽流区间地形整体较为平缓，由南向北缓倾，地貌类型为冲洪积平原～河床～冲洪积平原地貌。汽流区间范围内主要由第四系全新统人工填土层及洪冲积层组成，第四系标准地层层序自上而下分别为第①层素填土、①$_1$层杂填土、⑤层中砂～粗砂、⑦层黏土～粉质黏土、⑦$_1$层中砂～粗砂、⑨层粗砂～砾砂、⑨$_1$层黏土、⑨$_2$层含卵石粗砾砂；基岩主要为白垩系青山群石前庄组流纹岩以及白垩系青山群八亩地组安山岩、火山角砾岩。区间地质情况复杂，盾构区间穿越多条断裂带，且岩层较破碎，且局部存在全断面硬岩。

针对瑞汽、汽流区间穿越的各种地质施工难度分析如下：

①硬岩掘进难点分析。常规滚刀磨损量大，换刀强度高，螺旋输送机易磨损。

②上软下硬地层掘进难点分析。常规滚刀难以同时满足破岩和抗冲击损坏要求。刀盘扭矩大和土仓建压的矛盾突出。推进速度较慢，刀盘对上软层的扰动相对较大，沉降影响较大。下硬层对刀盘的偏心荷载较大，刀盘的弹性变形较大，对主轴承承载能力要求高。由于上软层的存在，掘进依然存在结泥饼风险。

③软土地质掘进难点分析。黏性颗粒较多，刀盘有结泥饼的风险。掘进需要保压，刀盘扭矩大。对渣土改良要求高。

6.4.1 机械选型关键控制要点

1）总体性设计

（1）总体功能与布局：具备隧道开挖、排土与管片衬砌三大主要功能和渣土改良、同步注浆、油脂润滑与密封、通风与冷却、气体保压、物料运输、方向控制、数据采集八大辅助功能；具备敞开式、半敞开式和封闭式掘进模式，盾构总体布局充分考虑人机工程学和模块化设计，满足盾构始发、快速过站、洞内拆机及改造维修的便利性要求，整机寿命不小于10km。

（2）刀盘：刀盘类型为复合式刀盘，在适应当前区间地层施工的同时，考虑了最大的通用性。根据不同的地质情况，共设计了两种类型的刀盘方案以满足不同区间地质的需求。针对全断面硬岩区间段，采用6辐条硬岩刀盘方案，中间支撑，开口率33%，中心区域开口率38%。刀盘体采用优质高强度钢板和耐磨材料焊接，配置进口高可靠性滚刀（最大破岩能力：重型滚刀200MPa），滚刀与齿刀能够完全互换安装。具备磨损检测与超挖功能，并配置泥饼探测装置，可以及时监控刀盘中心泥饼情况。

（3）主驱动：采用大扭矩液压驱动，最大扭矩为8691kN·m，主轴承采用原装进口高可靠性三排圆柱滚子轴承，轴承寿命大于10000h，密封承压10bar，无级调速。

（4）螺旋输送机：采用内径820mm螺旋输送机，满足盾构最大推进速度下的渣土输送；后部中心单液压马达驱动、双闸门设计，更好地控制富水地层可能发生的喷涌；前部闸板式防涌门设计，安全可靠；空心驱动轴设计，提高了驱动轴刚度，降低了驱动阻力；采用精湛的螺旋叶片制作工艺和优质的耐磨材料，确保掘进效率和施工安全。

（5）渣土改良：渣土改良是复合式土压平衡盾构的重要功能，通过向渣土注入泡沫、膨润土或水等添加剂，增加渣土的流动性，降低渣土的透水性，达到堵水、减磨、降扭及保压的效果，对平衡、维持开挖面的稳定有重要作用。刀盘上布置有6个注入口，土仓隔板上分布有4个注入口，螺旋输送机前后两段共分布有8个注入口。同时，配备独立的聚合物注入系统，保障添加剂的注入。

（6）土压控制：土压控制是保持隧道开挖面稳定、控制地表沉降的主要手段，通过土仓隔板和螺旋输送机上安装土压传感器，利用总线控制技术与比例-积分-微分（PID）控制算法，并配合地面测量数据对比，实现对土仓压力实时监测与调整，正常施工情况下满足地面最小沉降量控制目标要求。

（7）盾构转弯半径和爬坡能力：通过合理的设计盾体长度、盾尾间隙、铰接液压缸行程等参数，精确控制盾构推进系统和铰接系统相互配合动作，满足盾构最小转弯半径250m和爬坡能力不小于35‰的施工要求。

（8）带压换刀针对性设计

在上软下硬、硬岩等地层施工时，刀具容易发生异常损坏，常常需要带压换刀，设备配置双舱并联人舱及成熟的全气动压力调节装置，此套系统为全气控装置，在网电断电时系统仍能正常工作，确保带压换刀时舱内人员安全。

2）针对性设计

（1）针对区间硬岩和上软下硬地质的存在，刀盘在本体材料采用优质高强度合金钢焊接而成，焊接后整体退火，去除焊接应力。刀具采用 TBM 用轴式重型滚刀，18in（1in≈0.025m）刀圈，滚刀磨损继续提高到 30mm。硬岩刀盘正面刀间距为 85mm。

（2）针对上软下硬和软土地层，增大刀盘中心开口率，提供中心部位渣土的流动性，减小结泥饼的概率。

（3）配置 6 路单管单泵单喷口泡沫注入系统，通过 6 通道旋转接头往刀盘前面 6 个喷口喷注，发泡方式由原来的管路中混合直接发泡变为在混合箱充分混合后由泡沫泵泵送发泡，增强发泡效果，降低泡沫消耗量。

（4）主驱动大扭矩配置，采用液压马达驱动，脱困扭矩达 8691kN·m，以利于在下硬层块状混合渣土流动性差条件下，克服刀盘扭矩阻力大现象。驱动密封采用聚氨酯材料，耐压能力可达 10bar，且无需消耗 HBW 油脂。

（5）螺旋输送机超耐磨设计，螺旋输送机叶片周边焊接有耐磨合金块，叶片上下表面及轴上堆焊有耐磨焊条，筒体内壁焊接有耐磨钢板。

6.4.2　不同掘进模式的特点及适用条件

复合式土压平衡盾构具有敞开式、半敞开式和土压平衡式三种掘进模式，每一种掘进模式具有不同的特点和适用条件。

1）掘进模式的选择

汽流区间隧道对应的岩土层为主要为强风化安山岩、中等风化安山岩、微风化安山岩、强风化安山岩（砂土状碎裂岩）、中等风化安山岩（块状碎裂岩），其整体强度中等，均匀性一般；瑞汽区间隧道通过的地层为流纹岩、安山岩、火山角砾岩强风化带、中等～微风化岩、糜棱岩～砂土状～块状碎裂岩岩脉及其中等～微风化散体状～节理发育带。盾构区间岩层较破碎，且含有裂隙水，根据本标段的地层和地表建筑物情况，并为了保证盾构在本标段的各个地段都具有良好的地质适应性，在掘进过程中以采用土压平衡掘进模式。

2）掘进参数控制与优化

盾构掘进主要由刀盘和土仓土压力、排土量和推进速度、螺旋机转速、千斤顶推进力、注浆压力与时间、注浆方式与注浆量、浆液性能、盾构坡度、盾构姿态和管片拼装偏差等参数控制。施工中应提前熟悉盾构性能和操作方法，并根据隧道埋深、地质情况和环境条件等，对掘进参数进行预测计算，同时紧随盾构推进对地面沉降变形进行监测反馈，以验证施工参数的合理性，根据监测结果，对施工参数进行综合协调、优化。

（1）土压力控制

采用土压平衡模式掘进时，土压力的设定是施工的关键，包含了推进力、推进速度和出土量三者的相互关系，对盾构施工轴线控制和地层沉降控制起主导作用。应按松弛高度计算土压力理论值。施工中通过设在土仓隔板上的土压传感器测定，结合地质、埋深和地面监控量测信息的反馈分析，适时优化调整土压力、推进速度、推进力及注浆量的设定值，以确保地面变形控制在规定的范围内。

（2）出土量控制

密封仓内土压力以螺旋输送机转速和出土门的开度控制，即以出土量控制。

理论出土量为 $69.65m^3$/环，采用土压平衡模式掘进时，实际出土量控制出土量在理论的 98%～100% 之间，以维持一定土压力，保证盾构正面土体的稳定。出土量多少直接影响到刀盘正面土压力和开挖面的稳定，控制排土量是控制地表变形的重要措施。盾构在保持一定正面土压力时，其排土量取决于输送机的转速，而螺旋输送机的转速应与盾构推进千斤顶推进速度协调，以较好保持土压平衡。

（3）推进速度控制

盾构推进时通过对土压力传感器数据监测来控制盾构千斤顶的推进速度，并与螺旋输送机转速相匹配，以保持适当土压力值，使盾构推进贯入度与出土量相匹配。

（4）盾构轴线控制

轴线控制是盾构隧道施工的一个非常重要的环节，在盾构掘进过程中根据导向系统提供的偏差参数、趋势和建议要严格控制，主要方法如下：

在盾构掘进过程中，以各区域千斤顶的行程、油压以及流量控制盾构前进方向，发现偏差时及时调整千斤顶的编组和各区域千斤顶的行程、流量及油压，加强各施工参数的设定管理，防止因参数设定不当造成隧道轴线产生大的偏离，要做到随偏随纠、勤纠小纠，减少因轴线纠偏而造成的土体超挖、扰动。

（5）同步注浆参数控制

盾构施工引起的地层损失和盾构隧道周围受扰动或剪切破坏的重塑土再固结，是导致地表沉降的重要原因。为减少和防止地表沉降，在盾构掘进过程中，要尽快在脱出盾尾的衬砌背后环形建筑间隙中填充注浆，通过同步注浆及时填充盾构机盾尾与开挖轮廓之间的间隙。

注浆材料和配合比、注浆压力、注浆量和注浆时间是同步注浆施工的四个要素，是防止隧道坍塌、控制地表沉降的关键。

考虑盾构纠偏超挖、跑浆、浆液收缩等因素，实际注浆量一般为计算量的 130%～250%，并通过地面变形监测数据适时调整。

6.4.3 盾构掘进方向调整

由于地层软硬不均、隧道曲线和坡度变化以及操作等因素的影响，盾构推进不可能完全按照设计的隧道轴线前进，会产生一定的偏差。当这种偏差超过一定限度时就会使隧道衬砌侵限、盾尾间隙变小的情况发生，轻者对管片局部受力产生不良影响，重者造成地层损失导致地表沉降，因此盾构施工中必须采取有效技术措施控制掘进方向，及时有效纠正掘进偏差。

（1）采用隧道自动导向系统和人工测量辅助进行盾构姿态监测，自动导向系统能够直观地全天候在盾构机主控室动态显示盾构当前垂直和水平位置与隧道设计轴线的偏差以及趋势，据此调整盾构掘进方向，使其始终保持在允许的偏差范围内。

（2）通过分区操作盾构的推进液压缸来控制掘进方向：

①上坡段掘进时，适当加大盾构下部液压缸的推力和速度。盾构掘进线路要高于设计线路 10～20mm 为宜。下坡地段相反。

②在左转弯曲线段掘进时，则适当加大右侧液压缸推力和速度，盾构掘进线路要向设计线路左侧偏离 10～20mm 为宜，右转弯段相反。直线平坡段掘进时，应尽量使所有液压缸的推力和速度保持一致。

③在均匀的地质条件下掘进，保持所有液压缸推力与速度一致；在软硬不均的地层中掘进时，则应根据不同地层在断面的具体分布情况，遵循硬地层一侧推进液压缸的推力和速度适当加大，软地层一侧液压缸的推力和速度适当减小的原则来操作。

（3）掘进姿态调整与纠偏控制注意事项：

①在切换刀盘转动方向时，应保留适当的时间间隔，切换速度不宜过快，切换速度过快可能造成管片受力状态突变，使管片损坏。

②根据掌子面地层情况应及时调整掘进参数，调整掘进方向时应设置警戒值与限制值。达到警戒值时应立即实行纠偏程序。

③蛇行修正及纠偏应缓慢进行，如修正过急，蛇行反而更加明显。在直线推进的情况下，始终要注意到盾构前行的趋势，一般情况下，盾构低头容易，抬头难。因此，在盾构掘进中掌握好盾构趋势是很重要的，盾构趋势始终处于抬头，即坡度值为正，这样有利于控制盾构姿态。

④推进液压缸油压的调整不宜过快、过大，否则可能造成管片局部破损甚至开裂，也会对盾构本身有一定的影响。正确进行管片选型，确保拼装质量与精度，以使管片端面尽

可能与计划的掘进方向垂直。

⑤盾构始发时方向控制极其重要，应按照始发掘进的有关技术要求，做好测量定位工作。盾构始发成功与否，直接影响着后期盾构掘进工作的正常进行。

⑥正确进行管片选型，确保拼装质量与精度。

（4）盾构穿越上软下硬地层及全断面硬岩：

由于硬岩段起伏不定，在进入硬岩和脱离硬岩的时候，会经历一段上软下硬的不均匀地层。在这种地层掘进，可能发生盾构偏移或被卡住、蛇行，注浆不及时易产生地面沉降甚至塌陷、隧道管片破损以及盾构损坏等许多难以预料的问题。

针对本区间上软下硬地层条件，盾构掘进中采取了下列措施：

①做好补充地质勘探，在地层起伏交界处进行钻孔，查清上软下硬地层的位置和长度；掘进过程中不断观察出土情况，并结合推力、扭矩、速度、土压，以及渣土中石块的比例和大小，判断硬岩的比例，及时调整掘进参数。

②在岩层和土层同时存在的地段，应以硬岩的强度来进行刀具配置；掘进时采用土压平衡掘进模式，根据隧道顶部地质情况选择合适土压力，适当降低土压有利于提高刀具的寿命。

③盾构在上软下硬地层中掘进时，盾构姿态容易向上抬，为了保持正确的掘进线路，应该合理控制上下千斤顶的推进油压；此时边缘滚刀承受最大的破岩压力，应选用重型破岩刀具。

④在上软下硬地段应采用低转速，以减少滚刀与岩土分界面的冲击。

⑤加大发泡剂比例，以改善土体的流动性和土仓的温度，降低土仓温度有利于减少刀具磨损和偏磨。

⑥下部是硬岩，掘进速度受硬岩制约而变慢，容易多出土，应该以盾构进尺来控制出土量，防止超挖，同时保证盾尾回填注浆。

（5）穿越全断面地层硬岩段的掘进措施：

本段地层天然单轴抗压强度最高达 89.9MPa，受此硬岩地层影响，盾构掘进时可能会遇到以下困难：

①掘进速度慢。

②刀具磨损快，换刀频繁，工作量大。

③盾构容易出现"卡壳"现象，推进困难。

④盾构姿态不好控制，造成隧道质量缺陷。

⑤管片上浮。

⑥地下水流失。

针对本区间的硬岩地质条件，盾构掘进中采取了下列措施：

①施工前进行详细的补充勘探，进一步查清硬岩的分布及特性。

②根据岩石的强度，选择匹配的硬岩刀具和耐磨刀具，掘进时，通过提高刀盘转速，减小贯入度，来保证掘进速度。

③每 3~5 环检查一次刀具，做到勤检查、勤更换，特别是边缘滚刀要及时更换，以保证盾构的开挖洞径。现场准备足量的刀具，以便需要时能及时更换刀具。

④在中、微风化岩层中采用半敞开式掘进模式。

⑤开启加水装置并提高泡沫剂比例，改良正面土体，降低刀具和土体的摩擦力，减小扭矩，降低刀盘和土体温度，减小刀具的偏磨。

⑥在掘进过程中，根据滚动角的大小，及时通过调整刀盘转向（左转或右转）来防止盾体产生扭转。

6.4.4　施工过程中常见问题及处理措施

（1）螺旋输送机喷涌

主要原因为：地下水丰富，水压大；盾构不连续掘进，停机时间长，大量水汇聚到土仓，土仓压力大。

治理方法：

①向土仓内注入高吸水性树脂混合液（高吸水性树脂含量 2‰），每环注入量为 60~70L，待在土仓内搅拌均匀后排渣，控制推力、土仓压力、螺旋输送机转速和后闸门开度等参数。应用期间为保证掘进连续性，搅拌时间不能保证，成本较高，总体效果不理想。

②向土仓内注入膨润土浆，膨润土与水质量比为 1∶10，膨化 24h 后向土仓内注入，每环注入量为 10~12m³，调整各项参数。通过掘进中观察出渣状况及与之前渣样对比发现渣土改良效果不理想，渣土流塑性及和易性仍较差，渣土、石子、水依旧分离，螺旋机喷涌状况并未缓解。

③每 5 环做一道止水环，将盾构后方的水截流，有明显效果。

综上所述,缓解螺旋机喷涌最有效方法为每5环做一道止水环,且止水环质量需充分保证。

（2）地层多变且富水带来的问题

①盾构姿态不好控制，且易加快刀具磨损。

②管片姿态不好控制，易上浮，造成管片错台和渗漏水。

③渣土改良效果不好控制。

④水压大容易造成盾尾漏水，螺旋输送机喷涌。

解决方法：

①根据地质围岩情况优化掘进参数，均衡推力，降低刀具偏磨。

②同步注浆增加到 8m³，在盾尾 5 环 1 点或 11 点跟进二次注浆，管片脱出台车后再进行单液浆补浆，填充管片壁厚空洞，遵循"无浆不推"的原则。

③土仓压力过大时，根据需要在管片上打开注浆孔放水降压。

④为防止管片上浮，调整盾构姿态：水平±25mm，垂直-40mm。

⑤泡沫剂采用分散型和润滑型，区分地层使用，进行渣土改良并降低刀盘扭矩。

⑥盾尾油脂注入模式改成手动，压力为 23～27bar，并加大注入量，每 10 环做一道止水环，防止水从盾尾进入。

6.4.5 盾构开仓换刀风险控制措施

1）盾构开仓换刀方法

盾构区间开仓检查及换刀主要有常压开仓换刀和带压开仓换刀两种方式。

（1）常压开仓、换刀

常压开仓、换刀主要适用于盾构掌子面稳定地层，利用掌子面的自稳性，在常压状态下，开仓并更换刀具。

（2）带压开仓、换刀

带压开仓、换刀工作原理是：在保证刀盘前方周围地层和土仓满足气密性要求的条件下，利用空气压缩机将空气加压并注入土仓，通过在土仓内建立合理的气压来平衡刀盘前方水压力，达到防止地下水渗入，防止开挖面坍塌。施工人员在气压条件下，进入土仓内安全地进行检查、维修保养和刀具更换等过程作业。缺点是带压开仓及换刀消耗时间长，换刀效率低，带压本身的风险也较大。

2）开仓换刀方式的选择标准

盾构开仓检查及换刀施工前，根据将根据地质勘察报告、现场渣土分析及承压墙上的球阀检查三种检查方式，确定开仓及换刀方式，见表 6-2。

开仓换刀方式选择表　　　　　　　　　　表 6-2

序号	检查项目	判断标准	开仓换刀方式
1	地质勘察报告	掌子面地层属于哪种地层，是否有地质探孔	若无法满足常压开仓的条件，进行带压开仓换刀作业
2	现场渣土分析	分析渣土属于那种地层，是否与地勘一致	若无法满足常压开仓的条件，进行带压开仓换刀作业
3	承压墙球阀检查	根据仓内水流出的情况，判断裂隙水情况	有大量裂隙水，采用带压模式，少量水或无水常压

经过上述的 3 项判断，如果 3 项判定后的情况均达到常压开仓的标准，则采用常压开仓方式。如果有 1 项以上达不到常压开仓标准，在保证气密性的前提下，采用带压开仓方式进仓。换刀方式则根据实际掌子面观察情况，进行判断。

开仓、换刀方式选择流程如图 6-18 所示。

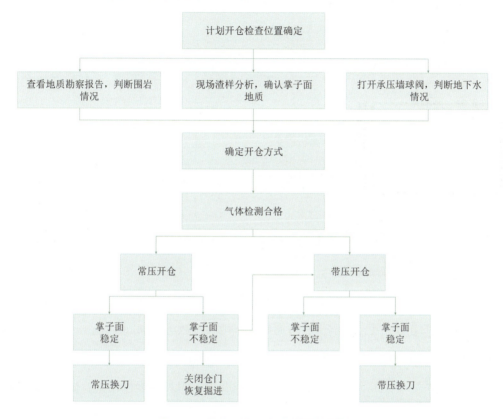

图 6-18　开仓、换刀方式选择流程图

3）刀具更换标准

根据相关经验，检查刀具时，超挖刀最大磨损量为 15mm，17in 刮刀最大磨损量为 35mm，17in 滚刀最大磨损量为 25mm，刮刀的合金层磨损掉时就需进行更换。

4）常压换刀预加固措施

（1）地表注浆（方案一）

盾构到达换刀位置前，在隧道中线左右各 6m 范围打一排注浆管进行预注浆，注浆管布置根据实际情况调整，注意避开地下管线，注浆管间距为 2m，深度为刀盘中心位置，注浆压力控制在 0.3MPa。

（2）布置降水井（方案二）

盾构到达换刀位置前，在隧道两侧 1m 及刀盘前 1m 共布置三道直径 300mm 降水井，降水井深度为隧道底3m。本方案适用于地层较稳定但地下水较大地段。

（3）素混凝土地下连续墙加固（方案三）

盾构到达前在换刀位置，刀盘两侧及顶部0.5m范围内施工两排素混凝土灌注桩（以下简称"素桩"），为刀盘轮廓形成包围圈，并布置降水井，本方案适用于地层差、地下水较大地段。具体加固布置如图6-19、图6-20所示。

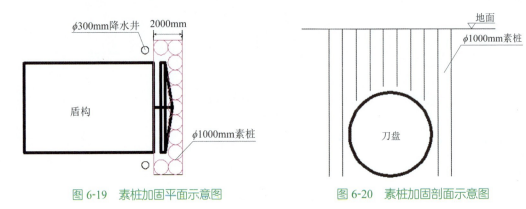

图6-19　素桩加固平面示意图　　　　图6-20　素桩加固剖面示意图

常压换刀根据盾构掘进参数、刀盘扭矩、渣土温度等选择自稳性较好的地层，随时进行检刀并更换，对于岩层较破碎、自稳性较差地层采取带压开仓方式进行换刀作业，带压换刀点拟定于联络通道处，提前于联络通道上方地面区域进行加固。

5）风险分析

本区间地质复杂，地下水丰富，且存在微风化层，刀具磨损量较大，掘进期间需进仓检查及更换刀具。

6）风险控制措施

（1）提前选定换刀试验段，初步计算换刀频率，确定换刀距离，对预换刀位置进行地面超前预加固，以保证换刀人员到刀盘外部进行换刀作业时，掌子面不会坍塌，确保人员安全。加固采用地面注浆加固形式，使用地矿钻机成孔，后退式注浆。富水砂层浆液采用磷酸+水玻璃化学浆液，岩层浆液采用水泥—水玻璃双液浆。

（2）注意观察盾构参数变化，判断刀具损坏情况，及时进行更换，减少对其余刀具的连带性破坏。

（3）严格控制盾构掘进参数，适当减小推力、增大盾构刀盘转速，掘进时发现刀盘参数异常及时停机检查刀盘，并及时维修。

（4）及时调整刀具参数或刀具的材质，以适应不良地质。

6.5 复杂城市环境 TBM 洞内翻渣及拆卸系统

随着 TBM 技术在地铁建设中的推广应用，TBM 隧道建设环境的复杂性、多样性日益突出，应用过程中的新问题、新挑战不断涌现。青岛地铁 1 号线 TBM 应用过程中问题主要包括特殊条件下 TBM 始发问题、出渣效率对掘进效率的制约问题、复杂城市环境下 TBM 拆卸吊出问题等。针对以上问题，1 号线进行了相关创新设计，极大提高了 TBM 在复杂城市环境条件下的适应性。

6.5.1 复杂条件下 TBM 洞内翻渣设计

1）瓦屋庄站—贵州路站区间概况

青岛地铁 1 号线瓦屋庄站—贵州路站区间线路（图 6-21）全长约 8.1km，采用钻爆法 + TBM 工法施工。区间线路于青岛端登陆后，下穿青岛老城区，该区段采用 TBM 工法施工。为满足全线工程筹划要求，区间设置 3 座施工斜井作为钻爆法隧道辅助施工通道。本区间共设计 3 座区间风井，其中 3 号区间风井兼作 TBM 始发井使用，TBM 始发段临近 3 号施工斜井。

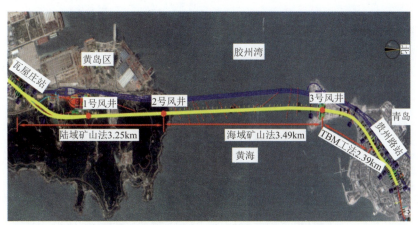

图 6-21 瓦屋庄站—贵州路站区间总平面示意图

2）TBM 常规出渣方案存在的问题

通常情况下，地铁线路正上方设置 TBM 工作井，渣车通过工作井垂直提升出渣。工作井兼顾管片、豆砾石、注浆材料投放等作业，各作业间存在一定的施工干扰。TBM 常规出渣方案如图 6-22 所示。

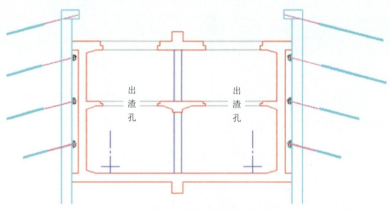

图 6-22　TBM 常规出渣方案示意图

青岛地铁 1 号线瓦屋庄站—贵州路站区间 TBM 隧道段，正线上方不具备设置始发井条件，TBM 由 3 号风井组装，经风道平移至正线后完成始发作业，如图 6-23 所示。本区间为青岛地铁 1 号线跨海隧道，为满足海底段最小覆岩厚度要求，TBM 始发端轨面埋深超过 50m。另外，受始发条件现状制约，TBM 渣车需先经过风道平移后再由竖井吊出，效率低下。若出渣时间较长，TBM 掘进完成后需等待出渣矿车，TBM 掘进效率越高，出渣的制约问题越显著，出渣效率成为制约 TBM 快速成洞的关键问题。

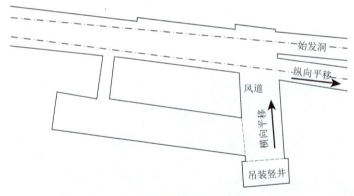

图 6-23　TBM 始发井（3 号风井）结构示意图

3）洞内翻渣快速出渣技术

本区间设置施工斜井用于矿山法隧道施工，TBM 隧道具备由斜井出渣的条件。为了提高 TBM 掘进施工效率，同时提高斜井利用率，项目实施前对洞内翻渣设计方案进行了系统的分析和研究。

（1）洞内翻渣方案比选

采用常规设计思路，隧道洞内需设置门式起重机，出渣矿车通过门式起重机起吊翻渣。根据 TBM 施工需求，洞内需设置 50t 门式起重机一台、25t 门式起重机一台。通过设置挑高洞室用于门式起重机安装和使用，扩大洞室采用高直边墙结构，开挖断面：16.7m（宽）× 17.79m

（高），挑高洞室长度约 70m。

洞内设置门式起重机需新建挑高洞室，挑高洞室在运营阶段无法利用，资源浪费；开挖高直边墙洞室施工风险高，挑高施工技术难度大。结合项目特点，对洞内设置门式起重机翻渣方案进行优化，研发了翻渣台出渣方案。

（2）洞内翻渣系统出渣方案设计

洞内翻渣系统分为液压翻渣台、渣仓、皮带输送机安装三个模块。洞内翻渣系统宽 4.85m，长 15.32m，最大翻卸质量为 60t，出渣能力为 120m³/h，设置 1 套翻渣系统可满足左、右线隧道的出渣任务。该翻渣系统能够单次完成 2 节渣土车同时翻渣，根据翻渣台设备尺寸，安装区平面尺寸为 22m×5.6m，下部设置 8 处钢筋混凝土独立基础；渣土坑平面尺寸为 22m×4.3m，深 4m；皮带输送机安装区平面尺寸为 11m×4.3m，如图 6-24 所示。

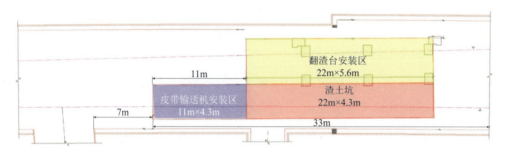

图 6-24　洞内翻渣系统平面布置示意图

（3）出渣作业流程

TBM 掘进完成后，通过电瓶车将渣车牵引至液压翻渣台，液压翻渣台将渣车分别旋转至 55°和 155°，将渣土倾倒至渣仓。渣仓内渣土通过 1 号、2 号、3 号皮带输送机倒运至自卸汽车，通过施工斜井运出洞外，如图 6-25 所示。

a)　　　　　　　　　　　　　　　　b)

图 6-25　洞内翻渣照片

TBM 出渣流程主要包括渣土运输、倒渣、运出洞外作业，具体运出渣流程如图 6-26 所示。

```
渣车进入翻渣台 → 翻渣台倒渣至临时渣仓 → 皮带输送机倒渣至自卸汽车 → 施工斜井运出洞外
```

图 6-26 出渣流程图

（4）工程实施效果

根据对既有线路青岛地铁 2 号线 TBM 区间出渣时间的统计，单节渣车垂直提升，平均出渣时间为 15min，TBM 掘进 1 循环，4 节渣车垂直提升出渣时间约为 60min。

本工程区间正线上方不具备设置工作井条件，渣车需平移后再由竖井垂直提升，出渣耗时更长，单节渣车出渣时长约为 20min。通过应用洞内翻渣系统，单次可完成 2 节渣车的倾倒翻渣，掘进 1 循环 4 节渣车翻渣总时长为 35min，出渣效率较垂直提升方案提高 1 倍。

6.5.2 复杂条件下 TBM 地下拆卸

1）青岛站—海泊桥站区间概况

青岛站—海泊桥站区段线路全长约 6mm，沿青岛老城区敷设。该区段线路下穿大量居民楼及城市干道，周边环境异常复杂。区间隧道先后下穿德国警察总署（国家重点文物保护建筑）、劈材院风貌保护区、无棣路历史文化街区、德国毛骑兵营旧址军事管理区、胶宁高架桥等重要建筑物及大量的居民楼、商业建筑，如图 6-27 所示。隧址区工程地质条件整体较好，洞身主要穿越中～微风化岩层，岩石强度较高，地下水以基岩裂隙水为主，贫～富水。2017 年 10 月首台 TBM 始发，空推过台东站、广饶路站、江苏路站、中山路站，于 2020 年 12 月掘进至施工终点。

图 6-27 青岛站—海泊桥站区段线路示意图

2）应用常规拆卸方案存在的问题

TBM 掘进至施工终点拆卸吊出一般有以下 2 种设计思路：

（1）结合明挖车站、区间风井进行永临结合设计或结合轨排井设计 TBM 工作井。该方案应用案例较多，但应用于本工程限制因素较多：

①城市轨道交通工程一般位于城区，地面条件复杂，地下管线众多、地面交通繁忙。TBM 吊出井若不能进行永临结合设计将大大增加前期费用投入。

②利用车站、区间风井进行 TBM 吊出方案，结构完成时间应与 TBM 掘进时间匹配，一定程度上影响车站结构施工组织；受吊出、拆解施工作业空间影响，车站结构尺寸需局部进行扩大处理，增加车站土建投资。

（2）无需设计拆卸洞室，TBM 洞内弃壳拆机。该方案主要存在以下特点：

①该方案对 TBM 进行破坏性拆卸，盾壳无法拆出利用。

②盾构刀盘等部件需进行特殊性设计，满足洞内拆卸要求。

3）地下拆卸设计方案

若采用一般 TBM 拆卸吊出的思路，掘进终点位置设计 TBM 吊出井或无扩大洞室洞内拆卸，方案实施存在以下难点：

（1）地面交通繁忙，地下管线众多，交通流调、管线迁改难度极大。

（2）TBM 掘进终点位置分布有地下人防工程，吊出井施工需破除地下人防，协调难度较大。

（3）无扩挖洞室情况下进行洞内拆卸，大大增加设备投资。

鉴于上述技术困难，经过参建各方深入的技术方案对接、研讨，基于现场实际情况和方案可实施性多次优化设计方案，最终确定在区间隧道左线设置拆卸洞室，用于左线隧道拆卸，左右线之间设置平移横通道，右线 TBM 通过平移横通道平移至隧道左线后拆卸。

4）地下拆卸洞室结构设计

（1）青岛地铁 1 号线 DSUC-TBM 设备参数

青岛地铁 1 号线采用 DSUC 型双护盾 TBM，开挖直径 6.30m，主机长度 13m，全长 135m，主要设备参数见表 6-3。

青岛地铁 1 号线 DSUC-TBM 设备参数　　表 6-3

序号	部件名称	部位	板厚/长（mm）	宽（mm）	高（mm）	质量（kg）	数量
1	刀盘（不含刀具）	—	1720	6300	6300	82000	1
2	前盾	左上块1	1845	3120	4760	16100	1
3		右上块2	1845	3120	4760	16100	1

续上表

序号	部件名称	部位	板厚/长(mm)	宽(mm)	高(mm)	质量(kg)	数量
4	前盾	底块3	1672	5384	2263	16150	1
5	外伸缩盾	右上块1	2710	3120	4680	4980	1
6		右上块2	2710	3120	4680	4980	1
7		底块3	2710	5404	1640	5160	1
8	内伸缩盾	左上块1	2200	3075	4605	4000	1
9		右上块2	2200	3075	4605	4150	1
10		底块3	2200	5313.5	1562	4220	1
11	伸缩盾仓	—	1136	178	900	205	1
12	支撑盾	左上块1	3962	3075	5226	28800	1
13		右上块2	3962	3075	5226	28800	1
14		底块3	3616	4306	1829	27330	1
15		撑靴	2640	1750	1292	11070	1
16	尾盾	右上块1	2497	3112	3033	2985	1
17		左上块2	2497	3112	3033	2985	1
18		指形护盾	869	200	60	35	30

DSUC 型双护盾 TBM 刀盘采用 5 分块设计，刀盘结构尺寸如图 6-28 所示。

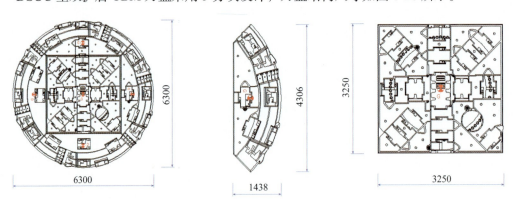

图 6-28 刀盘结构示意图（尺寸单位：mm）

（2）拆卸洞室结构横断面设计

拆卸洞室结构尺寸主要根据 TBM 构件尺寸、施工作业空间及门式起重机设计参数综合确定。

拆卸洞室高度：

$$H = h_1 + D + h_2 + h_3 + h_4 \tag{6-1}$$

式中：h_1——导台高度，m，本工程取值 0.24m；

D——刀盘直径，m，本工程取值 6.3m；

h_2——吊具高度，m，本工程取值 0.95m；

h_3——门式起重机吊钩工作空间，m，本工程取值 2.1m；

h_4——门式起重机高度，m，本工程取值 3.66m。

为满足门式起重机行走梁设计要求，拆卸洞室结构断面宜设计为"蘑菇头"形式。下部断面宽：

$$B = D + 2A \tag{6-2}$$

式中：D——刀盘直径，m，本工程取值 6.3m；

A——工作空间，m，建议取值 1m。

根据青岛站—海泊桥站区段 TBM 设备及门式起重机设备参数，综合确定本区段 TBM 地下拆解洞室结构内净空尺寸为 13.8m（高）× 9m（宽）。

5）拆卸洞室长度设计

拆除洞室长度主要由拆卸作业空间、拆卸后 TBM 构件摆放空间确定。TBM 拆卸后大型结构部件摆放应预留 500～1000mm 作业间距，拆卸洞室平面布置中应考虑门式起重机作业盲区。若 TBM 拆卸后设备零部件需在洞内摆放，则拆卸洞室长度（图 6-29）：

$$L = 2 \times L_1 + L_2 + L_3 + L_4 + L_5 + L_6 \tag{6-3}$$

式中：L_1——刀盘摆放作业空间，m，本工程取值 0.5m；

L_2——刀盘边块长度，m，本工程取值 4.4m；

L_3——刀盘中心块长度，m，本工程取值 3.25m；

L_4——主机拆卸工作空间，m，本工程取值 1m；

L_5——主机长度，m，本工程取值 13.6m；

L_6——门式起重机工作盲区，m，本工程取值 2m。

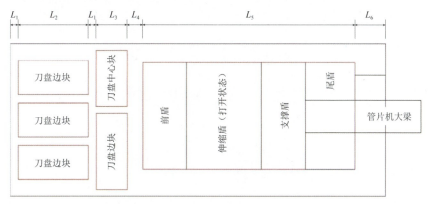

图 6-29　标准拆卸洞室平面布置示意图

若拆解洞室内存放 TBM 部件，综合考虑 TBM 构件摆放空间及拆解作业空间，拆解洞室最小长度为 25.3m。

青岛站—海泊桥站区段充分利用已施工隧道空间，TBM 拆卸后零部件通过平板车存放于已施工隧道内，大大缩小了拆卸洞室规模，缩短后拆卸洞室长度为 17.6m，如图 6-30 所示。

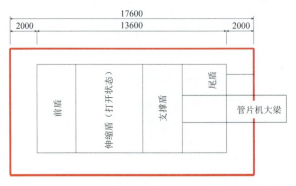

图 6-30　青岛站—海泊桥站区间洞室平面布置示意图（尺寸单位：mm）

为减小平移横通道结构尺寸，TBM 局部拆解后进行平移。尾盾与支撑盾平移前无法拆解，其最大尺寸约 6.8m，为平移最大构件。

平移通道宽度：

$$B = b_1 + 2b_2 \tag{6-4}$$

式中：b_1——最大平移构件宽度，m，本工程取值 6.8m；

b_2——平移作业空间，m，建议取值 1m。

根据青岛地铁 1 号线 TBM 设备参数，平移横通道净宽为 9m。

青岛站—海泊桥站区间平移通道采用直墙拱形结构，综合考虑起拱高度、设备参数，确定平移横通道断面尺寸为 9m（宽）× 9m（高），如图 6-31 所示。

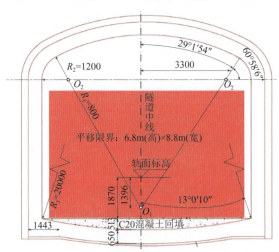

图 6-31　TBM 拆卸洞室横断面设计示意图（单位尺寸：mm）

6）拆卸洞室预留预埋

拆卸洞室内后期需安装门式起重机，为实现门式起重机安装拆卸洞室内需预埋 2 排吊钩，单吊钩最大起重质量为 20t。

7）拆卸洞室施工组织

拆卸洞室施工由区间正线开辟工作面，单洞单线隧道挑高、加宽扩开挖至拆卸洞室拱部，施工拆卸洞室，拆卸洞室施工完成后进行平移横通道施工。拆卸洞室扩挖采用平面加宽、竖向挑高渐变施工方案，平面扩挖角度约 7°，竖向挑高较大，约 22°，如图 6-32 所示。

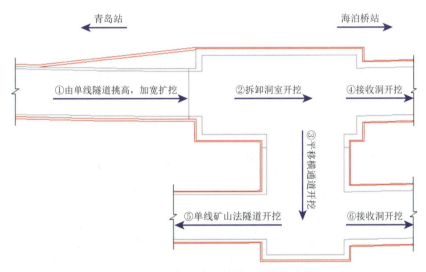

图 6-32　拆卸洞室开挖施工组织示意图

8）TBM 地下拆卸流程

拆卸洞室内主要完成 TBM 主机的拆卸工作，TBM 后配套台车和连接桥部分为门型框架轨行式结构，可以利用牵引机车将其拖至始发站或有起吊条件的中间站点，逐节吊出。主机拆卸流程如图 6-33 所示。

图 6-33　TBM 主机的拆卸作业流程

采用平移拆卸方案，主要技术优势如下：

（1）左右线分别设计拆卸洞室方案，隧道净距小，仅在隧道右线设计拆卸洞室，增加 TBM 平移横通道，将左线 TBM 平移至右线进行洞内拆卸。该方案避免了复杂城区环境下大跨度小净距隧道施工风险，且地表沉降控制效果较好。

（2）从现场实际情况出发，充分利用拆卸洞室端头已施工隧道空间，将已施工隧道作为拆卸洞室零部件存放空间，大大缩小了拆卸洞室规模。通过缩小拆卸洞室隧道规模，缩短了暗挖隧道施工工期，减少工程投资。

9）小结

青岛站—海泊桥站区段线路沿青岛市老城区敷设，沿线建筑物密集、地面交通繁忙、地下管线众多，周边环境异常复杂，不具备设计吊出井条件。本工程利用地下拆卸洞室思路解决了 TBM 拆卸吊出问题。

随着青岛地铁建设的推进，工程建设难度不断增加，地面无法设置吊出井工况不可避免。针对无法设置吊出井工况，采用本样板设计思路能解决 TBM 拆卸吊出问题，具有良好的应用价值，可在类似工程中应用。

6.6　区间联络通道设计方案优化

6.6.1　区间联络通道地层加固

联络通道设计前应对地质条件、周边环境条件进行调查，并根据周边条件选取合理的开挖方案。开挖方也应适当考虑工程筹划，周边环境风险，以及造价综合考虑。区间联络通道加固方法主要分为：洞内注浆加固、地表加固法和冻结法。对于地质较好的地层（Ⅴ级围岩以下），应首先考虑传统洞内注浆加固，对于地质较差的地层（Ⅵ级围岩以及土层和砂层），应结合周边环境情况考虑地表加固或冻结法施工。

1）洞内注浆加固

洞内采用注浆管对开挖区域及周边土体进行加固。适用地层：岩层，施工前需对该处不良地质进行调查。洞内加固如图 6-34 所示。

2）地表加固法

在场地地面环境允许的情况下，采用地表注浆、深层水泥土搅拌桩及搅拌墙、高压旋喷桩等方法在盾构推进前对周围地层进行提前加固，该工法工艺成熟，费用相对较低，工期相对较短。加固区域可兼作盾构推进换刀位置，但根据青岛的富水砂层地层施工经验判断，该工法加固强度可以保证，但存在局部渗漏情况，设计先在加固区周围打设连续性较好的水泥土搅拌桩或搅拌墙对加固区进行封闭。地表加固如图 6-35 所示。

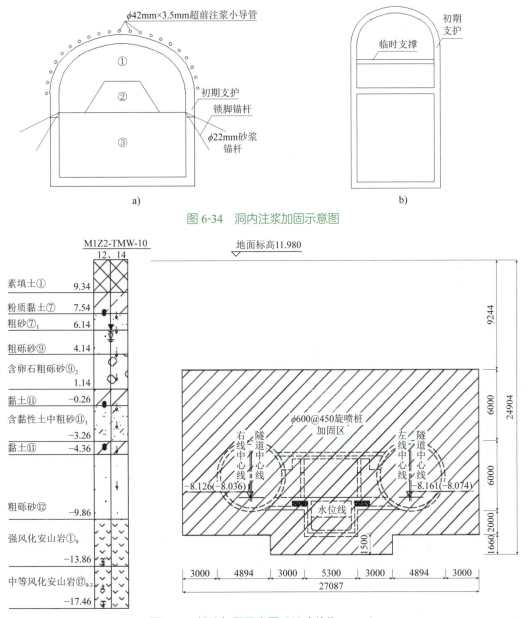

图 6-34 洞内注浆加固示意图

图 6-35 地表加固示意图（尺寸单位：mm）

3）冻结法

冻结法适用范围较广，相比较于地表水泥系加固法，冻结法对地面施工条件要求较低，其加固对象为含水介质，尤其适合于饱和砂层以及含水率高的不稳定地层，加固强度高，基本无漏水风险。但该工法需要在区间隧道洞通后再施工，施工工期相对较长，可能与其余铺轨作业等施工存在交叉作业，且费用较高。冻结法加固如图 6-36 所示。

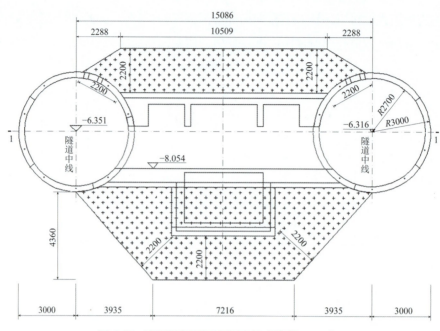

图 6-36 冻结法加固示意图（尺寸单位：mm）

各加固方法适用范围、工艺要求、施工速度、造价及对环境的影响情况对比见表 6-4。

工 法 比 较 表　　　　　　　　　　表 6-4

工 艺	适用范围及评价	工艺要求	施工速度	造价	环境影响
洞内注浆加固	适用于围岩级别较好的岩层，施工快，工艺成熟，但对地质要求较高，在遇到不良地质的情况下存在一定风险	无需占用地表场地，需进行洞内注浆，并施工超前支护	快，区间隧道施工完成后可施工	低	地面无污染，且影响小
地表加固法	适用于土层砂层，工艺成熟，施工快，风险小，但土体加固质量不好的情况下存在掌子面坍塌以及洞内漏水情况	施工需要在地表占地，可采用搅拌桩、旋喷桩、地表注浆等加固工艺，当地下水水量较大时，需要在加固体周围采用搅拌墙或者搅拌桩形成帷幕保证不漏水	快，可在区间隧道推进之前施工，隧道推进完成后可开挖	较低	施工时需要地面有施工条件，且需占用地，施工时对周边有噪声及泥浆影响
冻结法	适用于含水量较大的土层、砂层，工艺成熟，施工相对较慢，风险小，但对施工场地周边地下水要求严	无需占用地表场地，适用地层范围广，强度高，从地表至洞内均可进行加固，加固体强度高，止水性能好	较慢，需要在区间隧道施工完成后才可施工冻结，且冻结壁形成后才可开挖	较高	地面无污染，但后期假如冻融控制不好可能存在沉降

为了保证施工的安全，必要时可以采用两种方法结合的方式进行加固处理。

地表加固法：适用于土层砂层，需结合场地条件选取合理位置，进行地表加固，在场地地下水丰富情况下，地表加固外侧建议采用 TRD 外圈止水帷幕或三轴搅拌桩对加固区进行封闭，当场地施工外侧无止水条件时，为减小施工风险，建议与冻结法比选。

冻结法：适用于土层、砂层。尤其在含水量较大的地层该工法优点较为明显，一般在联络通道内设置冻结站，不受地表施工条件限制。施工前应对场地周边水力联系进行调查，由于地下水流速及联系对冻结会有很大影响,需对地下水进行处理或改为地表加固方法。

日前联络通道洞内注浆加固、地表加固以及冻结法加固方式均在青岛地铁 1 号线成功应用,效果良好,为后续线路施工积累了宝贵经验。

6.6.2 联络通道开洞管片支护方案优化

1)传统支撑形式

(1)适用范围

传统的两条单线区间隧道应设联络通道,相邻两个联络通道之间的距离不应大于 600m。联络通道位置应根据地质情况和地面环境选择,尽量结合区间排水泵房设置,选在地层条件较好或具备地面加固条件的位置。待联络通道处地层加固完成、TBM(盾构)区间贯通后,对联络通道两侧一定范围管片采用钢支撑加固后,破除管片开挖联络通道。

传统的支撑形式安全系数高,对地层适应性强,基本可以应用于所有连通通道开洞。

(2)支撑布置形式

区间贯通后,联络通道左、右线前后各 10 环,应加大同步注浆压力,并进行二次注浆。在联络通道开口环上不开口的主要受力部位设置多个工字钢制作的支撑点,支撑点与管片之间设置木板,以防损坏管片表面,联络通道两侧各加固 4 环,若地层较差可适当延长,各环的钢支撑利用工字钢连接成为整体,以增强支撑的整体稳定性。设置抗拉杆件与内支撑骨架相连,防止和减少区间隧道在通道位置处的管片发生过大变形。钢支撑由 I20、I25 工字钢和[16 槽钢组成,通过焊接连接,待联络通道二次衬砌混凝土达到设计强度后拆除临时钢支撑。如图 6-37、图 6-38 所示。

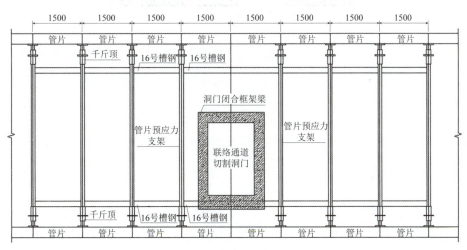

图 6-37

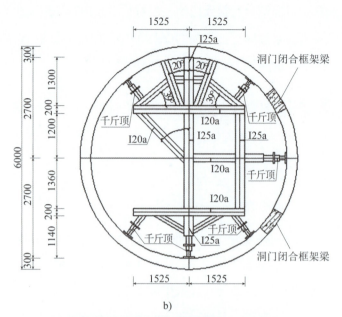

b)

图 6-37 区间联络通道钢支撑加固示意图（尺寸单位：mm）

图 6-38 钢支撑加固现场

  TBM 和盾构区间联络通道接口处需切割的两环管片应通缝拼装，在管片开洞处拱顶位置钻孔，钻孔方向为斜向上 30°，打设超前小导管。采用 ϕ100mm 水钻成孔，钻孔互相咬合，切除洞口管片，洞口横向宽 2.2m，角度 60°，并应保证洞口上下两个螺栓的完整性。联络通道采用台阶法施工，洞口处格栅拱部均按超前小导管坡度上挑，密排设置，并迅速封闭，以保证掌子面稳定。待联络通道开挖完成后再反掏成型。开洞做法如图 6-39～图 6-41 所示。

  联络通道结构采用直墙拱形式，根据消防疏散要求及施工条件，内净空尺寸定为 3m×3.2m。洞门闭合框架梁应与区间正线管片进行可靠连接，如图 6-42 所示。

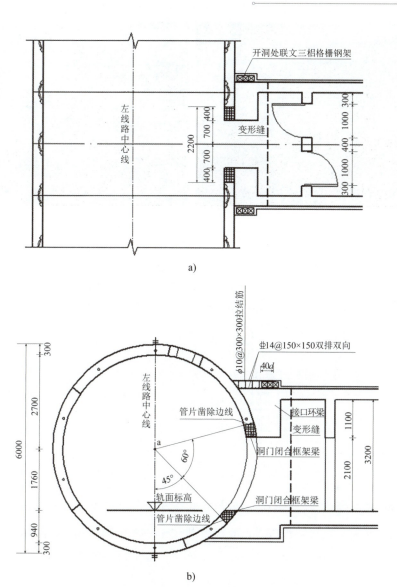

图 6-39 区间联络通道接口设计示意图（尺寸单位：mm）

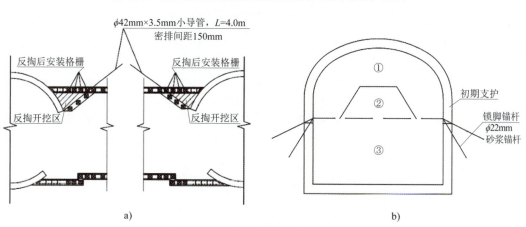

图 6-40 区间联络通道接口示意图

图 6-41 区间联络通道接口设计现场效果图

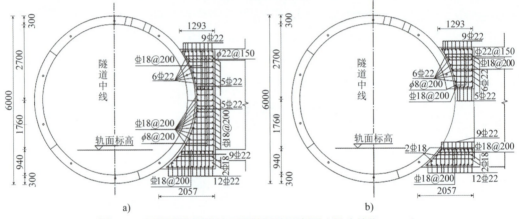

图 6-42 区间联络通道接口环梁设计示意图（尺寸单位：mm）

后浇接口环梁与管片、联络通道内衬之间预埋双道止水胶+注浆管进行防水处理，各结构自身的防水材料在接口处应进行收口处理（图 6-43）。当区间正线隧道排水管穿过防水层进入泵房时，排水管需参考穿墙管做法施作，以保证接口密封。管片钻孔部位需采用微膨胀水泥砂浆灌缝，并采用聚氨酯密封胶收口。

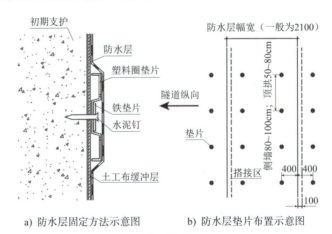

图 6-43

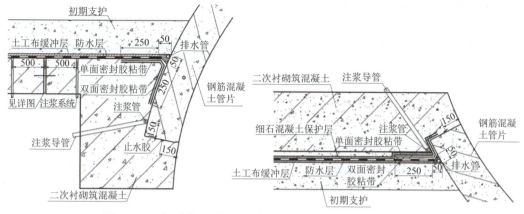

图 6-43 区间联络通道接口防水设计示意图（尺寸单位：mm）

2）TBM 改进型支撑

（1）适用范围

城市轨道交通工期不易控制，特别是机械化施工的 TBM 不如矿山法灵活多变，其施工作业与车站施工相互干扰，造成工期滞后，对于联络通道提前施工有着现实意义上的强烈需求，而传统的"米"字形支撑和"门"字形支撑对于 TBM 的连续性施工造成了较大困扰，对支撑形式的改进提出了客观要求。

根据青岛双护盾 TBM 后配套系统的使用功能要求及结构尺寸，在确保安全的前提下，对"米"字形支撑和"门"字形支撑进行了改进，但改进型支撑刚度相对于传统支撑刚度较弱，故不适用于软弱地层及裂隙发育岩层。

TBM 施工的 I 级、II 级、III$_1$ 级、III$_2$ 级以上节理裂隙不发育围岩。

（2）改进型支撑布置形式

采用内衬箍的形式对管片进行支撑，衬箍宽度 0.5m，全环闭合，厚度 15cm，采用 I14 工字钢结合连接焊接而成，为了便于安装，加工时应分块。

（3）改进型支撑施工注意事项

①建议视围岩情况，提前进行预注浆加固封堵地下水，注浆可采用普通水泥浆或水泥-水玻璃双液浆，注浆形式可以灵活布置，也可以参考前述传统型加固方式布置。

②相邻联络通道管片开口位置的拼缝位置布置，每个拼缝各一道，共计 2 道。

③两个内衬箍之间采用同样形式的连梁连接，连梁布置在管线接缝位置，防止管片变形。连梁宽度为 30cm，连梁与衬箍焊接。通过内衬箍和连梁连接成整体，对联络通道位置开孔管片实现加固。

④螺旋千斤顶顶端钢板开孔，通过全丝螺杆连接，施工过程中加强监测。

⑤在青岛地铁前期建设过程中，没有对联络通道接口设计进行统一，随着青岛地铁 1 号

线对 TBM 区间联络通道接口做法的探索和实践，结合现场施工条件，经过多次研究、讨论和总结，形成了 TBM 区间联络通道接口做法，提高了设计和施工效率。

第 7 章

车辆基地技术创新

7.1 车辆基地设计标准及原则

7.1.1 设计标准

建筑等级是依据建筑物屋架、屋顶、楼坪、地坪等所用材质、结构情况等因素将各种建筑物所划分的等级（表7-1）。建筑耐火等级是为了保证建筑物的安全，采取必要的防火措施，使之具有一定的耐火性，即使发生了火灾也不至于造成太大的损失而设定。抗震等级是设计部门依据国家有关规定，按"建筑物重要性分类与设防标准"，根据设防类别、结构类型、烈度和房屋高度四个因素确定，采用不同抗震等级进行的具体设计。

建 筑 分 类 等 级　　　　　　　　　　表7-1

项 目	内 容	项 目	内 容
设计使用年限	50年	建筑结构安全等级	二级
抗震设防分类	盖下：乙类；盖上：丙类	地基基础的设计等级	甲级
建筑结构耐火等级	一级	混凝土结构的环境类别	地下室临水面和露天混凝土结构为二类b组，其余均为一类

1）荷载取值

（1）面荷载

恒载：按荷载规范取值（其中运用库顶恒载按14kN/m²考虑）。

活荷载：按荷载规范取值（其中车辆基地顶活载考虑上层施工取12kN/m²），重大设备荷载由机电工程公司提供。

雪荷载：按荷载规范取值。

（2）线荷载

隔墙荷载：按10kN/m³计算，两侧考虑25mm混合砂浆抹灰质量。

玻璃栏杆或玻璃隔墙：1.5kN/m²。

（3）风荷载

50年重现期基本风压为$W_0 = 0.60\text{kPa}$，用于承载力设计和位移控制。

10年重现期基本风压为$W_0 = 0.45\text{kPa}$，用于舒适度控制。

（4）地震荷载

①地震荷载按规范取值如图7-1所示。

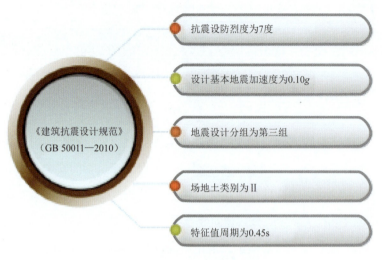

图 7-1　地震荷载取值图

②车辆基地：

小震：采用规范反应谱，特征周期为 0.45s；

中震：采用规范反应谱，特征周期为 0.45s；

大震：采用规范反应谱，特征周期为 0.50s。

③规范反应谱见表 7-2。

规　范　反　应　谱　　　　　　　　　　　　　　表 7-2

超 越 概 率	规范反应谱		
	α_{max}	T_g	γ
50 年 63%（小震）	0.08	0.45	0.9
50 年 10%（中震）	0.12	0.23	0.9
50 年 2%（大震）	0.50	0.50	0.9

2）场地岩（土）层

根据青岛地铁 1 号线工程勘察二标段详细勘察阶段瓦屋庄停车场及出入段线岩土工程勘察报告，场区拟建场地地貌类型较简单，地层结构清晰，区域构造背景稳定，不良地质作用不发育，场地稳定性良好，作为建筑场地是适宜的。按地质年代由新到老、标准地层层序自上而下分述见表 7-3。

岩（土）层参数表　　　　　　　　　　　　　　表 7-3

层号	名称	岩　性	层厚（m）	层底标高（m）	地基承载力 f_a（kPa）	变形模量 E_0（MPa）
①	Q_4^{ml}	素填土	0.40～12.00	3.46～26.01	—	—
①	Q_4^{ml}	杂填土	1.00～8.20	3.46～26.01	—	—

续上表

层号	名称	岩性	层厚（m）	层底标高（m）	地基承载力 f_a（kPa）	变形模量E_0（MPa）
⑪	Q_3^{al+pl}	粉质黏土	0.60～12.50	1.00～23.52	180	—
⑯下	γ_5^3	花岗岩强风化下亚带	1.00～32.30	−25.09～18.82	800	45
⑰	γ_5^3	花岗岩中风化带	0.50～7.80	−28.36～−3.57	2000	50
⑱	γ_5^3	花岗岩微风化带	未揭穿，最大揭露厚度为40.80	—	4500	
⑯$_4$	γ_5^3	闪长岩强风化带	2.20～15.90	−6.63～9.13	600	
⑰$_4$	γ_5^3	闪长岩中风化带	0.40～8.90	−11.73～8.30	1600	
⑱$_4$	γ_5^3	闪长岩微风化带	未揭穿，最大揭露厚度22.80m	—	4500	
⑯$_3$	$\gamma\pi_5^3$	强风化花岗斑岩	0.80～11.00m	1.49～26.16	800	
⑰$_3$	$\gamma\pi_5^3$	中风化花岗斑岩	0.30～20.90	−10.02～21.52	2000	
⑱$_3$	$\gamma\pi_5^3$	微风化花岗斑岩	未揭穿，最大揭露厚度18.60m	—	4500	

7.1.2 结构设计

1）抗浮设计

设防水位：根据青岛地铁1号线工程勘察二标段详细勘察阶段瓦屋庄停车场及出入段线岩土工程勘察报告，抗浮水位建议按15m考虑。

抗浮设计：本工程建筑完成面标高为16.0m，根据确定的设防水位，不需进行抗浮设计。

2）基础选型

本工程无防水底部底板，车辆基地地形起伏较大，中间部位位于回填土上，北半部、南半部分位于强风化～中风化花岗岩、闪长岩地层。

根据裙房和塔楼的基地反力情况，中间部位采用机械成孔灌注桩承台+地梁，北半部、南半部分采用柱下独立基础。

同时站场专业在轨道道床下设水泥粉煤灰碎石桩（CFG）桩基，进行地基处理，以满足车道沉降及底板抗浮要求，基础布置如图7-2所示。

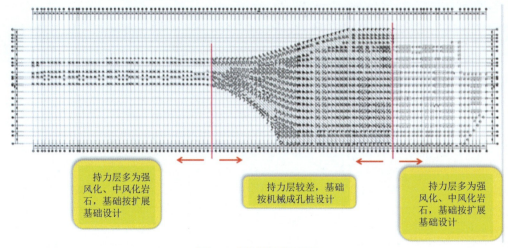

图 7-2　基础选型示意图

3）结构体系

塔楼为框支—剪力墙结构；塔楼以外车辆基地为框架—剪力墙结构。

结构缝：本工程为包含34个塔楼的大底盘结构，体型和体量很大，为了减小混凝土收缩对楼板的影响，并尽量减少底盘上塔楼的数量，沿东西向设置三道结构缝，如图7-3所示。

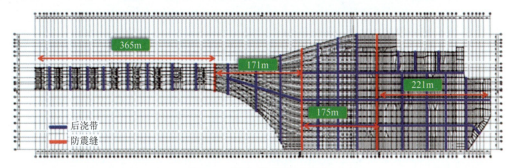

图 7-3　结构缝设置示意图

4）车辆基地超长结构抗裂措施

本工程为超长结构，混凝土收缩和过大的环境降温可能导致楼板出现裂缝，因此应采取措施减小混凝土收缩及减小入模后结构的降温幅度。

（1）设置适当尺度的后浇带，释放早期混凝土收缩应力。

（2）利用后浇带划分出区格后，在同一区格内，采用分仓法施工，进一步释放收缩应力。

（3）控制混凝土浇筑温度：

①相对低温入模。

②选择低水化热、收缩性小的水泥。

③加强振捣、养护环节。

（4）加强设计措施

①板厚相对加大，根据计算分析结果，提高长方向的底板及楼板最小配筋率。

②适当选取钢筋直径和间距，使钢筋细密配置。

（5）加强施工措施

①优先选择低水化热、收缩性小的水泥，可以采用60d龄期强度作为设计强度。

②施工中加强振捣、养护环节，可适当延长养护期。

③加强楼面保护，地下室各层楼面不应长期日晒雨淋，应及时覆土或做保护面层。

④在地下室周边未回填、顶板未覆土时，采取临时保护措施，防止地下室因温度变化、日晒、干燥等产生裂缝。

⑤进行裙房超长结构的温度应力分析，并根据计算结果进行施工图配筋设计。

7.2 车辆基地结构超限设计

根据《建筑抗震设计规范（2016年版）》（GB 50011—2010）、《高层建筑混凝土结构技术规程》（JGJ 3—2010）和《超限高层建筑工程抗震设防审查细则》有关规定，本工程的结构超限情况见表7-4。

塔楼结构超限情况表　　表7-4

超限项目		判定结果	判定原因
高度超限（m）		否	—
塔楼偏置		否	X向和Y向塔楼质心偏心率均小于20%
是否复杂高层		是	塔楼剪力墙在L1层转换，同时为大底盘多塔楼建筑
不规则类型	扭转不规则	是	最大扭转位移比大于1.2但小于1.4；扭转周期比均小于0.90
	凹凸不规则	否	—
	楼板局部不连续	否	—
	竖向不规则	是	裙房高度超过塔楼高度的20%，塔楼宽度小于裙房宽度的75%
	侧向刚度不规则	是	B1层与L1层侧向刚度比不满足规范要求
	抗侧力构件不连续	是	物业车库顶转换，部分框支剪力墙
	楼层承载力突变	否	—
超限情况总结		1. 复杂高层；2. 有4项不规则类型；3. 需进行超限审查	

7.2.1 构件抗震等级

按照《高层建筑混凝土结构技术规程》（JGJ 3—2010）第 3.9.1 条、3.9.3 条和 3.9.5 条规定，确定本工程各部分的抗震等级见表 7-5。

A、B、C、D 区构件抗震等级　　　　表 7-5

结 构 部 位	抗 震 等 级
非底部加强部位剪力墙、连梁、框架梁（L4～屋面）	三级
剪力墙、连梁、框架梁（L2～L3）	二级
剪力墙、框支柱、框支梁（B2～L1）	特一级
框架柱、框架梁（B2～L1）	一级

注：运用库区域 B1 层高较高，将底部剪力墙、框支柱、框支梁的抗震等级提高至特一级作为加强措施。

7.2.2 结构抗震性能目标

结构抗震性能目标为 C 级，见表 7-6、表 7-7。

抗震性能目标　　　　表 7-6

性能目标 C 的相关描述	多遇地震（小震）	设防烈度地震（中震）	预遇的罕遇地震（大震）
性能水准	1	3	4
普通竖向构件	无损坏（弹性）	轻微损坏（抗剪弹性，抗弯不屈服）	部分构件中度损坏（部分构件抗弯屈服，抗剪不发生脆性破坏）
关键构件	无损坏（弹性）	轻微损坏（抗剪弹性，抗弯不屈服）	轻度损坏（抗弯不屈服，抗剪弹性）
耗能构件	无损坏（弹性）	轻度损坏，部分中度损坏（抗剪不屈服，部分构件抗弯屈服）	中度损坏，部分比较严重损坏（部分构件抗弯屈服，抗剪不发生脆性破坏）
计算手段	弹性	等效弹性	等效弹性 + 弹塑性

抗震性能目标（按构件类型）　　　　表 7-7

构件类型	构件名称	小震	中震	大震
普通竖向构件	框架柱	弹性	抗剪弹性，抗弯不屈服	部分构件抗弯可屈服；抗剪不发生脆性破坏
	剪力墙（非底部加强区）			
关键构件	剪力墙（底部加强区）	弹性	抗弯不屈服，抗剪弹性	抗弯、抗剪不屈服
	框支柱、框支梁	弹性	弹性	抗弯不屈服，抗剪弹性
耗能构件	剪力墙连梁	弹性	抗剪弹性，抗弯部分屈服	最先形成塑性铰；部分构件抗弯可屈服；抗剪不发生脆性破坏
	框架梁	弹性	抗剪弹性，抗弯部分屈服	形成塑性铰；部分构件抗弯可屈服；抗剪不发生脆性破坏
节点	—	弹性	不先于构件破坏	
所有构件			在最不利工况下不出现截面剪切破坏	

注：作为超限加强措施，框支柱、框支梁作为关键构件，其抗震性能目标提高到中震弹性，大震为抗弯不屈服，抗剪弹性已达到性能目标 B 的要求。

7.2.3 超限计算分析

根据规范要求，采用盈建科及 ETABS 软件进行弹塑性分析，并用 SAUSAGE 软件进行罕遇地震下的动力弹塑性分析，如图 7-4 所示。

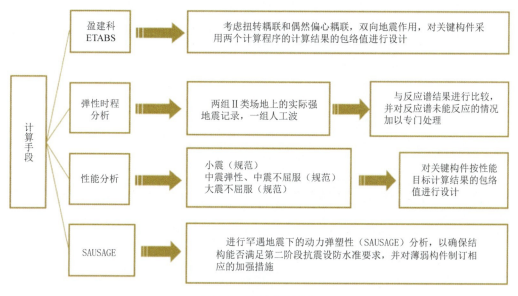

图 7-4 计算分析过程

1）计算结果

第一扭转周期与第一平动周期之比小于 0.85，满足《高层建筑混凝土结构技术规程》（JGJ 3—2010）第 3.4.5 条要求。

有效质量系数大于 90%，所取振型数满足要求。

水平力作用下的层间位移角满足《高层建筑混凝土结构技术规程》（JGJ 3—2010）第 3.7.3 条的要求。

楼剪重比满足《建筑抗震设计规范》（GB 50011—2010）第 5.2.5 条要求。

在偶然偏心地震荷载作用下，按《高层建筑混凝土结构技术规程》（JGJ 3—2010）第 3.4.5 条给定水平力法计算得出的最大扭转位移均小于 1.4，且满足第 3.4.5 条 "复杂高层建筑不宜大于该楼层平均值 1.2 倍，不应大于该楼层平均值的 1.4 倍"的要求。

塔楼墙轴压比小于 0.60，裙房墙轴压比小于 0.50，裙房柱子轴压比小于 0.65，满足对轴压比的规定。

按《高层建筑混凝土结构技术规程》（JGJ 3—2010）第 3.5.2 条，本工程除二层外各楼层侧向刚度均大于上一层的 90%，当下层层高大于上层层高 1.5 倍时，侧向刚度大于 110%，嵌固层侧向刚度大于上一层的 150%，二层为软弱层，属于抗侧刚度不规则。

L1 层的等效剪切刚度大于 L2 层的 1 倍，满足《高层建筑混凝土结构技术规程》（JGJ 3—2010）附录 E 对转换层上下结构侧向刚度规定的要求。

各层受剪承载力均不小于上一层的 80%，满足《高层建筑混凝土结构技术规程》（JGJ 3—2010）第 3.5.3 条的规定，不属于楼层承载力突变。

结构刚重比大于 1.4，满足《高层建筑混凝土结构技术规程》（JGJ 3—2010）第 5.4.4 条对结构稳定的要求；刚重比大于 2.7，不需考虑重力二阶效应的影响。

框架柱所占倾覆力矩百分比小于 50%，满足《高层建筑混凝土结构技术规程》（JGJ 3—2010）第 8.1.3 条要求。

盈建科与 ETABS 的计算结果相近，这说明计算结果合理、有效，计算模型符合结构的实际工作状况。

计算结果表明，结构周期及位移符合规范要求，剪重比适中，构件截面取值合理，结构体系选择恰当。

2）弹性时程分析

时程分析结果满足平均底部剪力不小于振型分解反应谱法结果的 80%，每条地震波底部剪力不小于反应谱法结果的 65% 的条件，所选地震波满足规范要求。

时程分析得出的塔楼底部总剪力大于规范计算值，3 条波的楼层剪力包络值在多数楼层大于规范计算值，应对规范反应谱计算得出的剪力进行放大，其中 A-3 号楼放大系数取 1.0，B-19 号楼放大系数介于 1.0～1.027 之间。

塔楼楼层位移曲线在转换层有较大变化，其余层光滑无突变。

大震作用下，A-3 号楼 X 向基底总剪力为 221210.71kN，剪重比 32.280%，为小震剪重比的 5.49 倍；Y 向基底总剪力为 251880.75kN，剪重比 36.755%，为小震剪重比的 5.49 倍。

B-19 号楼 X 向基底总剪力为 143831kN，剪重比 26.7%，为小震剪重比的 5.3 倍；Y 向基底总剪力为 169096kN，剪重比 31.47%，为小震剪重比的 5.4 倍。

大震作用下，A-3 号楼 X 向最大层间位移角为 1/180，Y 向最大层间位移角为 1/249。B-19 号楼 X 向最大层间位移角为 1/168，Y 向最大层间位移角为 1/237，均远小于规范限值 1/120。

计算结果表明（表 7-8），大震情况下，塔楼底部加强区剪力墙和框架柱的计算配筋均在可实施范围，可以实现大震不屈服的性能目标。

大震不屈服计算　　　　　　　　　　　　　　　表 7-8

构 件 名 称	大震设定的性能目标	计算结果描述	计算结果判定
剪力墙 （底部加强区）	不屈服	计算配筋未超筋	满足要求
剪力墙 （非底部加强区）	部分构件抗弯可屈服；抗剪不发生脆性破坏	计算配筋未超筋	满足要求
转换柱、转换梁	不屈服	计算配筋未超筋	满足要求
框架柱	部分构件抗弯可屈服，抗剪不发生脆性破坏	计算配筋未超筋	满足要求
框架梁	部分构件抗弯可屈服，抗剪不发生脆性破坏	计算配筋未超筋	满足要求
连梁	部分构件抗弯可屈服，抗剪不发生脆性破坏	部分抗弯超筋，抗剪截面满足要求	满足要求

3）动力弹塑性分析

在考虑重力二阶效应及大变形的条件下，结构在各组地震作用下的最大顶点位移 A-3 号楼为 0.207m，B-19 号楼为 0.158m，并最终仍能保持直立，满足"大震不倒"的设防要求。

主体结构在各组地震波下的最大弹塑性层间位移角 A-3 号楼X向为 1/163，Y向为 1/144；B-19 号楼X向为 1/129，Y向为 1/138，均小于 1/120 的规范值要求。

结构的大震弹塑性层间位移角曲线在下部出现锯齿形突变，主要是转换层刚度相对较柔所致。

混凝土受压损伤均较小，未超过 0.1，且钢筋塑性应变均小于 0.004，构件在大震作用下的损伤程度属于轻微损伤，能够保证"大震不倒"的设防要求。

转换层楼板、转换梁、柱的混凝土受压损伤均较小，且钢筋未出现塑性应变。

7.2.4　针对超限采取的主要措施

1）针对车辆基地大底盘的加强措施

（1）针对物业车库顶存在转换，检修库层高较高，提高框支柱、框支梁的抗震等级到特一级，并按中震弹性、大震不屈服进行设计。

（2）底部框支柱严格控制轴压比，控制在 0.3 以下，增加构件延性。

（3）针对连接塔楼的关键楼板，提高楼板厚度和加强配筋。

（4）针对结构超长带来的收缩和温度应力问题，通过设后浇带、低温入模等措施减小收缩和温度应力，并加强楼板配筋。

（5）底部加强区一级墙身水平和竖向分布筋配筋最小配筋率为 0.3%；约束边缘构件竖筋最小配筋率为 1.2%，配箍特征值提高 10%。

2）针对塔楼的加强措施

（1）剪力墙底部加强区高度提高到物业车库上两层。

（2）底部加强区剪力墙按中震弹性、大震不屈服的性能目标进行设计。

（3）底部加强区一级墙身水平和竖向分布筋配筋最小配筋率为 0.3%；约束边缘构件竖筋最小配筋率为 1.2%，配箍特征值提高 10%。

综上所述，满足竖向荷载、风荷载作用下的各项指标。结构抗震性能目标达到 C 级，满足小震不坏、中震可修复、大震不倒塌的抗震设防目标。对于框支柱、框支梁结构抗震性能目标可达到 B 级，因此我们认为，结构可行并且是安全的。

瓦屋庄停车场车辆基地项目作为超限项目，存在三项不规则项，且为全框支无落地剪力墙结构，经过两种不同结构软件的小中大震分析计算，多次调整计算模型，最终得到合理的结构布置，且各个参数指标均满足现行规范的要求，顺利完成了本项目的超限设计。

7.3　上盖工程消防设计

7.3.1　防火设计难点

瓦屋庄停车场盖下单体按地上建筑进行设计，《地铁设计防火标准》（GB 51298—2018）第 5.5.4 条：地下停车库、列检库、停车列检库、运用库和联合检修库的室内最远一点至最近安全出口的疏散距离不应大于 45m；当设置自动灭火系统时，不应大于 60m。《地铁设计防火标准》（GB 51298—2018）对地下停车库、列检库、停车列检库、运用库等疏散距离进行了规定，但未对地上停车库及上盖开发项目进行规定，《建筑设计防火规范》（GB 50016—2014）规定一、二级耐火等级的单、多层丁戊类厂房疏散距离不限。运用库内实际疏散路径会被 120m 长的车辆阻隔，人员绕行的疏散路径过长，库内任意一点距离库外的疏散距离约 145m。同时，由于工艺布置，运用库的疏散楼梯未直接设置在运用库内部，在运用库外侧沿消防车道旁疏散到室外安全区域，其疏散设计是否可行需要进行分析论证。

7.3.2　相关方案

1）消防车道出入口

瓦屋庄停车场层、盖上建筑层两个层面分别设置消防车道，并为消防车道提供不少于 2 个通往市政道路的出入口，形成两层立体式消防车道，如图 7-5 所示。

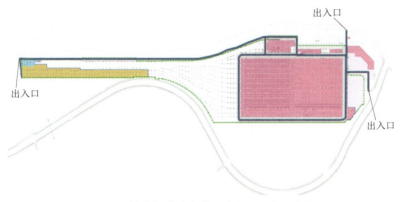

图 7-5 停车场消防车道和出入口设置示意图

2）运用库

运用库北侧、西侧和东侧设置消防车道，南侧设置可供消防车通行的道路。运用库北侧和东侧的消防车道区域上空设置敞开式开口，开口面积不小于消防车道地面面积的 30%，且均匀布置，如图 7-6 所示，保障消防车道内任一点距离排烟窗的距离不大于 30m。

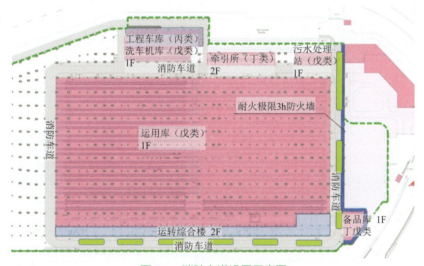

图 7-6 消防车道设置示意图

若运用库西侧消防车道没有设置开口条件，则设置机械排烟系统，排烟系统的排烟量不小于 $60m^3/h \cdot m^2$。

3）盖上住宅建筑层

（1）上部物业开发部分需要能保证消防车辆靠近任一栋建筑，当建筑为高层建筑时，对应车道部位设置消防车登高操作面和回车场，保证紧急情况时消防车通行和展开消防救援作业。

（2）上盖物业火灾自动报警系统应与盖下停车场火灾自动报警系统相互独立，但应信息互通。

7.3.3 防排烟系统

（1）运用库、洗车机库、工程车库设置机械排烟系统。

（2）库外盖下区域（含消防车道）距离盖板不大于 30m 的区域采用自然排烟，不满足自然排烟条件的区域采用机械排烟系统。

（3）在中部疏散走道两侧设置固定挡烟垂壁，挡烟垂壁下沿距排烟口不小于 500mm，且距离板底不小于 2m。

（4）运用库由于梁高，可借助梁设置防烟分区，每个防烟分区面积不大于 2000m²，每个防烟分区的长边不大于 60m。

（5）运用库的防烟分区内均匀设置排烟口（每个防烟分区支管设置常闭防火阀），运用库区内采用常开式排烟口且排烟口位于排烟管道的上表面或侧面。最不利点距离排烟口不大于 30m（图 7-7）。

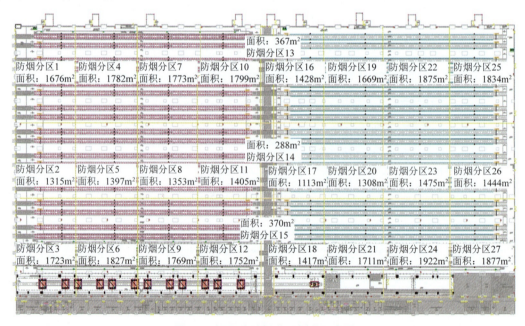

图 7-7　运用库防烟分区划分示意图

（6）系统排烟

①运用库库内设置的机械排烟系统，当机械排烟系统"担负"多个防烟分区时，排烟量按最大防烟分区 120m³/m²·h 设计，且每个防烟分区排烟量按不小于《建筑防烟排烟系统技术标准》（GB 51251—2017）规定的 11.1×10^4 m³/h 设计；穿过运用库的疏散通道所在的防烟分区单独设置机械排烟系统；洗车库和工程机库设置的机械排烟系统按 6 次/h 换气设置

排烟量。

②消防车道排烟系统的排烟量不小于60m³/h·m²，除消防车道之外的区域排烟系统的排烟量不小于30m³/h·m²。

③设置的机械排烟系统的排烟风机"担负"的防烟分区总数量不超过5个。

④运用库内设置补风系统，当采用自然补风方式时，补风口的风速不超过3m/s。

⑤火灾发生后，联动启动着火防烟分区的排烟风机。

⑥运用库的排烟风机设置在专用机房内，并设置风管排出到盖板以外。

7.3.4 安全疏散

（1）运用库中部疏散通道的东西两端设置安全出口，东侧安全出口经过综合运转楼疏散至室外，距离不超12.5m。

（2）疏散出口的总疏散宽度应满足运用库工作人员疏散要求，工作人员疏散到库外后经盖下道路疏散至盖外。

7.3.5 消防设施

1）自动喷水灭火系统

（1）库内设置自动喷水灭火系统，库区喷头布置时应重点考虑避免列车火灾从窗玻璃向外的溢出。建议喷头应布置在每组列车两侧，每线两列位，如图7-8所示，喷头间距应满足《自动喷水灭火系统设计规范》（GB 50084—2017）要求。

（2）咽喉区内可不设置自动喷水灭火系统。

（3）库区之间的交通区设自动喷水灭火系统，自动喷水灭火系统采用预作用系统，如图7-8所示。

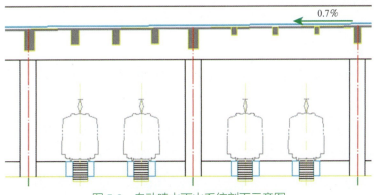

图7-8 自动喷水灭火系统剖面示意图

2）报警系统

（1）库区均应设置火灾自动报警系统，并设置手动报警按钮。

（2）库内应设置消防电源监控系统，在消防双电源配电箱ATS自动转换开关的进、出线端监控消防电源的工作状态，故障时发出报警信号。

3）消火栓系统

（1）运用库周边消防车道边设置室外消火栓系统。

（2）库区内部设置室内消火栓系统，考虑到停放列车的遮挡，还应适当缩减室内消火栓的保护半径，确保两股水柱同时到达库内任意一点。

（3）咽喉区仅考虑沿外侧车道设置室外消火栓。

（4）环绕停车场的消防车道适当位置设置水泵接合器。

4）消防电气

（1）消防水泵、防排烟风机、消防控制室的供电干线应采用矿物绝缘类电缆（750℃，180min），其他消防设备应采用耐火电线电缆。普通动力、照明供电线路应全部采用阻燃低烟无卤电线、电缆。

（2）火灾自动报警系统的供电线路、消防联动控制线路和报警总线、消防应急广播和消防专用电话等传输线路应采用阻燃耐火电线电缆。

（3）应急照明和疏散指示标志的备用电源火灾时连续供电时间不小于90min。

（4）库区内除疏散出口设置安装灯光疏散指示标识外，尚应在疏散走道及其转角处距地面高度1.0m以下的墙面或地面上设置灯光疏散指示标识；咽喉区可不设。

（5）运用库应设置火灾自动报警系统、消防应急广播系统和消防应急照明系统。运用库疏散走道和盖下库外消防车道处设置的应急照明系统应确保地面的最低水平照度不小于3 lx。

7.3.6　上盖临时屋面

1）临时防排水设计

盖体临时屋面在上盖物业开发前，需进行临时防排水，避免雨雪天气盖体漏水，影响盖下地铁的正常运营。

考虑到车辆段盖体面宽及进深均较大，瓦屋庄停车场进深超过200m，若屋面采用找坡排水，按照1%排水找坡，最厚处找坡层需1m厚，且后期物业开发还需破除该找坡层，施工过程繁琐，且造成资源浪费。根据车辆段的盖体设计及施工经验，临时屋面不设置找坡层，在盖体临边处设置排水檐沟，设置多处雨水口进行雨水排放。

防水方面，采用柔性及密封性较好的优质单组分聚氨酯作为防水主材料，盖体设置物业开发景观区域，附加一层耐根穿刺防水卷材。同时考虑上盖物业开发的施工要求，在防水层上部设置80mm厚混凝土保护层。

2）临时防雷设计

（1）临时屋面防雷等级为二类，屋面采用ϕ10mm热镀锌圆钢明敷做接闪器，屋面避雷连接线网格不大于10m×10m或12m×8m，接闪带支架高0.15m，支架采用25mm×4mm热镀锌扁钢卡接，间距1.0m，转弯处0.5m。

（2）引下线：利用建筑物钢筋混凝土屋顶、梁、柱、基础内的钢筋作为引下线。作为引下线的钢筋（$\geqslant 4\times\phi$12mm或$\geqslant 2\times\phi$16mm对角主筋）通长联结，间距不大于18m，引下线上端与接闪器焊接，下端与作为接地体的建筑物基础钢筋连接成电气通路。构件内有箍筋连接的钢筋或成网状的钢筋，其箍筋与钢筋、钢筋与钢筋应采用土建施工的绑扎法、螺丝、对焊或搭焊连接。单根钢筋、圆钢或外引预埋连接板、线与构件内钢筋应焊接或采用螺栓紧固的卡夹器连接。构件之间必须连接成电气通路。

（3）凡突出屋面的所有金属构件做等电位联结，金属通风管、屋顶风机、金属屋面、金属屋架等均应与接闪器可靠焊接。

（4）后期物业开发的防雷引下线与临时防雷引下线可靠联结，作为建筑物防雷引下线。

3）盖体结构预留设计

基于上盖物业资源开发的前提，上盖物业资源开发时间与盖下车辆段（车辆基地）开发时间不同步，避免上盖物业资源开发时盖下车辆基地正常运行受到影响，竖向构件提前做好预留。

盖上物业开发结构形式为全框支无落地剪力墙结构，属于超限项目，在进行盖下车辆基地施工图设计时，需提前完成结构的超限审查和全专业的初步设计工作。

盖下车辆基地的布置以工艺条件为前提，在满足工艺需求的前提下设置框架柱的位置，上盖物业资源开发的框架柱应基于盖下车辆基地的框架柱位置布置，位置不可改变。

因上部塔楼的交通核（楼梯、电梯）的剪力墙需要在车辆段顶板提前预留插筋，如图7-9所示，上盖物业开发需要与后期开发代建单位沟通，确定未来将要开发楼座的户型，以便提前做好剪力墙的预留插筋位置。

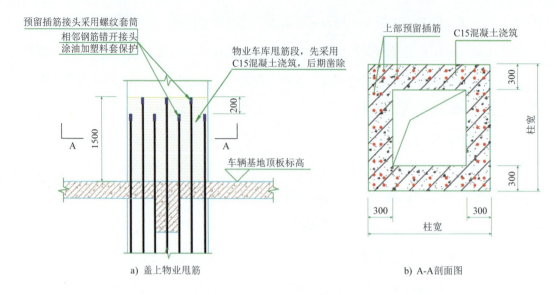

图 7-9 瓦屋庄停车场上盖预留柱甩筋示意图（尺寸单位：mm）

7.4 其他设计重难点方案

7.4.1 海水源热泵冷热源方案

1 号线海底隧道地下存在地下海水渗水，每天需用泵将此部分地下海水提升至外界排出，如能将这部分水版变废为宝，充分利用这部分地下海水的能量，可有效地降低空调制冷系统的能耗（图 7-10），起到节能减排的作用。

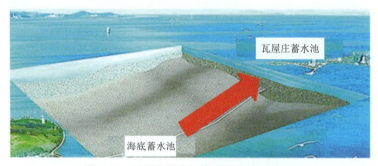

图 7-10 瓦屋庄停车场海水源方案示意图

综合楼所需负荷：冷负荷约 1575kW；热负荷 962kW。

在综合楼地下二层车库预留了 $1000m^3$ 的蓄水池作为海水源热泵使用。

年现场水表实测数据如图 7-11 所示，按照 $1000m^3/d$ 的海水量进行设计。夏季不足部分由冷水机组或者冷却塔补充。冬季预留冬季锅炉房接口，在水量不足或者效果差时保证冬季供热。

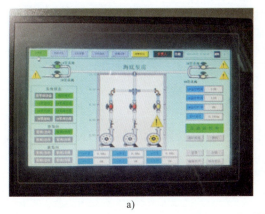
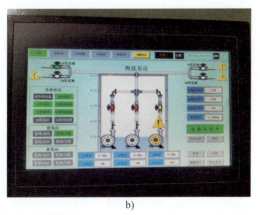

a) b)

图 7-11 年现场水表实测数据

根据地铁运营公司现场监测，通过现场抄水表：10h 过海段渗漏水量约为540m³，按照正常排水模式，预计流经瓦屋庄停车场的海水约为1080m³/d（全部瓦屋庄方向排放）。现阶段预留水池容量约为1120m³，蓄水水池 1d 可充满水池（换水周期 1d）。随着后期渗透量的增加，换水周期应小于 1d/次。

夏季取 8 月水温作为计算基础。根据实测数据：平均温度取 21.7℃，计算取值 21.5℃，实测海水量1000m³/h，温差取 8℃，即水池进水温度 21.5℃，排水温度 29.5℃，可提供 3.37×10^{10}J（机组蒸发器、冷凝器效率均取 90%），海水源热泵机组可承担的负荷按 1053kW(工作8h)³/h 计算，温差取 7℃，即水池进水温度 12.5℃，排水温度 5.5℃，可提供 2.95×10^{10}J（机组蒸发器、冷凝器效率均取 90%），海水源热泵机组可承担的负荷为 921kW（工作 8h），见表 7-9。

现阶段海水承担负荷能力　　　　表 7-9

综合楼所需负荷	计算负荷	实际负荷	海水源承担负荷占比
热负荷	962kW	921kW	95.7%
冷负荷	1575kW	1051kW	66.7%

每日平均负荷为最大计算负荷的 50%～70%，海水源热泵基本可负担此部分负荷。且综合楼 5～10F 为司机班宿舍，与 1～4F 的办公区使用时间上的重叠率并不高，大部分时间综合楼处于部分负荷状态。

冬季：为了满足极端天气下或者水量不足状态下的使用效果，在综合楼下的锅炉负荷中已预留此部分热量，通过管道与主系统相连，随时可进行切换，确保冬季供暖。

夏季：瓦屋庄综合楼地处风景区内，四面环山，无典型城市热岛效应导致的城市高温化，室外条件十分有利，夏季实际负荷出现满负荷运行的状况较少，为确保在极端条件下的使用，建筑以采用风冷热泵作为海水源系统的补充，海水源占比65%，风冷热泵占比35%。

7.4.2 高大空间采暖方案

相比以对流换热为主的散热器供暖系统，采用高大空间采暖设备，使空气强制对流，既可以减少温度梯度，减少能耗（表7-10），同时能够提供比较理想的热舒适环境（图7-12）。

高大空间送风与传统加热方式对比　　　　　　　　　　　　　　表7-10

项目	散热器加暖风机	高大空间送风
初投资	48～60元/m²	50～65元/m²
运行热媒参数	75/50℃	75/50℃
安装位置	散热器：外墙侧；暖风机：结构柱边	车间顶部
制热效果均匀性	顶部安装强制制热循环，热利用率高，空间温度场分布均匀	散热器：敷设对流范围5m左右；暖风机：10～15m
负荷调节范围	风机采用变频控制	散热器手动调节，暖风机开关机调节
控制操作	电脑远程自动控制，自动保护负荷自动调节，操作简单，无人值守	手动开关控制，不具备自动运转等功能
对环境温度的监测控制	实时监测，数据远传	无法监测
供热利用率	解决热空气上浮问题，利用率较高	供热利用率低，绝大部分热空气上浮屋顶，不能有效利用

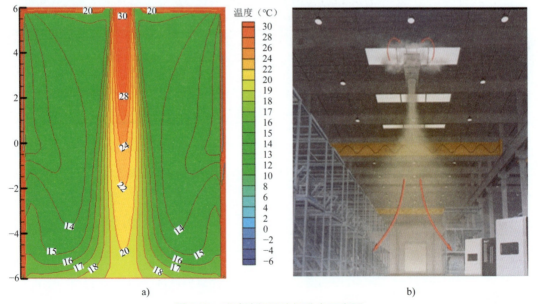

图7-12　高大空间温度场分布示意图

7.4.3 综合管线设计

1）综合管线设计的作用

（1）节约用地。

（2）节省工程投资。

（3）综合规划管线、合理组织专业管线走向，方便运营检修。

（4）协调管线交叉，避免发生废弃工程。

（5）为维保中心的正常运营提供安全基础保证。

（6）协调各专业及系统接口。

2）综合管线布置

对于综合管线的布置，分为室外、室内两部分分别考虑。

（1）室外管线

室外综合管线的种类及敷设方式根据管线的性质、走向分别考虑，基本如下：

①给水管道（包括消防管道），采用直接埋地敷设方式。

②排水管道（包括生产废水管和生活污水管），采用直接埋地敷设方式。

③雨水管道，采用直接埋地敷设方式。

④牵引供电电缆（包括 AC33kV、AC400V、DC1500V），采用管沟敷设方式。

⑤中低压电缆采用埋管敷设方式，与牵引供电电缆同方向时应尽量采用相同的敷设方式。

⑥通信电缆、信号电缆（包括其他弱电电缆），采用管沟敷设方式。

⑦各相关专业管线的位置关系及避让原则遵循《城市工程管线综合规划规范》（GB 50289—2016）及《工业企业总平面设计规范》（GB 50187—2012）的有关规定。

（2）室内管线

室内管线主要是考虑给水管道（包括消防管道）空调通风管道、压缩空气管道以及库内照明电缆等。给水管道（包括消防管道）电力电缆采用管沟敷设方式；空调通风管道采用架空敷设方式。

（3）综合管线布置原则

①管线综合布置应与维保中心总平面布置、竖向设计和绿化布置统一进行。使得管线之间、管线与建（构）筑物之间在平面及竖向上相互协调、紧凑合理，如图 7-13 所示。

②管线敷设方式的确定，应根据管线内介质的性质、维保中心地形、生产安全、交通

运输、施工检修等因素，经技术经济比较后择优确定。

③管线综合布置，必须在满足生产、安全、检修的条件下节约用地。当技术经济比较合理时，应共架、共沟布置。

④管线带的布置应与道路或建筑红线相平行。

⑤管线综合布置时，应减少管线与铁路、道路及其他干管的交叉。当管线与铁路或道路交叉时应为正交。在困难情况下，其交叉角不宜小于45°。

⑥当分期建设时，管线布置应全面规划，近期集中，近远期结合。近期管线穿越远期用地时，不得影响远期用地的使用，如图 7-14 所示。

⑦管线综合布置时，干管应布置在用户较多的一侧或者管线分类布置在道路两侧。

⑧管线布置应以股道、厂房和电缆沟布置为基本点，其他管线根据股道、厂房和电缆沟的布置确定。

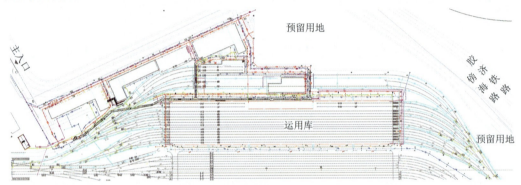

图 7-13　综合管线平面示意图一

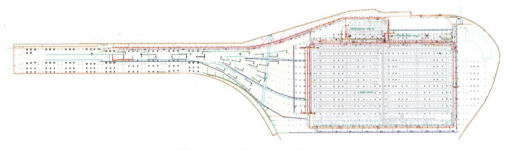

图 7-14　综合管线平面示意图二

安顺车辆段综合楼至运用库及物资总库、镟轮库的管线较为集中，结合管线敷设的需要，设置了综合管廊，如图 7-15 所示。综合管廊的运转综合楼西侧断面净尺寸为 2400mm（宽）×2600mm（高）和工程车库北侧断面净尺寸为 2400mm（宽）× 2400mm（高），如图 7-16 所示。青岛地铁 1 号线安顺车辆段综合管廊全长 717.88m。综合管廊位于运转综合楼西侧和工程车库北道路绿化带下，管廊内敷设有电力电缆、电信电缆、给水管道、消防管道、预留管位等，综合管廊平时为不经常下人管廊。

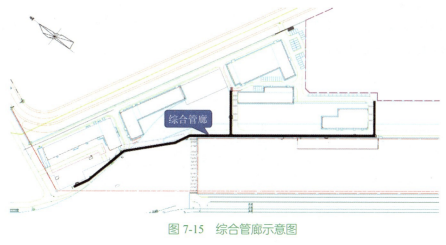

图 7-15 综合管廊示意图

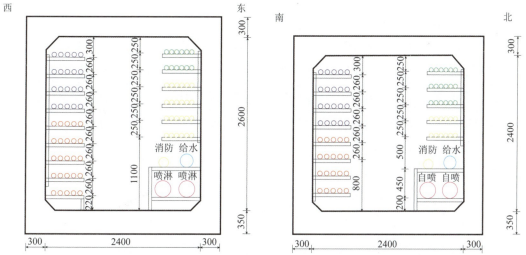

图 7-16 综合管廊典型断面示意图（尺寸单位：mm）

综合管廊的设置有效地规整了室外管线的布置，同时对于后期的运营检修维护有很大帮助。

7.4.4 安顺车辆段咽喉区线路坡度设计

根据《地铁设计规范》（GB 50157—2013）及《铁路路基设计规范》（TB 10001—2016），站场线路路肩高程应根据基地附近内涝水位和周边道路高程设计。沿海或江河附近地区车辆基地的车场线路路肩设计高程不应小于 1/100 洪水频率标准的潮水位、波浪爬高值和安全高之和。

安顺车辆段线路路肩设计高程应满足防洪要求，设计洪水频率标准采用 1/100，并应参照周边规划及通段道路、结合维保中心出入线线路条件、排水设计等情况综合确定，并尽量减少土石方工程量、节省工程投资。

安顺车辆段西南侧紧临李村河，距胶州湾入海口约 1km。根据国家海洋北海预报中心

2006年4月发布的《小港至女姑口海域百年一遇潮水位的推算》报告,青岛胶州湾小港至女姑口海域100年一遇的潮水位为3.47m(85黄海基面)。波浪爬高值按0.5m,安全高按0.5m考虑,因此线路路肩设计高程采用4.47m,相应轨面高程采用5.46m。由于根据车辆段尾部牵出线上跨李村河及规划市政道路的要求,为了减少车辆段填方,采用尾部咽喉区及牵出线局部抬高的方式进行设计。根据计算尾部咽喉区采用7.47‰的坡度,牵出线轨面高程采用7.7m,可以满足牵出线上跨李村河及规划市政道路的要求。

1、3号线安顺车辆段总征地面积约53.67ha(1ha = 10000m²),如仅为了满足尾部上跨道路及河道要求采用整体抬高的方式,则整个车辆段轨面高程需采用7.7m,相比5.46m需抬高场坪约2.2m,需增加填方约120余万m³。因此,采用在咽喉区局部抬高的方式可以节省工程费用约6千余万元。

根据《地铁设计规范》(GB 50157—2013)咽喉区道岔坡度不宜大于3.0‰,根据《铁路车站及枢纽设计规范》(GB 50091—2006)维修工区咽喉区坡度在特别困难条件下可设在不大于10‰的坡度上。本次设计虽较前述规范的要求有所突破,但满足后述规范中的要求。从近几年运营情况来看,运行状态良好,在今后针对特殊项目设计时,也可以作为一个范例进行参考,如图7-17所示。

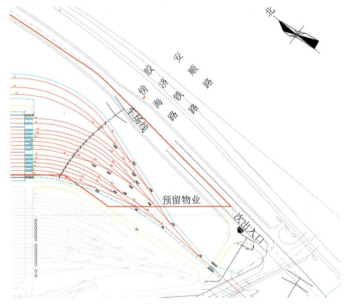

图7-17 库后咽喉区范围示意图

7.4.5 优化集约土地

本次设计对瓦屋庄停车场方案进行了统筹规划考虑,对停车场的功能需求及与周边的环境位置关系等，达到了科学规划、统筹设计的总体设计要求。同时为实现"绿色地铁、环保地铁"的理念，在整个设计过程中积极引导采用绿化环保节能的新技术和新理念，实现了因地制宜、土地集约、科学高效、绿色环保及节能节水等高标准的示范效应，对青岛地铁其他段及国内其他具有类似情况地铁车辆段的设计具有广泛的借鉴作用，也为青岛地铁的企业形象产生了良好的社会效益。

瓦屋庄停车场出入段线两侧地势变化较大，出入段线东侧的东环路与其西侧滨海公路的南辅路之间高差较高，是非典型的出入段线，设计之初采用传统放坡的设计理念，土方开挖量较大，且存在大量的边坡支护加固，大量土地资源变成放坡的敞开空间。结合本出入段场的地势，此次设计因地制宜地利用地势高差在原U形槽设计的基础上加设混凝土上盖，在上盖上设置了旅游集散中心，通过其使两侧土地有机地集合在一起，并实现南辅路与东环路之间的连接。混凝土上盖的加设使出入段线节约出6390m²土地，结合周边景观以及本地段的公共服务要求，本次设计集中将U形槽上盖及闲散的周边地块（约12000m²）整合在一起，规划设计了游客旅游集散中心、44个大客车车位及142个小车车位等公共服务设施，同时根据政策，还提前预留了设置约1000余平米底层商业的条件，既解决了胶州湾隧道周边停车的需求又很好的与周边环境有机结合。

7.5 施工图设计及施工配合经验总结

针对施工过程中出现的各种问题，及时到场处理，通过多种方案对比，选取最优、最简洁、最合理的施工方案来指导现场施工。为业主节约了资金，经济性可观。同时，提高了施工速度，保证工程安全可靠。

（1）该项目涵盖下停车场及盖上住宅两部分，上部结构剪力墙全不落地，为框支转换结构；需要进行超限高层抗震设防专项审查。

（2）该项目涉及专业、参建单位较多，各专业预留预埋条件较多，设计过程中要与其他专业协调配合，避免产生返工，节约成本。

（3）瓦屋庄停车场U形槽区域存在停车场与出入段线施工先后顺序问题，出入段线优先施工，施工完成后，U形槽停车场区域的设计根据现场实际状况作出调整，达到节省施工时间及施工成本的目标。

（4）项目后期，考虑瓦屋庄停车场西侧周边环境对景观的要求，对项目进行部分调整：降低部分盖体高度、缩减西侧一跨，设计团队积极配合，需要加大截面的位置尽量利用原有型钢预埋件，在保证安全性的前提下尽量优化成本。

（5）变形缝处易发生渗漏，对后期线路的运营会有不利影响，本项目设计时尽可能减少变形缝的数量，仅设置了三道变形缝，每道缝之间的间距均超过规范限值，但对渗漏起到了良好的控制作用。针对超长结构采取了有效措施，沿长方向板钢筋设置为$\phi 12@150$，保证温度应力满足要求，沿短方向板配筋设置为$\phi 12@200$，节省造价。

（6）上盖开发楼座采用全楼转换，个别楼座采用4个柱子托转一个楼座，设计和施工难度大，框支梁和框支柱采用型钢混凝土，截面达到$3m^2$；填充材料采用砂加气混凝土砌块，具有保温、隔热、耐火、阻燃、吸音隔音、轻便的优点。

第 8 章

过海区间工程技术创新

8.1 过海区间工程概况

8.1.1 设计概况

青岛地铁 1 号线工程瓦屋庄站—贵州路站过海区间,起自黄岛区瓦屋庄站,线路沿既有胶州湾隧道东侧向北下穿胶州湾湾口海域后,接入青岛主城区贵州路站。作为 1 号重要的控制性节点,区间线路全长约 8.1km,其中海域段长约 3.49km,为国内首条跨海地铁区间隧道。

根据全线工程筹划安排,本区间共设置 3 座施工斜井,其中黄岛端 2 座,青岛市区端 1 座。另外,根据运营需求,本区间共设 3 座地下风机房及通风竖井,3 座废水泵站,2 座牵引变电所,2 座独立降压变电所以及其他相关配套设施。

区间两端陆域地层以花岗岩为主,海域段岩性以火山爆发及喷溢相岩为主,岩性复杂且变化频繁。隧道洞身主要位于微风化火山岩及变质岩中,强度为 40~145MPa。隧址区共穿越 18 条断裂,主要为高角度、中新代脆性断裂构造,以压扭性为主,其宽度在数米至数十米不等。其中隧道海域段穿越 4 组 14 条断裂带。隧道穿越海域段海水水深最深处为 42m,最小岩石覆盖层厚度约 30m,如图 8-1 所示。

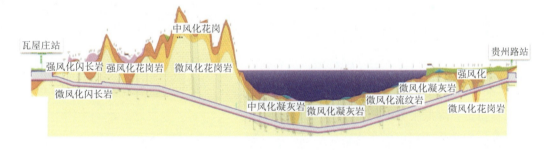

图 8-1 工程地质纵断面示意图

青岛地铁 1 号线过海区间采用"矿山法 + TBM"组合工法施工,其中海域段隧道采用矿山法施工。在保障施工安全的前提下,考虑工程经济性、大型机械作业等综合因素,海域段采用单洞双线隧道,开挖尺寸为 12.6m × 8.91m,开挖面积为 108m³(图 8-2)。

区间陆域近车站段隧道采用分离式双洞。区间线路团岛端登陆后下穿青岛老城区,沿线周边环境条件复杂,该区段采用 DSUC 型 TBM 掘进施工,隧道开挖直径为 6300mm。

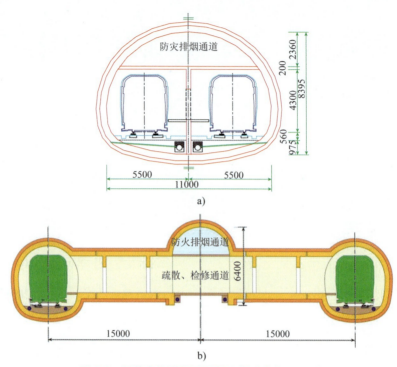

图 8-2　隧道结构断面示意图（尺寸单位：mm）

8.1.2　工程建设关键技术

1）过海隧道线路总体设计

隧道合理埋深设计是过海隧道建设的关键技术之一，设计方案的合理性直接影响隧道的建设风险、工程投资及后期运营。埋深过浅易导致上覆围岩变形过大，严重时会导致坍方、突涌水事故；埋深过大会增加隧道长度，衬砌结构承担水荷载压力增大，增加隧道工程投资。同时，区间隧道埋深过大会引起两端车站埋深加大，增加车站出入口长度，增加车站工程投资，降低服务水平。

设计阶段将降低坍塌涌水风险作为确定隧道最小覆岩厚度的重要原则。针对本项目工程地质、水文地质条件，采用挪威法、顶水采煤法，结合流固耦合数值分析及胶州湾公路隧道设计、施工经验，合理确定过海段最小覆岩厚度及线路纵断面，有效地降低了建设风险及工程投资。

2）海底矿山法穿越断层破碎带综合保障

本工程海域段穿越 4 组 16 条断层破碎带，由于水下隧道的特殊性，前期海上地质勘察无法完全、准确查明场区内地质情况，及隧址区可能存在的断层构造、风化深槽等不良地质体。且在高渗透水压作用下围岩承载力会降低，且地下水与海水存在一定的水力联系，海底隧道施工存在较大的坍塌、涌水风险。

（1）综合考虑运营合理性及建设期施工安全的前提下，合理确定线路埋深。

（2）隧道建筑设计在满足行车限界、防灾疏散、运营通风的前提下，适当考虑大型机械配套作业的需要，提高施工效率，缩短施工工期，进而减少建设期工程风险的发生。减少洞内作业人数，降低坍塌涌水工况下人员伤亡。

（3）采用长短距离预报相结合、钻探与物探相互验证的综合超前地质预报系统对掌子面前方地质条件进行精细化探测，准确探明前方工程地质条件。根据目前施工进展，隧道开挖揭示不良地层均在超前地质预报中成功探测，如图8-3、图8-4所示。

图8-3　超前探水孔施工　　　　　　　图8-4　超前地质预报（物探）

（4）根据超前探水孔出水量及水压情况，针对性制订全断面注浆、周边帷幕注浆及局部断面注浆方案，对不良地层进行加固处理。注浆加固后利用探孔进行注浆效果检测，如图8-5所示。

a)　　　　　　　　　　　　　　　　b)

图8-5　超前帷幕注浆

（5）隧道结构断面对于隧道开挖围岩稳定性及结构受力有较大影响，应在高水压作用下进行流固耦合分析，确定合理的隧道结构断面，充分利用围岩承载能力，提高隧道开挖安全可靠度。

3）可维护排水系统设计

与常规地铁隧道相比，海底隧道埋深大，隧道衬砌结构需承担较大的地下水压力，如果按照全包防水设计衬砌结构，厚度大，含钢量高，工程投资大。制订合理的限量排放标准及保证运营阶段排水系统的通畅是本工程设计的重点、难点。

采用"以堵为主，限量排放"的设计理念，确定了隧道合理的排放标准，降低了运营期排水费用。隧道设计了可维护式排水系统（图 8-6），确保运营阶段隧道排水系统通畅、有效。该设计保障了超大埋深、超高水压作用下海底隧道衬砌结构安全。

图 8-6　隧道可维护式排水系统

4）隧道结构耐久性设计

本工程隧道服务环境为海水强腐蚀环境，氯离子长期侵蚀易引起混凝土中钢筋锈蚀，导致衬砌结构失效，降低结构耐久性。结构耐久性不足，后期需投入大量的维修成本，影响隧道正常运营。

为保证海底隧道的百年耐久性要求，采用保护围岩、防排水耐久、二次衬砌混凝土耐久等综合耐久性措施，解决了海域段强腐蚀环境下结构失效问题。

8.2　过海区间隧道大断面优化设计

8.2.1　隧道衬砌横断面设计的基本原则

隧道衬砌断面几何尺寸设计，主要是从两个层次进行考虑：第一个层次是满足建筑功能的使用要求，即根据给定的车辆、设备、建筑限界确定隧道的净空形状，也就是选定结构的内轮廓线；第二个层次则是在满足使用要求的情况下对结构的断面形式进行优化设计，使得结构受力合理，施工方便，用料最省。

8.2.2 隧道建筑限界的确定

为保障地铁安全运行,限制车辆断面尺寸、限制沿线设备安装尺寸及确定的建筑结构有效净空尺寸的图形称为限界。根据不同的功能,分为车辆限界、设备限界和建筑限界。地铁设备限界是车辆限界外控制设备安装的控制线,建筑限界是设备限界以外的一个轮廓线,是在设备限界基础上,考虑了设备和管线安装尺寸以后的最小有效断面。

青岛地铁 1 号线过海隧道区间采用单洞双线形式,中间设置中隔墙,区间采用纵向通风定点排烟的通风排烟方案,区间上部设置不小于 10m² 的排烟风道,根据防灾疏散需要,中隔墙两侧设置不小于 800mm 宽疏散平台,除此之后需考虑设置通信、信号、消防给水、排水、火灾报警、动力照明等管线及设备安全需求综合确定区间建筑限界。

8.2.3 隧道衬砌优化设计

区间隧道断面设计应综合考虑区间隧道的建筑限界、结构受力变形以及施工经济性等因素。结合隧道衬砌弯矩最大一般出现在拱顶和拱底位置,并参照国内海底隧道开挖断面形式,对青岛地铁 1 号线过海区间隧道马蹄形断面提出 3 种优化方案:①断面 1 为顶部扁平马蹄形断面,该断面面积较大,考虑到隧道顶部扁平,拱顶位置受力更为均匀;②断面 2 为由三心圆组成的马蹄形断面,在国内主要城市广泛应用,在实际工程中采用该断面;③断面 3 由四段圆弧组成,断面开挖面积最小。各类隧道断面如图 8-7 所示。

图 8-7 隧道断面形式(尺寸单位:mm)

1)地层与支护参数选取

为使计算结果更具准确性,不同围岩类别和各支护物理力学参数主要依据实际隧道工程勘查、施工报告综合选取。具体参数选取见表 8-1。

围岩及支护物理参数 表8-1

材　料	密度（kg/m³）	弹性模量（MPa）	泊松比	内摩擦角（°）	黏聚力（kPa）	渗透率[m²/(Pa·s)]	埋深（m）
粉质黏土	2000	30	0.48	30	30	1.16×10^{-11}	1.30
强风化凝灰岩	2250	150	0.40	40	10	4.17×10^{-11}	7.60
碎裂状凝灰岩	2300	1.5×10^4	0.30	40	10	8.8×10^{-11}	7.80
微风化凝灰岩	2350	4.5×10^4	0.28	70	700	9.26×10^{-12}	11.6
糜棱状凝灰岩	2450	150	0.33	40	10	4.17×10^{-11}	4.50
微风化凝灰岩	2350	4.5×10^4	0.28	70	700	9.26×10^{-12}	57.2
初期支护	2500	2.8×10^4	0.20	0	0	0	0
二次衬砌	2500	3.4×10^4	0.20	0	0	0	0
超前支护	2400	2.0×10^4	0.25	0	0	0	0
锚杆	750	2.1×10^6	0.20	0	0	0	0

2）数值模拟分析

（1）建立数值模型

图8-8　计算模型建立

本文选取具有代表性的海底地层区段K27+644.01～K27+664.01，该区段计算模型如图8-8所示。穿越地层由上到下分别为：粉质黏土、强风化凝灰岩、碎裂状凝灰岩、微风化凝灰岩、糜棱状凝灰岩、微风化凝灰岩。依照地下工程开挖最大影响范围为5倍洞径，严格遵循现场施工方案和支护方案，针对马蹄形断面进行优化，选取3种优化断面，分别建立FLAC 3D数值模型，其模型尺寸取：120m×90m×90m；边界条件采用位移边界条件，顶面为自由约束，四周为滚轴约束，底部为固定约束；荷载类型：围岩自重、施工荷载、孔隙水压力。围岩采用莫尔—库仑弹塑性模型，隧道围岩服从莫尔—库仑准则，初期支护、二次衬砌采用实体弹性模型，超前支护通过提高其围岩加固区参数来模拟，锚杆采用锚索（cable）单元。深入揭示不同断面形式下海底隧道开挖后隧道围岩变形及塑性区发展规律。

（2）数值模拟分析

隧道断面优化不仅体现在隧道洞形的选择，还要充分考虑隧道开挖后围岩的稳定性等。本节通过模拟分析，选择隧道开挖里程为K27+654.01处的隧道断面为分析断面，分别从渗流场、应力场、塑性区、衬砌受力四方面进行分析，考虑海底孔隙水压力对断面的影响，选择最优隧道断面形式。

①渗流场分析

断面2开挖前后孔隙水压力在断面$Y=30$m处的变化云图如图8-9所示。由图可知，受隧道施工对围岩的扰动和渗流场的影响，四周围岩孔隙水压力均产生了一定的下降，地下水从围岩四周向隧道内渗透。数值模拟时，设置隧道内部孔隙水压力为零，而四周围岩存在一定的孔隙水压力，故两者之间存在一定的孔隙水压力差，因而改变了地层的渗流场，形成了以隧道开挖区域为中心的漏斗状的渗流场分布。由于 3 种断面埋深相同，通过 3 种断面进行开挖产生的隧道周围孔隙水压力值差距并不大，所以本文只列出了断面 2 的孔隙水压力云图。施工过程中应注意两侧拱脚的防排水问题。

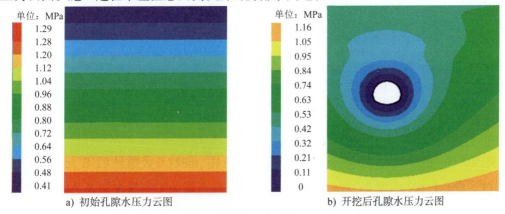

a) 初始孔隙水压力云图　　　　b) 开挖后孔隙水压力云图

图 8-9　断面 2 孔隙水压力云图（$Y = 30$m）

分别在监测断面 $Y = 30$m 处的拱顶和拱底设立两个测点来观察 3 种断面在此处的孔隙水压力随开挖时间的变化情况，如图 8-10 所示。由图可知，不管在拱顶还是拱底，3 种断面测点的孔隙水压力总体上都是减小的，但在各个阶段减小的速度不同，在开挖初期，孔隙水压力几乎不变，隧道开挖越接近该断面孔隙水压力减小的越快，当开挖至该断面时，孔隙水压力降低十分明显，随着开挖的继续，孔隙水压力仍有所降低，但渐渐趋于平稳。且测点孔隙水压力的降幅也有差别，拱顶下降幅度略大于拱底。总体来说在开挖完成后 3 种断面孔隙水压力值大体一致，隧道围岩孔隙水压力的变化直接关乎到围岩有效应力的变化，进而会影响围岩应力场的分布，并将影响到围岩的变形。

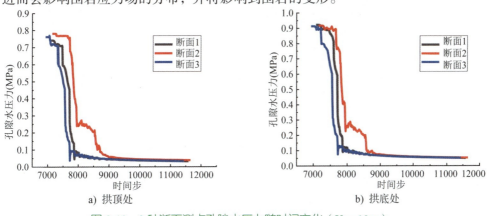

a) 拱顶处　　　　b) 拱底处

图 8-10　3 种断面测点孔隙水压力随时间变化（$Y = 10$m）

②应力场分析

为了对 3 种隧道断面主应力分布有更为直观的认识,对隧道开挖结束后 $Y = 30m$ 隧道洞周关键位置监测点数据进行处理,得到 3 种断面隧道洞周主应力分布曲线,如图 8-11 所示。由图可知,隧道最大主应力和最小主应力都以隧道中轴线对称分布,且最大值均出现在隧道断面拱腰和拱脚位置之间,分析认为隧道开挖会降低周围孔隙水压力,孔隙水压力的降低会使围岩应力发生改变,导致拱腰和拱脚位置之间出现应力集中现象。由最大主应力分布曲线图可知,隧道拱顶和拱底位置均出现拉应力,其他位置受到压应力作用,且最大拉应力断面3>断面2>断面1,最大压应力断面2>断面3>断面1;分析认为由于隧道开挖卸荷作用,拱顶和拱底应力急剧变小,导致拱顶和拱底位置出现拉应力,断面 1 由于良好的拱顶和拱底结构,所以最大拉应力和最大压应力均小于其他断面。由最小主应力分布曲线可知,隧道最小主应力均为压应力,且三种断面最小主应力最大值依次为断面 1(3.66MPa)>断面 2(3.46MPa)>断面 3(3.4MPa)。综上所述,断面 3 更能维持隧道的长期稳定。

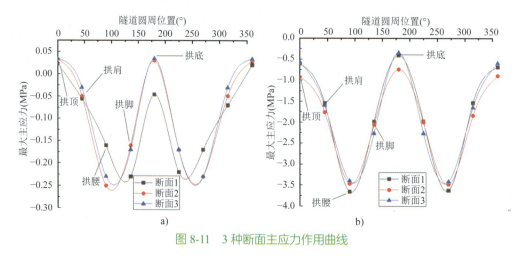

图 8-11　3 种断面主应力作用曲线

③围岩位移分析

3 种断面水平收敛最大值均发生在隧道拱肩和拱脚位置(图 8-12),大小依次为断面 3(0.84mm)>断面 1(0.83mm)>断面 2(0.8mm),3 种断面水平收敛值相差不大。分析认为,隧道掘进开挖过程中,孔隙水压力降低,导致隧道围岩应力场发生变化,且拱脚和拱肩为易发生应力集中的位置,所以水平收敛值较其他位置大。实际工程中也常把拱肩、拱脚位置作为位移监测的重要监测点。

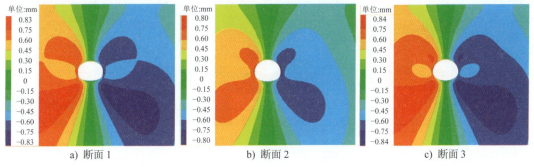

图 8-12　三种断面水平收敛云图

3 种断面竖向位移累计值如图 8-13 所示。拱顶沉降值大小依次为断面 1（10mm）>断面 2（8.4mm）>断面 3（7.4mm），拱底隆起值大小依次为断面 1（2.5mm）>断面 2（2.1mm）>断面 3（1.8mm）。分析认为，在一定程度上降低拱顶和仰拱半径有利于减少隧道拱顶沉降和拱底隆起，另一方面，断面 1 隧道高跨比和其他两种隧道相比较小，所以断面 1 竖向位移较大，所以断面 3 对于维持隧道开挖稳定性具有良好的效果。

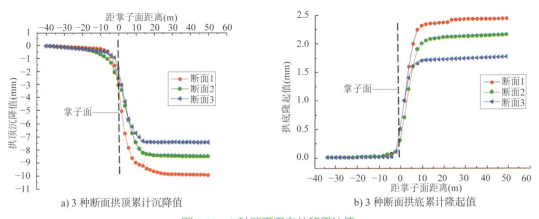

图 8-13　3 种断面竖向位移累计值

④塑性区分析

不同断面形式下隧道围岩塑性区如图 8-14 所示，3 种隧道断面形式围岩塑性区主要分布在隧道周围位置，塑性区面积由大到小为：断面 2>断面 1>断面 3。由图可知，3 种断面形式隧道围岩塑性区主要由剪切变形引起。除此之外，断面 2 围岩还受拉伸变形作用。

拉伸变形主要发生在断面 2 的拱顶和拱底位置，其他位置处主要受到剪切变形。这是因为隧道开挖后，隧道周围孔隙水压力降低，导致隧道顶部和底部围岩向洞内收敛，发生剪切和拉伸破坏，同时由于侧向压力小于竖向压力，对隧道周边围岩进行挤压，产生剪切塑性区，这对于海底隧道长期的稳定极为不利；和断面 1、断面 2 相比，断面 3 由于良好的拱顶和仰拱结构，能够合理地承担拱顶和拱脚压力，塑性区面积最小，隧道稳定性更好。

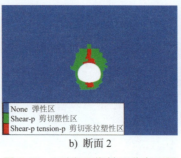

a) 断面1　　　　　　　　b) 断面2　　　　　　　　c) 断面3

图 8-14　3 种断面塑性区分布云图

⑤衬砌内力分析

由于篇幅有限，本节仅给出了断面 1 和断面 2 的弯矩和轴力图，如图 8-15 所示。断面 1 和断面 2 最大正弯矩分别出现在拱底位置，最大轴力发生在拱脚和拱底位置，断面 1 最大正弯矩为 $1.43 \times 10^2 \text{kN} \cdot \text{m}$，这是由于隧道开挖过程中，隧道周围孔隙水压力降低，导致隧道周围应力场发生变化，产生应力重分布，导致拱脚和拱肩位置受力较大。相对于本工程来说，由于是大跨度海底隧道，与其他断面形式相比，隧道断面 3 整体内力分布较小，更有利于维持隧道的长期稳定，较其他两种断面更为合理。3 种断面最大内力值及出现位置见表 8-2。

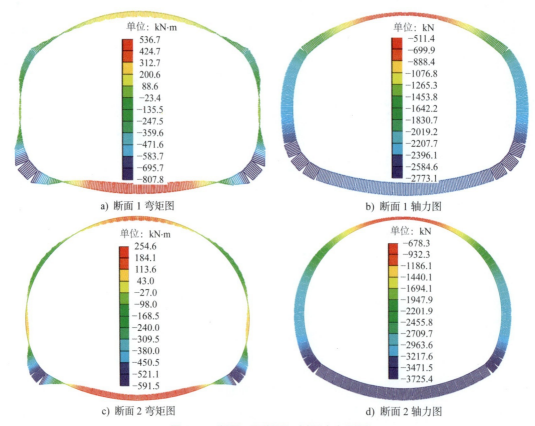

a) 断面 1 弯矩图　　　　　　　　b) 断面 1 轴力图

c) 断面 2 弯矩图　　　　　　　　d) 断面 2 轴力图

图 8-15　断面 1 和断面 2 衬砌内力云图

3 种断面最大内力值及出现位置 表 8-2

断面形式	最大弯矩（kN·m）	最大弯矩出现位置	最大轴力（kN）	最大轴力出现位置
断面 1	807.8	拱脚	2773.1	拱底
断面 2	591.5	拱脚	3725.4	拱底
断面 3	552.0	拱脚	4142.8	拱底

比较 3 种断面形式，净空面积基本一样，依次略有增加，顶拱半径断面 1>断面 2>断面 3，仰拱半径断面 1>断面 2>断面 3。经计算发现，断面 3 的拱脚弯矩（−552.0kN·m）及仰拱弯矩（216.85kN·m）较断面 1（−807.8kN·m、501.5kN·m）和断面 2（−591.5kN·m、254.6kN·m）明显减小，说明减小仰拱半径有利于降低隧道拱脚和仰拱处的弯矩。另外拱顶弯矩断面 3（200.8kN·m）>断面 2（160.57kN·m）>断面 1（113.6kN·m），说明增大拱顶半径有利于减小拱顶弯矩，虽然断面 3 拱顶位置处的弯矩最大，由于衬砌结构不透水性，孔隙水压力作用于衬砌结构，对于衬砌结构也起到一定的稳定作用。综上所述，断面 3 所受最大弯矩较小，与其他两种断面形式相比该形式更为合理。

⑥经济性能比较分析

上文分别从渗流场、应力场、塑性区、结构内力四方面对 3 种断面形式进行了分析，得到断面 3 在维持隧道长期稳定方面更为合理。以下将会从经济方面进行分析，对比各断面的主要工程数量指标：石方开挖量、配筋量。

不同隧道断面开挖石方量、衬砌配筋不同，最终导致隧道施工耗资不同。在隧道安全施工的前提下，合适的断面可保证隧道施工的经济性。根据各断面的设计尺寸和衬砌所受内力，可得到 3 种隧道断面形式的开挖面积和实际配筋，见表 8-3。其中，断面 3 利用率最高，断面 2 利用率最低。而衬砌配筋影响隧道结构的安全，尤其是海底隧道，由于海底隧道孔隙水压力的存在，对于结构安全性要求更为严格，衬砌配筋不足会导致衬砌结构承载力降低，容易引起衬砌混凝土的开裂，发生隧道渗水现象，不利于结构的长期安全。不同断面隧道衬砌应力不同，所需配筋量不同。

3 种隧道断面形式工程量表（每延米） 表 8-3

隧道断面形式	断面 1	断面 2	断面 3
实际配筋（mm²）	1960	2450	1960
开挖面积（m²）	78.61	75.78	75.43

通过渗流场、应力场、塑性区、衬砌内力和经济方面的分析，断面 3 不仅在结构受力方面较为合理，在经济方面更优于其他 3 种形式隧道断面。

3）现场监测分析

结合施工进度，在海底隧道施工过程中进行了相应的隧道拱顶沉降、地表沉降、衬砌应力等多项监测。通过分析各监测点数据得到，隧道拱顶沉降最大出现在 $X=30\mathrm{m}$ 断面，最大沉降值为 8.7mm，该沉降值在设计容许沉降范围内。这说明当隧道支护合理时，拱顶沉降满足要求。

选取 3 个监测断面，将施工期间拱顶沉降监测数据绘制曲线，如图 8-16 所示。图中可看出，监测数据曲线趋势和所模拟的工况相似：拱顶沉降值在开挖工序监测断面时会产生较大的突变，并且随着时间的推移、施工的进行，隧道拱顶沉降增大趋缓，直至施工完成，各监测点沉降基本可达到稳定，稳定在 8～9mm 之间，这在规范允许的变形范围内，说明隧道是安全的；由图中模拟曲线和实测曲线可知，模拟曲线在监测断面及以后的拱顶沉降值略小于隧道断面监测实测值，这是现场施工中支护滞后等因素造成的。

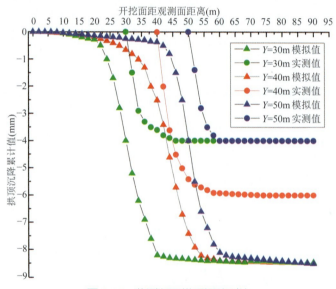

图 8-16　监测断面拱顶沉降对比

8.3　过海通道 TBM 隧道关键技术

青岛地铁 1 号线 TBM 隧道段周边环境条件复杂，穿越近海断层破碎带等高风险点；受环境条件限制，TBM 隧道正线上方不具备设置工作井的条件，制约 TBM 始发及出渣。结合地质条件采取了地面注浆 + 超前地质探测相结合的技术措施，顺利完成了近海断层破碎带的施工；根据工程实际条件，创新性地提出了平移始发技术方案，解决了复杂条件下 TBM 始发问题；研发并应用了洞内翻渣系统，利用钻爆法隧道施工斜井出渣，实现了 TBM

快速出渣、快速掘进。针对瓦屋庄站—贵州路站区间 TBM 隧道段建设过程中的实际问题，提出了针对性的技术措施，取得了良好的应用效果，可为复杂环境条件下硬岩地层隧道建设提供借鉴和参考。

8.3.1 复杂条件下 TBM 始发技术

一般情况下，TBM 设备由明挖车站或者线路正上方设置工作井完成始发作业。根据全线工程筹划，3 号、8 号 TBM 需由瓦屋庄站—贵州路站区间 3 号风井处始发。该区段隧道轨面埋深约 50m，且场区地表分布约 10m 厚新近填渣区（主要为碎石土），以下为中～微风化花岗岩。填渣区地下水与海水直接连通，水位随潮汐变化。若正线上方设置明挖工作井兼区间风井，则基坑规模较大，围护结构、止水措施施工困难，且施工风险极高。因此，本工程采用小规模通风竖井＋地下暗挖风机房方案。

1）平移始发方案设计

区间风井兼作 TBM 始发井，TBM 始发阶段，主机由通风竖井吊入，并进行主机一次组装，然后通过风道横向平移至区间正线，纵向平移至预定位置，如图 8-17 所示。

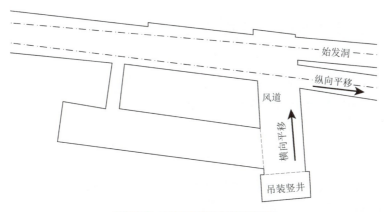

图 8-17　TBM 平移始发示意图

区间风井结构进行永临结合设计，为满足 TBM 始发需求，通风竖井内净空 8m×15m，风道结构内净空 14m。平移始发作业要求及作业流程如下：

（1）井下设置平移托架，平移通道结构按照底板滑轨（43 号钢轨）。

（2）主机设备调入并进行一次组装。

（3）主机一次组装完成后横向平移至线路中线，如图 8-18 所示。

（4）主机纵向平移至始发洞弧形导台，组装管片拼装机等，主机完全组装后纵移至预定位置，如图 8-19 所示。

（5）后配套组装、管线连接，完成整机组装。

图 8-18　TBM 一次组装后横向平移

图 8-19　TBM 始发洞内纵向平移

2）方案实施效果

通过对区间风井进行永临结合设计，采用平移始发方案顺利实现了左右线 2 台 TBM 的组装及始发，大大降低了线路上方设置大规模深基坑的工程风险，节约了工程投资，为复杂条件下 TBM 始发提供了一种新思路。

8.3.2　TBM 穿越不良地质处理技术

1）不良地质概况

TBM 隧道团岛岸穿越 F1-3 断层破碎带，强风化岩位于隧道拱顶。场区覆盖层主要包括素填土、杂填土、砂和黏土。基岩主要为花岗岩，岩体受强烈挤压作用发生脆性破裂，矿物蚀变现象明显，后期风化作用较为强烈，并穿插辉绿岩脉等。场区水文地质单元为滨海基岩裂隙水分布区，通过大气降雨及海水补给。由于团岛岸距海较近，地下花岗岩风化作用较为强烈，隧道开挖面临涌水的风险。

2）不良地层注浆加固

TBM 对于硬岩地层具有较好的适用性，由于设备自身特点，在软弱地层施工需进行地层加固。一般情况下，隧道开挖线外 3m 范围内存在不可自稳地层，或围岩渗透性较大，建议进行洞内注浆加固或地面注浆加固，保障 TBM 掘进施工安全，减少卡机风险。同时，注浆加固兼具防渗堵水作用，可增强管片防水性能。

TBM 隧道穿越不良地层段注浆加固设计参数下：

（1）本 TBM 设备洞内注浆加固可实施性差，地层加固采用地表注浆加固方案。

(2）注浆加固范围为隧道开挖线外 3m。

(3）注浆浆液采用普通水泥单液浆，$W/c = 0.6 \sim 1.2$，必要时辅以硫铝酸盐水泥 $W/c = 0.6 \sim 1.2$。

(4）注浆终压建议值为 1.5~3.0MPa，实际注浆压力根据注浆效果和注浆试验调整。

(5）注浆速率范围为：5~110L/min，施工时可根据现场情况进行调整。

3）注浆工艺

为保证隧址区注浆加固效果，地面注浆加固施工采取以下关键控制工艺。

(1）前进式分段注浆工艺

为防止风化破碎围岩中浆液不均匀扩散，提高整体加固效果，考虑加固段多为软弱介质，一次成孔注浆容易造成塌孔卡钻以及浆液达不到预期扩散加固范围，故采用前进式分段注浆工艺，即由浅入深，逐段加固，逐层推进。在施工中钻、注交替，注浆分段长度为4m，利用孔口管进行止浆。

(2）模袋封孔注浆工艺

本工程存在的治理难点之一为地表浅层为软弱杂填土，开孔点处缺少足够强度的止浆岩帽，封固套管较为困难，在注浆过程中跑浆串浆问题较难处理，针对这个难点采用模袋封孔工艺进行注浆管的封固，将地表以下杂填土层通过注浆膨胀模袋进行隔离，浆液的渗透劈裂扩散限制于 TBM 隧道中轴线 6m 范围内，避免浆液在加固圈以外的区域进行无效注浆扩散。

在模袋注浆管注浆中，首先针对钻孔进行模袋封固，采用水泥—水玻璃双液浆，水泥浆水灰比 1:1，水泥浆与水玻璃体积比为 1:1，通过模袋上端小铁管，对模袋进行双液注浆，待注浆压力达到 1.5MPa 停止注浆，待模袋内水泥—水玻璃双液浆初凝后开始通过注浆管对隧道围岩注浆。

在通过注浆管对隧道围岩注浆中，首先采用水灰比为 1:1 的硅酸盐水泥单液浆对注浆管进行注浆，通过观察地层跑浆及串浆情况分析地层含导水构造发育及空间展布特征。

根据地层跑浆及串浆情况，动态调整水泥—水玻璃（C-S）注浆材料体积配合比，根据不同体积配合比 C-S 注浆材料初凝时间不同，选用不同配合比浆液，实现动水封堵的调控。模袋注浆时，注浆压力达到 1MPa、地层开始隆起或吸浆量小于 1L/min 时，停止注浆。

(3）深部定域控制注浆工艺

随着地表注浆钻孔深度增加，浆液在钻孔内的运移时间延长，往往会造成浆液没到达薄弱区就在孔内凝结；若较大范围增加浆液初凝时间又会"牺牲"浆液固结强度和注浆加固质量。注浆设计终压随钻孔深度增加呈递增趋势，深部薄弱区较高的注浆压力会通过浆液直接作用在浅部已加固的孔壁围岩上，在围岩弱势面重新产生劈裂，造成对浅部围岩的重复注浆，而难以把浆液全部准确输送到深部的注浆薄弱区并对其注浆加固。

针对本项目的加固要求，通过定域输浆管可实现浆液在可控初凝时间内进入深部注浆薄弱区后，黏度增长并将稳定在某一特定黏度值保持较长时间，此时浆液为膏状黏塑性流体，具备较强的流动扩散性。该工艺可以控制深部注浆浆液扩散范围、扩散距离及浆液凝胶时间，达到较好的扩散加固效果。

地表注浆结束经检查后，仍存在的局部注浆薄弱区，将使用定域注浆工艺进行注浆加固。注浆加固使用$\phi 40mm$无缝钢管，深入到接近注浆薄弱区的位置，进行注浆加固。

8.4 海底隧道穿越不良地质段注浆设计及施工标准

1）隧址断裂带分布

隧址区地质构造以中、新生代脆性断裂构造最为发育，韧性断裂及褶皱不甚发育；在分析已建青岛胶州湾隧道勘察资料基础上，结合本次勘察的地质调查、海域地震反射勘探及钻孔揭示情况，本标段场区小规模断裂破碎带特征分述如下：

F_{1-3}：岩体受强烈挤压作用脆性破裂成碎粒和碎粉状，矿物蚀变现象明显，夹有泥状错碎物，后期风化，形成风化深槽，并穿插辉绿岩脉。此断裂在胶州湾隧道钻孔 X-F5 钻孔揭示，胶州湾隧道服务隧道FK0+385～FK0+455、FK0+584～FK0+821段开挖有揭示，本工程详勘钻孔 M1Z3-TWG-G11、M1Z3-TWG-G12、M1Z3-TWG-G13 有揭示，推测该断裂由K30+930～K31+030处穿过，影响带宽近100m，走向北东。

F_{1-4}：此断裂在胶州湾隧道服务隧道FK0+860～FK1+142段开挖有揭示，岩体受强烈挤压作用脆性破裂成碎粒和碎粉状，矿物蚀变现象明显，碎粒被方解石及绿帘石等蚀变矿物胶结，岩石貌似砾岩，岩体完整性尚好，岩质较软～较硬，依稀可辨原岩为流纹岩和花岗岩，局部夹有数厘米至十几厘米宽的绿泥石化错碎物，推测该断裂由K30+440～K30+540之间穿过，呈北东向。

F_{2-1}：在 QDZ11、M1Z3-TWG-103 孔揭示错动破碎带，带内岩体破碎，并见有1～20cm宽的绿泥石化错碎物，裂面上见斜擦痕，显示压扭特征，错动面倾角大于70°。此断裂在胶州湾隧道服务隧道ZK4+360～ZK4+430段开挖已被验证，断裂带宽度小于 10m，两侧有数米宽的影响带，走向为北偏西约75°。

F_{2-2}：在 DZ3、M1Z3-TWG-100 孔揭示。另外，物探显示 M1Z3-TWG-100 南侧也有低速带，推测走向北偏西约65°。破碎带岩石主要为凝灰岩，以碎裂状为主，夹绿泥石化错碎物，裂面显示张扭性特征。此断裂已被胶州湾隧道服务隧道FK1＋796～FK1＋824段开挖验证，两侧影响带宽数米至几十米。

F_{2-3}：DZ5孔、M1Z2-TWG-28孔、M1Z3-TWG-93孔揭示带内有碎裂岩及多条数厘米宽的绿泥石化错碎物；绿泥石化错碎带近直立，裂面显示张扭性特征，物探显示此处为低速带，推测走向为北偏西约35°。此断裂已被胶州湾隧道服务隧道FK2＋085～FK2＋145段开挖验证，破碎带宽度小于5m，两侧有数米至几十米宽的影响带。

F_{2-4}：M1Z2-TWG-27、M1Z3-TWG-91孔揭示带内有碎裂岩及一条数厘米宽的绿泥石化错碎物；裂面显示张扭性特征；推测破碎带宽度小于5m，两侧有数米至十几米宽的影响带，走向为北偏西约30°；构造岩带宽度数十米。

F_{3-1}：物探显示呈北东向，M1Z3-TWG-87、M1Z3-TWG-88孔揭示带内有碎裂岩及多条数厘米宽的绿泥石化错碎物，推测错动带宽度10m左右，两侧岩体破碎；破碎带岩石微裂纹密集，并见绿泥石化错碎物，优势结构面倾角70°以上，其上可见侧伏角30°左右的压扭性擦痕，显示该断裂为以平移为主的压扭性断裂，两侧有数米至十几米宽的影响带，走向为北东向。此断裂已被胶州湾隧道服务隧道FK3＋081～FK3＋110段开挖验证。

F_{3-2}：走向为北东向，M1Z2-TWG-25孔揭示，带内岩石多呈糜棱状，夹大量的绿泥石化错碎物，物探显示该段属于异常带，推测破碎带宽度小于5m，两侧有数米至十几米宽的影响带。此断裂已被胶州湾隧道左线隧道ZK5＋910～ZK5＋960段开挖验证。

F_{3-3}：M1Z2-TWG-23、M1Z3-TWG-82孔揭示带内岩石碎裂状为主，节理裂隙极其发育，以碎石、角砾为主，夹少量绿泥石化错碎，部分段成碎裂状；推测破碎带宽度小于5m，走向为北偏东18°左右，两侧有十几米宽的影响带。此断裂已被胶州湾隧道左线隧道ZK3＋266～ZK3＋296段开挖证实。

F_{4-1}：被M1Z2-TWG-21孔揭示，揭示带内有碎裂岩及多条数厘米宽的绿泥石化错碎物；绿泥石化错碎带近直立，裂面显示张扭性特征；推测破碎带宽度小于5m，两侧有数米至十几米宽的影响带。

F_{4-2}：被M1Z3-TWG-75、M1Z3-TWG-76孔揭示，带内以碎裂状岩为主，夹及多条数厘米宽的绿泥石化错碎物；推测破碎带宽度小于5m，两侧有数米至十几米宽的影响带。

F_{4-3}：被M1Z2-TWG-19孔揭示，带内有碎裂岩及多条数厘米宽的绿泥石化错碎物，物探显示为异常带，走向为北偏东60°左右，推测破碎带宽度小于5m，两侧有数米至十几米宽的影响带。此断裂在胶州湾隧道左线服务隧道ZK6+740～ZK6+790段、服务隧道FK4+080～FK4+120段已有验证。

F_{4-4}：被 M1Z2-TWG-73 孔揭示，带内有碎裂岩及多条数厘米宽的绿泥石化错碎物；绿泥石化错碎带近直立，裂面显示张扭性特征；推测破碎带宽度小于5m，两侧有数米至十几米宽的影响带。此断裂在胶州湾隧道左线服务隧道ZK6+860～ZK6+900段、服务隧道FK4+153～FK4+203段已开挖验证。

F_{4-5}：被 M1Z3-TWG-70 孔揭示，带内有一条约1.5m宽的绿泥石化错碎物，错碎带下侧岩石节理裂隙极其发育，呈碎斑岩状，推测近东西走向，两侧有数米至十几米宽的影响带。此断裂在胶州湾隧道左线服务隧道ZK6+995～ZK7+046段、服务隧道FK4+280～FK4+360段已开挖验证。

F_{4-6}：被 M1Z3-TWG-68 孔揭示，揭示带内岩石呈碎裂状，75°倾角裂隙极其发育，底部发育辉绿岩脉，推断裂为辉绿岩后期充填，底部辉绿岩较完整，推测破碎带宽度小于5m，两侧有数米至十几米宽的影响带。此断裂已被胶州湾隧道左线服务隧道ZK7+210～ZK7+254段、服务隧道FK4+506～FK4+536段开挖验证。

根据勘察揭示情况，断裂带一般岩体较破碎，围岩自稳定能力较低，但其规模较小，一般呈高倾角产出，多为绿泥石充填，大部分地段透水性不强，围岩分级以Ⅳ级为主，少量地段为Ⅴ级。

2）注浆设计方案

（1）注浆控制标准

注浆采用超前预注浆和开挖后径向注浆。当超前探水孔单孔出水量大于 5L/min，或每循环所有超前探孔总出水量大于10L/min 时需要对围岩进行超前预注浆。开挖后检测孔单孔出水量大于 $0.15L/min \cdot m$，需要对周边围岩进行后注浆，开挖后局部出水点渗水量不小于 $2L/m^2 \cdot d$ 时，需要对出水部位进行后注浆。注浆工程按设计使用年限为100年进行耐久性考虑。

（2）超前预注浆方法

隧道内注浆采用全断面注浆、周边帷幕注浆、局部注浆、裂隙注浆；开挖后径向注浆、局部注浆。

（3）超前预注浆方案的选择

①全断面超前预注浆

适用条件：a.根据超前地质预报结果判定，前方围岩破碎、断层岩体风化严重或存在断层泥；b.Ⅴ级围岩地段；c.超前探水孔单孔出水量大于 60L/min；d.探水孔水压不小于 0.6MPa。当隧道通过以上特点断层长度大于 25m，一次不能完成时，采用全断面注浆（以上适用条件满足任 1 条即选择此方案，下同）。

②隧道周边帷幕注浆

适用条件：a.根据超前地质预报预报结果综合分析判定，前方围岩比较破碎，围岩风化较严重；b.超前探水孔单孔出水量 25～60L/min；c.探水孔水压 0.3～0.6MPa。其他有全断面需要注浆的特点，但隧道穿过长度小于 25m 时，采用隧道周边帷幕注浆。

③局部断面超前预注浆

适用条件：a.隧道局部断面围岩节理裂隙较发育或比较破碎，其余部位围岩比较完整。b.超前探水孔单孔出水量 5～25L/min；c.探水孔水压不大于 0.3MPa。

④超前探孔注浆

适用条件：超前探水孔单孔出水量小于 5L/min、探孔总出水量大于 10L/min 时，利用超前探孔进行注浆。

⑤补充注浆

隧道开挖后未达到预期围岩改良目标（表面渗水量不小于 $2L/m^2 \cdot d$）时，应采用补充注浆方案对渗水部位进行封堵：

a. 对点状滴水主要采取堵漏剂逐点表面处理。

b. 对点状线流采取表面封堵为主、注浆处理为辅的原则处理。

c. 对大面积淋水或股状涌水的部位，在集中出水部位周围不小于 2m 范围内布设注浆孔，注浆孔间距 1.5m，孔径 $\phi56mm$，孔深 4.0m，梅花形布置，孔内安装止浆塞或 $\phi32mm$ 花管进行注浆处理，分Ⅰ、Ⅱ孔实施，按照由四周向中间、由下向上的原则进行注浆。

3）注浆参数设计

（1）帷幕注浆止水加固范围

注浆圈止水加固厚度主要应满足注浆堵水和施工安全要求。根据环境条件、力学模拟计算和分部开挖的施工方法，结合工程经验，过断层破碎带区间隧道注浆加固区范围为隧道轮廓线外 5m。

（2）每循环注浆段长度

注浆段长度一般应综合考虑工程水文地质情况、选择钻机的最佳工作能力、余留止浆墙厚度等内容。过断层破碎带帷幕注浆时，隧道每循环注浆段长为 30m，开挖 22m，预留 8m 为下一循环止浆岩盘。

（3）注浆扩散半径

浆液扩散半径可根据堵水要求、隧道地质特点及注浆材料的粒径尺寸，采取工程类比法来选取。根据工程经验和工程类比，注浆扩散半径为2m。施工中，可根据注浆试验或施工前期注浆效果验证、评估后进一步修正确定。

（4）注浆孔布置

①超前预注浆钻孔布置

全断面帷幕注浆：掌子面共96孔，注浆孔自掌子面沿开挖方向，以隧道中轴为中心呈伞状布置，注浆孔终孔位置距区间隧道外轮廓线5m，钻孔最大外插角为27°，孔底间距不大于3.5m。

周边帷幕注浆：掌子面共82孔，注浆孔自掌子面沿开挖方向，以隧道中轴为中心呈伞状布置，注浆加固范围为隧道轮廓线外5m，钻孔最大外插角为26°；孔底间距不大于3.5m。

局部断面注浆：局部断面布设注浆孔位置和数量可根据具体围岩情况和出水部位进行调整，注浆加固范围为隧道轮廓线外5m，钻孔最大外插角为27°，孔底间距不大于3.5m。

②局部裂隙水注浆

对于掌子面局部线状裂隙出水或局部出水点，在集中漏水部位周围布设注浆孔，注浆孔间距2m，孔径ϕ56mm，孔深8.0m，梅花形布置，注浆孔范围应覆盖裂隙范围外2m。孔内安装止浆塞或ϕ42mmPVC花管进行注浆处理，按由四周向中间、由下向上的原则进行注浆。

（5）注浆压力

根据胶州湾隧道及类似工程经验，裂隙岩体地层注浆设计压力一般需要比静水压力大0.5~1.5MPa；当静水压力较大时，宜为静水压力的2~3倍。海底隧道过断层破碎带超前预注浆终压初步确定为：$P=1.5$~3MPa。局部径向补充注浆终压为：1~1.5MPa。渗透注浆压力为0.5~0.7MPa。回填注浆压力应小于0.5MPa。另外，注浆泵的压力应达到设计压力的1.3~1.5倍。注浆压力可根据现场注浆试验及施工需要逐步调整。

海底段封堵涌水时，注浆终压可采用下式计算：

$$P = P_0 + (2 \sim 4) \tag{8-1}$$

式中：P——注浆终压，MPa；

P_0——涌水压力，MPa。

（6）注浆速度

注浆速度的控制根据不同情况采取不同的控制措施，注浆速率主要取决于地层的吸浆能力（即地层的孔隙率）和注浆设备的动力参数，建议注浆速率取5~110L/min，施工中可根据实际情况进行调整。

（7）注浆量

单孔注浆量根据注浆扩散半径和岩层填充率按照下式计算：

$$Q = \frac{\pi D^2}{4} L \cdot n \cdot \alpha \cdot \eta \tag{8-2}$$

式中：Q——注浆量，m³/m；

D——注浆范围，m；

L——注浆段长，m；

n——岩层裂隙率，%；

α——浆液在岩石裂隙中的充填系数；

η——浆液消耗率，%。

根据经验参数取值，设计每延米单孔注浆量如下：

ϕ130mm 钻孔：0.31m³/m；ϕ90mm 钻孔：0.18m³/m；ϕ56mm 钻孔：0.14m³/m。

（8）注浆结束标准

①单孔注浆结束标准

单孔注浆以定量定压相结合。

定量标准：当注浆量达到单孔设计注浆量的 1.5～2 倍，压力仍然不上升，可采取双液注浆等措施缩短胶凝时间，使压力达到设计终压，结束该孔注浆。

定压标准：各孔段均达到设计终压，并稳定 10min，且进浆速度为开始进浆速度的 1/4 或注浆量达到设计注浆量的 80%，即可结束该孔注浆。

②全段结束标准

a. 设计的所有注浆孔均达到注浆结束标准，无漏注现象。

b. 按总注浆孔的 5%～10%设计检查孔，检查孔满足设计要求。

4）注浆工艺

断层破碎带帷幕注浆施工中，为达到较好的注浆及堵水效果，注浆方式可采用分段前进式注浆或分段后退式注浆。

当岩石裂隙发育、岩体很破碎且钻孔涌水量较大或者出现涌泥现象时，采用分段前进式注浆方式，钻一段注一段，注浆分段长度可按实际情况确定，一般不大于 5m。

当岩石裂隙不够发育、钻孔涌水量较小时，可采用分段后退式注浆方式（如成孔困难可采用下入护壁套管），钻孔一次直至设计深度，按 5m 分段长度下入止浆塞，自内向外逐段进行注浆。

当裂隙不发育、水量小时可采取全孔一次性注浆。分段超前预注浆工艺流程如图 8-20 所示。

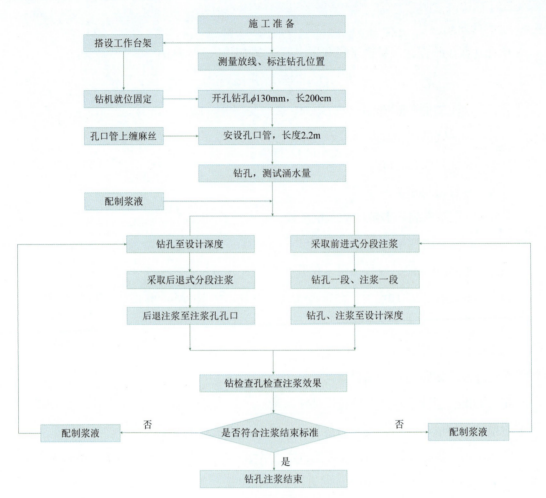

图 8-20　超前预注浆工艺流程图

第 9 章

既有车站改造设计创新

滨海复杂地质条件下地铁设计创新与实践
——青岛地铁1号线工程

INNOVATION AND PRACTICE OF
SUBWAY DESIGN UNDER COMPLEX GEOLOGICAL CONDITIONS IN SEASIDE REGION
——QINGDAO METRO LINE 1 PROJECT

在地铁的建设过程中，会遇到很多改造工程。小到因设备升级改造、功能升级等导致的原预留洞口尺寸不一致、局部建筑布局调整等需要局部改造的问题，大到因整个片区规划调整带来的局部加站等情况，再大到因国家轨道交通规划发展政策调整带来既有试验段工程改造等，改造种类多，改造难度不同，处理办法各异。

在青岛地铁 1 号线工程的建设过程中，这些改造情况均有出现。

其中青岛站和开封路站即为既有试验段工程改造的典例。青岛站和开封路站均建成于上世纪 90 年代，青岛站为典型的明挖车站改造工程，开封路站为典型的既有暗挖车站改造工程。

东环路站为既有区间加站改造的典例。在安子东站—瓦屋庄站区间已经贯通的情况下，考虑周边地块发展的需求，需要结合上盖物业开发，增设车站。

各车站因设备升级改造、功能升级改造等带来的局部结构改造也都存在，本章节将重点阐述既有车站改造和区间加站改造在青岛地铁 1 号线工程的创新应用，希望能为类似工程改造提供参考。

9.1 既有明挖车站改造

9.1.1 改造背景

早在 1987 年，青岛市就开始筹划地铁建设，20 世纪 90 年代，地铁 1 号线仅规划了 16km，是从西镇到国棉九厂，其中青岛站段 1993 年开建，1995 年建成，埋深 13m，隧道区间长 40m，车站长 220.9m，宽 20m，总面积 1.1 万 m^2（共两层），1 号线青岛站属于明挖岛式站台。

1995 年，国务院办公厅下文暂停审批轨道交通项目，青岛市轨道交通项目也一度暂停。2013 年 11 月，伴随着《青岛市城市轨道交通近期建设规划（2013—2018 年）》获得中华人民共和国国家发展和改革委员会的批准，沉寂了近 20 年的地铁 1 号线青岛站和开封路站重新回归大众视野，两个车站为 1 号线中段的两个重要节点重启改造工作。

根据《青岛市城市轨道交通线网规划调整（2015 年）》，地铁 1 号线线路起自青西新区峨眉山路，沿线主要经过青西新区现状城区、薛家岛、团岛、青岛火车站、中山路商圈、台东、海泊桥、小村庄、水清沟、青岛北站、沧口公园等区域，青岛站为 1 号线由黄岛—青岛过海后第 3 个车站，与在运营的 3 号线青岛站进行换乘。

9.1.2 车站概况

1号线青岛站位于青岛市市南区湖南路与费县路之间,车站为曲线站,北端位于维也纳酒店(原鹰谷万雍酒店)南侧,南端位于费县路过街通道北下沉广场西侧,车站大致呈东北西南走向,车站总平面图如图9-1所示。

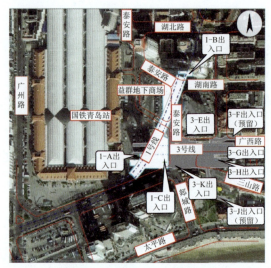

图9-1 青岛站总平面示意图

青岛站现状为车站北侧临近鹰谷万雍酒店,东侧临近明珠海港酒店,南侧过费县路临近华联商厦。车站西侧为益群地下商场,与车站紧贴,采用双墙结构,益群地下商场为地下两层结构,火车进出站客流通过益群地下商场进出地铁车站;东侧临近3号线青岛站的三层明挖结构,3号线青岛站暗挖下穿1号线青岛站。

车站覆土厚度为1.5~4m,车站范围内岩层自北东向南西缓倾,北部岩层接近地表,南端有较厚的第四系土层。车站抗浮水位为高程0.600m。车站地质纵剖面如图9-2所示。

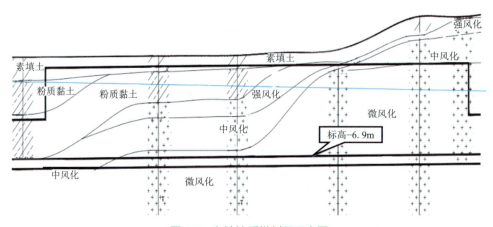

图9-2 车站地质纵剖面示意图

车站原采用明挖法施工，北侧岩石基坑采用放坡支护，坡度值不小于 1∶0.2；南侧土质基坑采用钻孔灌注桩＋锚杆护坡。车站主体结构分两部分：Ⅰ段（行车段）和Ⅱ段（设备外挂段）。行车段位于线路复曲线上，为沿行车线路布置的两层三跨矩形现浇钢筋混凝土框架结构，起点（南端）宽度 17.596m，终点（北端）宽度 19.360m，断面高度 12.240m，沿线路方向 3‰ 爬坡。设备外挂段为两层多跨现浇钢筋混凝土结构，平面形状近似为梯形，底边长约 43m，顶边长约 9m，高约 55.23m。

主体结构采用 C30 混凝土，内部结构采用 C20 混凝土，受力钢筋直径最大 28mm，直径大于 12mm 的钢筋均为Ⅱ级钢。顶板厚度 600mm，中板 300mm，底板和侧墙 400mm 厚，角部均设有腋角，柱子采用钢管混凝土柱，外侧采用 ϕ600mm（t = 12mm 钢管，3 号钢，与现状 Q235 钢相当），内部为 C30 素混凝土，仅在与顶、底梁连接处设置连接筋，为 8 根 D25。顶板、底板、外墙保护层厚度：外侧 50mm，内侧 30mm；中板保护层 15mm，如图 9-3 所示。

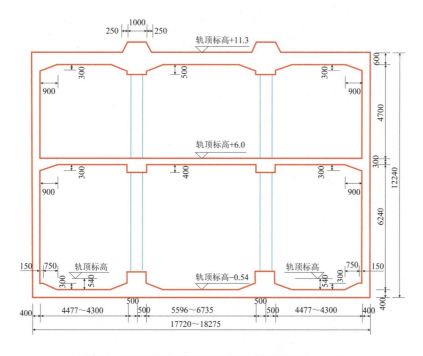

图 9-3　标准段结构横剖面示意图（尺寸单位：mm）

9.1.3　建筑功能改造创新点

1）建筑功能改造思路

（1）20 世纪 90 年代青岛站及火车站广场改造采用明挖法施工，青岛站地层分布不均，有砂土也有花岗岩，而且岩面起伏较大，增加了施工难度。1 号线车站位于 3 号线青岛站与益群地下城及青岛火车站之间，地下空间基本已被占满，且车站地上为泰安路及青岛火车站东广场，地面人流、车流量较大，广场四周被车流巨大道路围合，任何超过现状外围护结构的扩挖都无法避免明挖围挡占地问题。故而青岛站改造工程优先考虑在既有车站范围内实施。

（2）青岛作为旅游城市代表，青岛站年均乘客乘降量巨大。火车站地面站房东广场为售票厅、进出站厅，东广场北下沉广场为铁路出站口。根据客流预测，地铁青岛站较大部分客流来自于铁路方向，地铁车站需充分考虑铁路客流与地铁换乘客流关系。

（3）根据车站标高关系，益群地下城地下一层标高最高，1号线青岛站地下一层（站厅层）低于益群地下一层标高约1m，3号线青岛站地下一层（站厅层）低于1号线青岛站地下一层（站厅层）约1.2m，车站设计过程中需要充分考虑三者高差关系。

2）建筑功能改造方案

根据《青岛市地铁1号线既有工程（青岛站及站后区间）安全可靠性检测鉴定报告》：青岛市地铁1号线既有工程（青岛站及站后区间）平面布置与设计基本相符，与结构安全相关项目（材料强度、构件尺寸、配筋、钢筋外保护层厚度）的质量检测达到设计要求，结构承载力及抗震性能基本满足现行规范要求，安全性评级满足《民用建筑可靠性鉴定标准》（GB 50292—2015）中 Bsu 级要求，尚不显著影响承载能力，可能有极少数构件应采取措施，可以继续使用。青岛站自初步设计阶段确定的改造原则即为维持原有结构，充分利用既有车站空间进行车站功能布局，根据3号线青岛站线路站位组织L形节点换乘方案，3号线三层明挖车站，车站端部设置双停车线下穿既有1号线青岛站，1号线中段站台板、底板局部破除后设置楼梯至3号线站台层，同时1号线车站站厅15～16轴、20～22轴处东侧侧墙打开，与3号线站厅连通换乘，如图9-4所示。

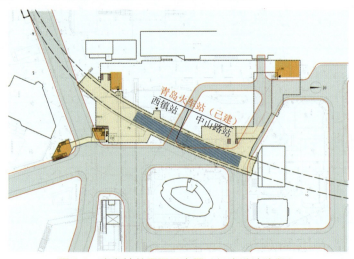

图9-4　青岛站总平面示意图（初步设计阶段）

第 9 章 既有车站改造设计创新

1号线青岛站与外部接口方面 1 号通道保留，由 2-7～2-8 轴间与火车站东广场南下沉广场连通，与下沉广场的高差通过楼梯解决；原主体东侧墙上 2-4～2-5 轴的 2 号通道因费县路不具备明挖施工条件无法实施；原主体西侧墙上 2-14～2-15 轴的 3 号通道保留，与益群由侧连通高差通过楼梯解决；原主体东侧墙上 2-14～2-15 轴间的 4 号通道保留，由外挂段边跨连通至费县路过街通道及其南、北下沉广场内，同时边跨通道北侧拐角处与 3 号线实现非付费区连通；受制于车站大里程端站厅规模较小，车站设备用房布置局促，利用车站大里程端西侧益群部分用房进行功能布局，原主体西侧侧墙 2-28～2-29 轴处 5 号通道改移至车站主体西侧墙 2-24～2-25 轴处，侧墙局部打开后通过楼梯解决与益群侧 1.8m 高差，通过楼梯后经由通道连通至火车站东广场地下出站口及北下沉广场，实现与铁路客流的无缝衔接，同时在接口楼梯外侧设置售票点，尽可能利用益群既有空间实现车站功能，提高站内通行效率，缓解车站原站台规模较小问题；原主体东侧墙 2-24～2-25 轴处的 6 号通道接口保留，暂时预留。

车站设计可实施出入口三个，可满足车站火灾工况下站厅乘客疏散宽度和距离要求；与益群商场接口一处；与地铁 3 号线青岛站站厅接口三处，站台—站台接口一处，车站可通达性较好，站厅层布置如图 9-5 所示。

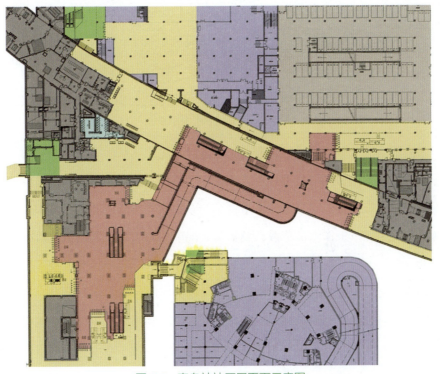

图 9-5 青岛站站厅层平面示意图

车站站厅—站台公共区布置方面设置上行扶梯 3 部，下行扶梯 2 部，直跑楼梯 1 部，L 形折跑楼梯 1 部，垂直电梯 1 部，可较好地实现乘客进出站需求；同时车站西侧边跨预留过街通道，可实现由火车站东地下出站口至费县路南下沉广场的通畅性，提高了来青旅游乘客前往栈桥方向便捷性。

车站设备区方面主要设备及管理用房集中在车站小里程端轨行区及东南侧外挂区域，其中东南侧外挂区域内靠主体侧墙位置改造，增加站台—站厅工作人员楼梯一个，实现有人防火分区便捷地直通下沉广场进行疏散。

将 C 出入口（原 6 号通道）进行了明确，对可能实施的出入口规模进行了设计，如图 9-6 所示。

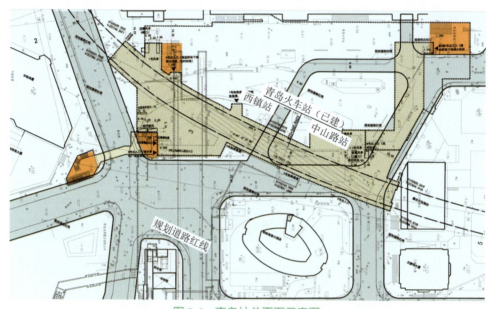

图 9-6 青岛站总平面示意图

在车站内部功能分区及流线组织方面同时进行了优化。

在车站大端设备用房区内根据规范要求增加了站厅—站台联系楼梯，实现了站台层有人值守设备用房区直通室外安全出口需求，结合东南侧外挂区域的两个工作人员楼梯，可较好地解决火灾工况下工作人员疏散，及正常工况下工作人员日常使用被轨行区隔断的问题。同时进一步优化东南侧外挂段设备区布局，在站厅 2-14 轴通道旁增加了公共区卫生间一处，兼顾市政需求，更好地服务于地铁乘客及过街市民，如图 9-7 所示。

公共区方面对公共区北侧 2-24～2-25 轴处闸机调整为沿 2-24 轴布置，优化后实现了边跨非付费区与与 C 出入口（原 6 号通道接口）的连接，体现了客流吸引均布性和乘客疏散便捷性。

图 9-7 青岛站站厅层平面示意图（招标设计阶段）

其余对外接口方面原西侧墙 2-14～2-15 轴侧墙处仅一处与益群地下城接口，因本接口外侧邻近国铁青岛站地下进站口，根据客流预测地铁—国铁换乘客流较大，考虑到提高乘客出站能力，将西侧墙 2-13～2-14 轴侧墙局部打开，该处共计两跨接口实现地铁出站、国铁进站功能，更加合理、有效。

在 2-24～2-25 轴接口楼梯外侧至火车站东广场北下沉广场通道内设置人防封堵，满足车站设防要求，同时利用既有出地面楼梯解决了该侧通道长通道乘客疏散安全问题。

2016 年 12 月 9 日，青岛站益群地下城完成竣工验收，并提前在 3 号线南段开通前投入使用，改造后的益群地下城由单纯的商业服务功能调整为串联城市公共空间、向社会提供便捷服务的换乘枢纽功能，打通了地铁与国铁之间的进出通道，实现了国铁与地铁的无缝换乘。乘客在地下可通过 13 个出地面口快捷到达周边换乘枢纽，极大缓解了地面交通压力，实现最大程度的人车分流，同时彻底解决了遗留 21 年之久的益群地下城手续不全问题。

益群地下城项目自 2016 年 2 月启动以来，1 号线公司精心筹划、周密组织，成立了由总经理牵头的工作小组，先后完成了招标、规划报建、施工许可、消防审核等手续。通过积极协调火车站、联管办、城管局、市南区交警大队等外部接口单位，在设计、监理、施工单位的通力合作下，克服原有建筑布局和主体结构、火车站地面广场难以开设出入口及规范变化调整等诸多限制，完成了火车站地下功能区划调整及地下进出站方案优化、地下城装修、地面广场恢复、费县路通道综合治理等一系列工作。项目于 10 月底完成施工，并于 12 月 9 日完成消防、卫生等专项验收和竣工验收，按期完成了各项任务。

青岛地铁 3 号线是青岛市首条地铁线路，也是中国山东省第一条建成运营的地铁线路，于 2015 年 12 月 16 日开通运营北段（青岛北站至双山站区间），于 2016 年 12 月 18 日开通运营南段（双山站至青岛站区间），标志着线路全线开通。

益群及 3 号线项目在 2016 年年底相继完工，对车站功能和流线组织提出了新的要求。其中较为重大的影响有如下几点：

（1）益群项目的完工进一步明确了国铁南进站、北出站的客流组织形式，地铁车站尤其是 1 号线更需要进一步考虑乘客出站换乘国铁及国铁出站转乘地铁的客流需求，使地铁出站—国铁进站—国铁出站—地铁进站可以形成理论上单向循环体系。

（2）益群项目作为地下商业项目，为实现自身功能对既有功能、结构进行了大幅改造，对部分原地铁拟征用空间进行了功能重新定位与整合，如图 9-8 所示。如火车站东广场南下沉广场南侧楼梯及水泵房形成夹层占用原地铁风井部分空间；为解决益群地下二层地下车库及地下一层商业疏散将既有的 3-21～3-22 轴处折跑楼梯向南扩大至 3-20 处，同时 3-D 轴以西部分完成土建及设备改造，与招标设计阶段地铁拟占用售票及通道范围重合，需统筹考虑商业及地铁功能调整。

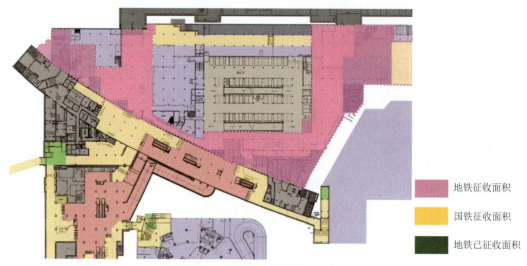

图 9-8　益群征收范围平面示意图

为确保青岛地铁 1 号线青岛站按计划开工建设，2018 年 3 月 6 日，市南区人民政府决定对 1 号线青岛站（新增）实施房屋征收。

针对以上外部设计条件变化，对 1 号线青岛站改造设计进行了相应的设计调整，主要体现在以下方面：

重新梳理车站风道、风亭，针对益群占用及既有风道进行整合，结合火车站广场城市形象要求，原则上尽量利用既有地面土建工程，严格限制地面新建土建工程的规模和数量，其中1号风道活塞风亭贴邻火车站东广场南下沉广场，并与益群地下城水泵房、上地面楼梯进行分隔；1号风道排风亭利用费县路过街通道北下沉广场以西、费县路侧既有地面风亭，1号风道新风亭利用费县路过街通道北下沉广场L形楼梯下部空间设置侧向进风口，以满足风亭距离要求。

因益群楼梯间扩大，1号线青岛站站厅公共区西北侧墙往益群接口南移一跨至3-19～3-20轴处，同时结合益群通道内设备布置，在3-17～3-18轴处新增侧墙打开接口一处，通过后补楼梯踏步解决高差，提高流线合理性。

湖北路、泰安路均为单向通行道路，车流量大，明挖封闭施工交通导改及管线调流压力大，且地面亭位于规划道路内，实施后完全占用路侧人行道，不具备实施条件；后经实地踏勘，青岛站站厅北侧端墙处有至地面折返跑楼梯一处，为地铁所有，周边项目改造时地面亭遭受破坏，后经多方配合、协调，既有楼梯地下部分与北侧酒店地下室边跨连通后改造酒店既有边跨地下室为楼梯，实现车站东、北侧区域乘客进出站及市政过街功能。

车站扩大车站站厅公共区的方案，包括东南侧外挂1-7～1-9轴售票厅扩大及侧墙新开洞口，站厅主体2-12～2-15轴扩展为站厅非付费区，2-18～2-23轴间站厅主体西侧边跨调整为站厅层付费区，扩大站内人员可达区域，同时根据客流模拟成果对站厅公共区楼扶梯布置进行优化配置，南侧2-16～2-17轴处设置上行双扶梯，2-19轴设置上下行扶梯，2-22轴处设置无障碍电梯，2-23～2-25轴设置楼扶梯，方便与北侧火车站出站、地铁进站客流以及与3号线换乘客流流线相协调。

9.1.4　外墙置换及缺陷治理方案创新

1）外墙置换及缺陷治理方案概述

青岛站土建结构建成于20世纪90年代初，受环境侵蚀、原施工条件及施工水平等因素影响，部分土建结构已发生破损，车站主体结构部分侧墙存在局部混凝土酥松脱落、钢筋锈蚀及倾斜、局部内凸、侧墙凿孔取样暴露较大量黄色泡沫、背后存在较大范围的空腔等情况，需对外墙进行置换和缺陷处理。

侧墙外为肥槽回填，回填物为建筑垃圾、粉质黏土等，回填质量差，外部存在空腔，探孔探测背后水量较大，在雨季更甚，置换侧墙风险很大。侧墙缺陷段上方为既有换乘通道、临近高层建筑地下室，措施不当对周边环境影响大，且临近火车站，社会影响大。既有墙体混凝土酥松易脱落，内部存在黄色泡沫黏状物（可能经过注胶处理）以及水泥袋等施工垃圾，钢筋倾斜，整个侧墙存在严重的缺陷（图9-9）。侧墙置换及缺陷治理风险很大。

a)　　　　　　　　　　　b)　　　　　　　　　　　c)

图 9-9　侧墙缺陷情况描述（根部混凝土酥松、钢筋倾倒锈蚀）

2）攻克难点的技术措施

（1）确定侧墙的缺陷范围，架设工字钢制成的临时支撑，所述侧墙设有原侧墙竖向钢筋和原侧墙水平钢筋，在缺陷范围的周缘确定需凿除范围。

（2）打设注浆管和模袋注浆管，通过注浆管和模袋注浆管进行注浆和模袋注浆以加固侧墙背后地层的注浆范围。

（3）分段剔除酥松混凝土，同时凿除新旧钢筋搭接范围内混凝土。

（4）开挖侧墙背后的初期支护范围，锚喷、挂网、架设门式钢架完成模袋下方及侧墙背后土体支护，割除侧墙厚度范围内的模袋内部钢管，模袋钢管支撑于门式钢架上，完成模袋内侧支点转换。

（5）清洗干净破除混凝土表面浮尘，并在剩余混凝土表面留槽，预留遇水膨胀止水条施作条件，进行原侧墙的钢筋除锈，用新的钢筋替换原弯折的侧墙内钢筋，剔除两端的混凝土保护层。

（6）架设两榀侧墙内的竖向立柱。

（7）重复上述（3）～（6）。

（8）施作遇水膨胀胶条，涂刷界面剂，竖向立柱保留，然后浇筑分段范围侧墙，如图9-10～图9-12所示。

第 9 章 既有车站改造设计创新

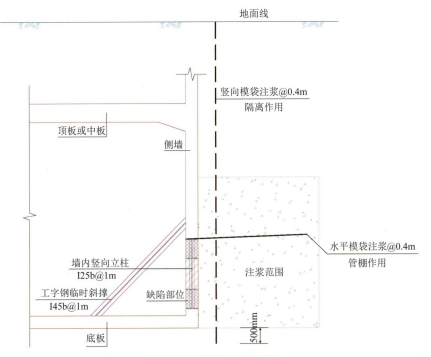

图 9-10 侧墙加固示意图

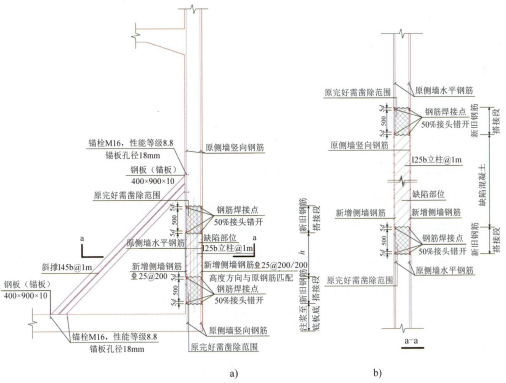

图 9-11 侧墙加固示意图一（尺寸单位：mm）

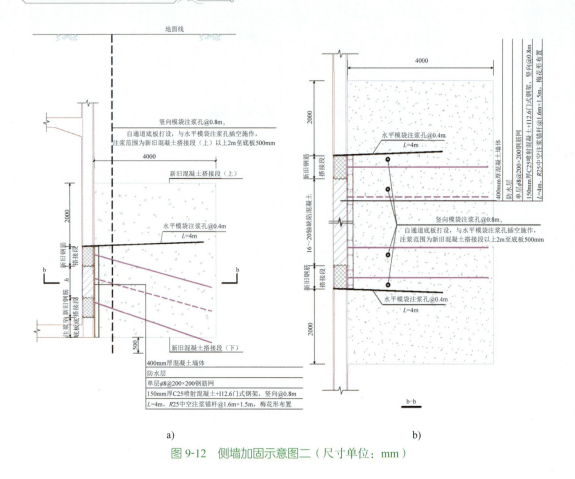

图 9-12 侧墙加固示意图二（尺寸单位：mm）

9.1.5 小结

（1）青岛站作为大客流集中车站，应结合地面、地下空间，统筹协调规划、交管、市政、铁路等地铁周边相关主体进行一体化研究，相互协调，形成合力，多措并举搞好地铁及周边客流及交通流线梳理。

（2）既有改造工程普遍受制于既有土建规模，在有限空间内应保障车站设备功能完善前提下尽可能扩大乘客可达的公共区的空间，优化配置各类车站设施资源，形成与各级运营预案相匹配的、灵活的车站平面布局。

（3）外墙置换及缺陷治理方案对于缺陷墙体置换具有较好的应用价值，可在以后的工程中推广应用。

9.2 既有暗挖车站改造

9.2.1 车站概况

开封路站是青岛地铁 1 号线一期工程中间站。开封路站前一站为水清沟站，后一站为胜利桥站。开封路站位于四流南路与开封路交叉路口东南角地块正下方，沿四流南路方向呈南北向布置。

开封路站原名青纺医院站，为已建车站，车站于 1996 年已施工完毕，仅 B2、B3 出入口未施工。车站上方为老居民区，车站周边为粮库、粮油批发市场、万科未来城商混用地、医院及老居民楼（图 9-13）。

a) 交叉路口西北角待开发空地

b) 交叉路口西南角粮油批发市场

c) 交叉路口东南角老居民区

d) 交叉路口东北角老居民区

图 9-13 开封路站周边环境情况

四流南路现状道路宽 19.4m，规划道路宽 40m，现状为双向 6 车道，车流量较大；开封路现状道路宽 12m，规划道路宽 20m，现状为双向 4 车道，车流量较大（图 9-14）。

a) 四流南路交通现状　　　　　　　　b) 开封路交通现状

图 9-14　开封路站周边交通情况

车站站位周边规划以粮库、二类住宅用地、公共设施用地和医院为主。站点位于公共设施用地地块内，半径 500m 范围多为多层居民住宅楼、医院及粮库，基本已经实现规划。

四流南路规划道路红线宽 40m；开封路规划道路红线宽 20m。

车站中心里程为K44＋999.600，车站总长 218.3m，车站标准段宽 18.2m，车站总建筑面积 14578.47m²，车站主体建筑面积 7636.04m²，车站附属建筑面积 6942.43m²，车站有效站台宽度 9.4m，地下二层暗挖岛式车站，有效站台长度为 118m，车站由主体、风道、出入口三部分组成，本站共设置 4 个出入口，2 组风亭及 3 个安全出入口（图 9-15）。

图 9-15　开封路站总平面示意图

9.2.2 建筑功能改造创新点

(1)利用好既有风道改造为人员设备房间、将人员房间与设备房间合理布置,区分管理。

在不改变既有车站主体轮廓的基础上,将主体面积大的区域设计为地铁设施管理用房,将原2号风道设计为人员管理用房,原2号风井改造为3号安全出入口,用于紧急消防专业出入口。

(2)附属建筑设施设计与地上物业开发合建项目,设计同步,界面明确。

B2号出入口与万科未来城地下商业衔接,将出入口的功能延展,既满足市民正常出行,又服务商业吸引客流,将功能与商业完美结合。

A号出入口及1号无障碍电梯,B3号出入口,1号风亭组及1号安全出入口,2号风亭组及2号安全出入口,共计4个附属建筑设施与地上商、住物业开发合建,A号出入口无障碍电梯兼顾物业开发地下停车场进出,1号风亭组及1号安全出入口与2号风亭组及2号安全出入口分别占用开发地块南北两侧,合建在物业开发统一外立面内部,设计同步,地铁建筑施工优先,物业开发施工随后。做到先通车后建设。

(3)地铁出入口公共设施建筑与医院衔接,方便市民出行就医。D号出入口与2号无障碍电梯设置在中医院院墙边缘,结合医院二期规划,将地铁项目与医院道路合理布置,方便市民利用公共交通便捷就医。

9.2.3 内部结构改造及渗漏水治理方案创新

开封路站为既有车站,1994年开建,1999年完工。车站主体主要采用大拱脚薄边墙(约153m),围岩较差段采用复合衬砌(约42m),另有单层段22.5m(图9-16)。车站设计为排水型,以堵为主,限量有组织排水。受之前建设水平及标准限制,车站电扶梯等建筑功能缺失,车站设计荷载、耐久性等不满足现有装修客流及设备的功能及建设标准需要,需要进行改造设计。车站主体设置多道变形缝,由于受多年地下水浸泡,防水材料已经失效,渗漏水严重。车站拱部内部管线布置复杂,渗漏水后期维修困难。其余缺陷同青岛站。

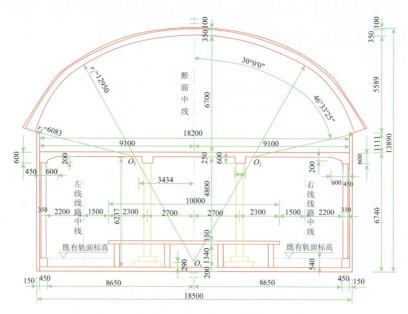

图 9-16 既有车站标准断面示意图（尺寸单位：mm）

攻克难点的技术措施如下：

（1）分析原设计支护理念和结构荷载传递路径，以确定改造路线。原暗挖站设计主要为拱盖法设计，拱部设置二次衬砌，将围岩荷载传递至拱脚处。内部结构为单独的梁板柱基础等受力结构，不参与围岩受力。

（2）拆除中板及中柱、站台板等内部结构，加强监测，确保拱部支护安全。

（3）根据需要，底板进行加深爆破开挖。为减小两侧区间改造难度，避免挑顶改造施工风险及施工难题，车站进行加深改造处理。采取分幅分段跳仓爆破施工的方案，严格控制爆破振速，减小对既有结构及周边环境的影响。

（4）施工防排水体系及二次衬砌结构。

9.2.4 小结

（1）开封路站作为盘活老城区旧城的结点，通过对既有车站结构进行现代化升级改造，实现了地铁功能，提升周边地块的商业价值，缓解了医院周边交通困难。工程以既有工程为基础，转化既有结构的建筑功能，尽量减小工程废弃。

（2）充分考虑地铁与资源开发建设不能同步带来的不利影响，采用开挖、回填等措施尽量减小后期对工程影响，地铁附属应该尽量与物业开发脱离开。

（3）渗漏水是地铁建设的难点，保证安全的情况下，应考虑封闭的防水体系。开封路站采用拱盖法施工，内部结构与二次衬砌独立受力，可以凿除内部结构，新建二次衬砌及防水结构。

9.3 既有区间结合上盖开发改造

9.3.1 工程背景

东环路站（新加车站）位于黄岛隧道收费口东侧、规划道路东环路西侧。瓦屋庄停车场位于胶州湾隧道黄岛区收费站以东、胶州湾隧道管理中心以南区域，地处西岸城区与东岸城区交汇处，占地面积约为 18.19ha，地形较为平坦，周边景观资源良好，具备较好的资源开发条件。从土地集约利用和地铁建设可持续发展等方面考虑，拟对瓦屋庄停车场进行上盖物业开发。经青岛市政府、青岛市发展和改革委员会同意，对原地铁实训基地地块进行物业开发，并在此增设车站一座，规划远景效果如图 9-17 所示。

图 9-17　规划远景效果图

9.3.2 车站概况

东环路站为既有区间改造，明暗挖结合厅台分离侧式车站。车站站厅层结合上盖物业开发设计。车站设置于青岛开发区黄岛收费口东侧，规划东环路西侧地块内，车站附属均沿规划道路红线设置。

车站标准段宽度 22.8m，总长 138.2m，设置 2 个出入口，2 组风亭。该站为地下暗挖 1 层，明挖 1 层厅台分离侧式站台车站，采用明暗挖结合工法施工，站厅层、设备层明挖外挂，站台层采用暗挖改造施工。暗挖站台层充分利用已建区间隧道，对区间隧道进行改造。

场地现状为空地，周边环境简单，将来规划滨海高层小区，明挖站厅结合物业开挖地下车库建设。暗挖段利用既有区间改造，该站临近1号线瓦屋庄站—贵州路站区间1号风井、设备房。目前，区间1号风井风道的设备房部分已开挖完成，竖井部分尚未施工，加设车站后，风井合建，车站总平面布置如图9-18所示。

图9-18 车站布置平面示意图

9.3.3 建筑功能改造创新

本站为在建项目中间增设新站的改造工程，工程进度快，工期紧。初步设计完成后，青岛地铁1号线公司成立以总经理牵头的专项工程工作组，推进东环路站的建设。采用设计施工总承包模式进行工程建设，加快施工进度，保证施工质量。工程结合1号线过海区间、东环路，与物业开发等相关单位，确定工程建设计划，细化工程接口要求及时间安排，为工程的顺利实施奠定了坚实基础。

在具体方案方面：①受物业开发影响，结合东环路布置情况，车站附属布置到道路内侧绿地中，尽量减小对后期物业开发的不利影响。②车站暗挖段向大里程移动，取消大里程风井，采用与区间风井合建的方式。采用两独立竖井及活塞风道，连接区间主体及竖井，以减小对轨行区施工影响。③站台层设置过轨通道一处，方便上、下行乘客改变乘车方向；取消站台层中隔墙，以取得较好的空间感。④考虑物业开发迟滞的不利影响，增加抗拔桩等抗浮措施，保证物业开发迟滞或者取消建设不利条件下的抗浮稳定性安全措施；结合东环路建设具体工程筹划，合理预留接驳条件，满足道路施工条件。调整后车站布置如图9-19、图9-20所示。

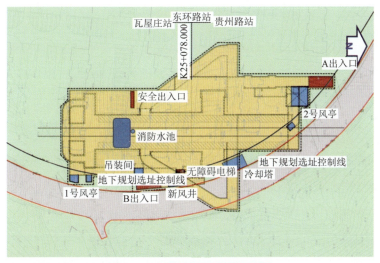

图 9-19　车站布置总平面示意图

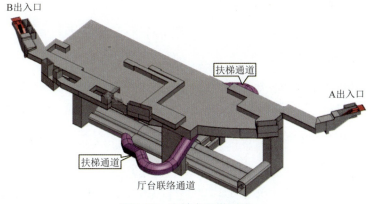

图 9-20　车站布置模型图

9.3.4　小结

（1）接建改造工程首先应根据工程施工组织计划确定工程目标。由于接建改造工程涉及外部边界条件较多，边界条件的不稳定工程影响很大，所以，首先应综合各方特点确定工程目标。

（2）成立工程攻坚小组，规范完善设计接口管理工作。地铁本身接口专业较多，很多专业关联影响较大。一个专业的改动有时会影响 2~3 个甚至更多专业的调整，这就需要有一套行之有效的接口管理系统，协调各专业接口，减小设计失误。

（3）区间改造应结合现有形式，尽量减小对结构的影响和改造。地铁建设是国有资产主导的民生工程，在保证安全的情况下，尽量采用既有工程作为车站结构，通过适当的加固改造，实现建筑功能。

（4）充分评估物业开发的不确定性对工程的影响。物业开发受经济形势、国家政策等因素影响较大，工期往往不能与地铁匹配，地铁建设应考虑物业无法实现的极端情况下，地铁安全运营。

参 考 文 献

[1] 建设部, 国家发展改革委员会. 城市轨道交通工程项目建设标准: 建标 104—2008[S]. 北京: 中国计划出版社, 2008.

[2] 中华人民共和国住房和城乡建设部. 地铁设计规范: GB 50157—2013[S]. 北京: 中国建筑工业出版社, 2013.

[3] 中华人民共和国住房和城乡建设部. 城市轨道交通技术规范: GB 50490—2009[S]. 北京: 中国建筑工业出版社, 2009.

[4] 中华人民共和国住房和城乡建设部. 地铁限界标准: CJJ/T 96—2018[S]. 北京: 中国建筑工业出版社, 2018.

[5] 中华人民共和国住房和城乡建设部. 地铁设计防火标准: GB 51298—2018[S]. 北京: 中国计划出版社, 2018.

[6] 中华人民共和国住房和城乡建设部. 地下工程防水技术规范: GB 50108—2008[S]. 北京: 中国计划出版社, 2008.

[7] 国家铁路局. 铁路隧道设计规范: TB 10003—2016[S]. 北京: 中国铁道出版社, 2016.

[8] 中华人民共和国住房和城乡建设部. 地下防水工程质量验收规范: GB 50208—2011[S]. 北京: 中国建筑工业出版社, 2011.

[9] 中华人民共和国住房和城乡建设部. 地下铁道工程施工质量验收标准: GB 50299—2018[S]. 北京: 中国建筑工业出版社, 2018.

[10] 中华人民共和国住房和城乡建设部. 地下铁道工程施工标准: GB/T 51310—2018[S]. 北京: 中国建筑工业出版社, 2018.

[11] 中华人民共和国住房和城乡建设部. 混凝土结构耐久性设计标准: GB/T 50476—2019[S]. 北京: 中国建筑工业出版社, 2019.

[12] 中华人民共和国住房和城乡建设部. 建筑工程抗浮技术标准: JGJ 476—2019[S]. 北京: 中国建筑工业出版社, 2019.

[13] 中华人民共和国住房和城乡建设部. 盾构法隧道施工与验收规范: GB 50446—2008[S]. 北京: 中国建筑工业出版社, 2019.

[14] 中华人民共和国住房和城乡建设部. 城市轨道交通岩土工程勘察规范: GB 50307—2012[S]. 北京: 中国计划出版社, 2012.

[15] 中华人民共和国住房和城乡建设部. 建筑基坑支护技术规程: JGJ 120—2012[S]. 北京: 中国建筑工业出版社, 2012.

[16] 青岛地铁一号线有限公司. 一种暗挖型无柱拱形地铁车站结构及施工方法:201811139043.2[P].2020-08-25.

[17] 青岛地铁一号线有限公司. 钢筋-钢纤维混凝土盾构管片正截面承载力及配筋测定方法:202010167116.X[P].2020-11-13.

[18] 青岛地铁一号线有限公司. 隧道 TBM 施工过破碎带灾害源超前控制方法及系统:201811308422.X[P].2019-04-12.

[19] 青岛地铁一号线有限公司. 一种水平搅喷内插管棚桩施工工法:201811139006.1[P].2019-03-19.